특별한 도시 광명

광명·시흥 특별관리지역 도시계획

광명도시계획연구팀 지음

차례 contents

| 서문　　　　　　　　　　　　　　　　　　　　　　　　　　　05
김상길

1 새로운 도시를 향한 도전
Challenge to a new city

| 광명 특별관리지역의 마을 공동체와 전통　　　　　　　　　　16
– 인문학적 접근
윤승모

| 주민주도 개발에 대한 주민 각성의 과정　　　　　　　　　　22
윤승모

| '지역공동체가 살아 있는 신도시'는 가능한 상상인가?　　　41
김경수, 김상길

| 법제적 조건의 이해 및 새로운 법률적 대안　　　　　　　　57
김명진, 김태은

2 도시계획 7 어젠다
7 Agenda for Urban Planning

선형과 블록형 도시 복합체, 새로운 도시 구조 72
Linear and block-type city complexes, the skeleton of a new city
파비오 다카로, 김희옥 | (번역)현명석

생산과 도시 102
Production and the city
다니엘 바예 | (번역)현명석

상업, 소비 그리고 도시 122
홍성용

교육 문화 블록 134
Education and culture blocks
파비오 다카로, 김상길 | (번역)현명석

복지, 커뮤니티, 의료환경 150
권순정, 박혜선

사람중심 교통계획 및 스마트 교통·스마트 모빌리티 시스템 162
강진구

기후, 환경 계획 208
– 기후위기시대, 건강한 탄소중립도시
노윤석

3 마스터플랜
Master plan

마스터플랜 228
김상길

가로중심도시를 위한 세부계획지침(예시) 249
김희옥

서문

김상길 | ㈜에이텍건축사사무소 공동대표
| 건축사

새로운 도시계획을 제안한다

　이 책은 새로운 도시계획에 관한 것이다. 단순히 이론적 탐구를 넘어서 실행할 수 있는 도시계획을 제안하고자 하며, 구체적인 계획대상 대지와 계획지표를 담아 도시계획을 실현하는 과정과 이를 통한 새로운 도시의 가능성을 제시하고자 한다. 현재 우리나라에서 도시계획은 관 주도로 이루어지며, 사소한 결정까지도 관의 결정에 따라야 한다. 이런 특성 때문에 새로운 사회학적 상상력이나 건축적 상상력을 발휘하기 어렵다. 또한 도시계획의 엄격한 절차 때문에 지구단위계획이나 개별 건축 차원에서 제시될 수 있는 새로운 시도 역시 제한될 수밖에 없었다. 지난 30여 년 동안 진행되어 온 신도시 건설을 통해서 이러한 도시계획 체계와 과정이 얼마나 큰 문제를 안고 있는지 충분히 확인할 수 있었다. 수많은 비판적 평가와 더불어 이를 극복하자는 다양한 제안이 있고, 또한 정부 역시 3기 신도시를 추진하면서 MA제도와 같은 새로운 방식을 도입하고 있음을 확인할 수 있다. 이러한 배경에서 본 프로젝트에 참여한 저자들은 그동안 실험적으로 시도한 새로운 도시계획의 이념과 계획에 관해서 책으로 엮어 소개할 필요를 느꼈다.

　이 책은 광명시와 시흥시의 일부 지역에 신도시를 기획하고 마스터플랜을 완성한 도시계획의 구체적인 내용과 각 단계에서의 고민을 담고 있다. 이 계획은 기존의 관 주도 도시계획과 상당히 다를 뿐 아니라, 기존 도시계획의 기준, 프로세스, 이념 등과 매우 다른 도시계획의 사례라고 할 수 있다. 아직은 지구지정을 신청할 수준의 구체성을 갖지는 않지만, 도시의 구조와 구체적인 생활 인프라 계획을 담고 있으며, 도시의 사회적 구조와 삶의 방식 등에 대한 논의와 고민이 같이 담긴 특별한 도시를 제시하고자 하였다. 이 계획의 시대적 의미는, 첫째, 여러 분야가 통합된 도시계획을 시도한 점이다. 현대 도시계획은 물론 필요한 모든 분야가 같이 참여하여 계획을 완성한다. 기존 방식의 문제는 각 분야에서 서로의 개념적 통합이 이루어지지 않아서 도시 전체로 보면 맥락이 끊어지고 실제 작동에서는 여러 문제가 발생한다. 실제 계획과정에서 각 분야별 계획을 사회, 환경, 문화로 확장하고, 기반시설을 생활시설로 연결하면 훨씬 편리하고 세련된 도시가 될 수 있음에도 경직된 도시계획의 과정에서 그러한 통합이 이루어지지 않고 있다. 둘째, 모든 과정에 주민이 같이 참여하고 있다는 점이다. 이 프로젝트는 주민이 스스로 주체가 되어 연구팀을 초청하고, 모든 논의에 주민대표가 참여하였으며 틈틈이 주민설명회를 개최하여 연구진행 상황을 주민 모두가 공유할 수 있도록 한 것이다. 이러한 과정을 통해서 특별히 공동주택의 건축형식으로서 블록형 주거유형을 제안할 수 있었다. 단지형 아파트에 익숙한 대부분 주민에게 블록형을 설득하는 일은 매우 중요하면서도 결코 쉬운 일은 아니다. 주민이 도시계획의 주체로 참여하는 것의 의의는 그 지역을 지켜오고 있던 지역공동체와 그들의 전통과 문화를 그대로 이어갈 가능성이 생겼다는 점과 지역의 지형과 국지적인 사회적 물리적 현상들을 도시계획에 반영할 기회를 갖는다는 점이다.

우리나라의 신도시, 경험과 실패에서 무엇을 얻을 것인가

현대의 가장 일반적인 사회적 현상은 '도시화'이다. 우리나라뿐만 아니라 전 세계적으로 도시화가 급속하게 이루어지고 있다. 20세기 초에는 전 세계 인구의 3%만 도시에서 살았지만 2010년경에는 50%가 넘었고 조만간 80% 이상의 인구가 도시에서 살게 될 것이라고 한다. 이와 같은 도시화 현상은 지형과 물리적 환경뿐 아니라 우리 삶에도 큰 변화를 가져왔다. 그렇지만 도시화의 양상은 지역마다 국가마다 다르다. 경제적 상황이나 삶의 방식 차이, 사회적 급박함 등의 이유로 서로 다른 형태로 도시화가 진행되고 있다. 우리나라도 매우 특별한 도시팽창의 경험을 가지고 있다. 급격한 경제성장에 맞춰 기존 도시들이 급속하게 팽창하였으며, 도시의 팽창 속도보다 훨씬 빠른 속도로 도시인구도 증가하였고 결과적으로 도시 내의 주택부족이 심각한 문제로 대두되었다. 이에 대한 해법으로 신도시를 구상하게 된다. 1980년대 말에 주택 200만 세대를 단기간에 공급하겠다는 목표로 1기 신도시인 분당, 일산, 산본, 중동, 평촌의 5개 신도시를 건설하였다. 2000년대 이후부터 1기 신도시와는 다른 '자족적 계획도시' 개념의 2기 신도시를 건설했다. 2기 신도시는 수도권에는 성남 판교, 화성 동탄, 파주 운정, 위례 등 11개소이고, 지방에는 충남 아산, 대전 도안 등 총 13개 사업지구이다. 이어서 2018년에 부동산 가격 폭등에 따라 '9·21 수도권 주택공급 확대 방안'으로 3기 신도시 계획을 발표했다. 3기 신도시는 남양주 왕숙, 하남 교산, 인천 계양과 같은 신도시 규모와 과천 과천지구 등 약 30여 개의 중소 규모의 택지개발지구이다. 3기 신도시의 특별한 점은 주택시장 안정이 목표이며, 공급 주택 중 약 35% 정도를 공공임대주택으로 계획한 점이다.[1] 1기 신도시는 주택공급을 전제로 한 베드타운이 목표였고, 2기 신도시는 자족도시를 목표로 계획되었지만, 판교를 제외한 나머지 신도시는 여전히 베드타운에서 벗어나지 못하고 있다. 자족도시를 구현하기 위해 여러 세제와 용적률 등의 법적 혜택을 부여하면서 추진했음에도 여전히 베드타운에서 벗어나지 못하고 있는 이유는 무엇일까? 3기 신도시 역시 주택공급이 목적이다. 또다시 베드타운이 양산될 수밖에 없는 현실이다. 이외에도 지난 10년 동안 서울에 집중되어 있던 공기업을 지방으로 이전시켜 만든 혁신도시가 있다. 혁신도시는 수도권 과밀 해소와 지방의 경제적 자립을 위해 공공기관을 지방으로 이전시켜 지역별 특성화된 발전과 지방 경제 활성화를 목표로 추진됐다. 부산, 대구, 나주 등 10개 도시에 115개의 공공기관을 분산·이전시켰다. 하지만 혁신도시 역시 계획만큼 성과를 거두기는 어려운 상황이다. 각 지역에 자리 잡은 특성화 산업 현장은 옮겨간 공기업 이외에는 아직도 정상 가동되기까지 시간이 필요하며, 인구는 계획의 4분의 3 수준에 그쳤고 여전히 수도권으로의 인구 유입이 증가하고 있다. 신도시와 혁신도시를 개발한 우리나라는 경제발전의 속도가 그러하듯이 도시화의 특징 역시 세계 어느 나라보다 빠르게 진행되었으며 적지 않은 문제들도 내재하고 있다.

    우리나라 신도시 개발의 특징 가운데 하나는 건설기간이 매우 짧다는 점이다. 불과 30년 동안 엄청나게 많은 도시가 기획되고 건설되었다. 우리나라는 대상 토지를 물색하여 위치를 확정하면 지구지정을 결정하고, 토지 보상 기간에 지구계획과 지구단위계획, 기반시설에 대한 설계를 완료한다. 그렇게 정해진 주거지구에 아파트를 배치하면 신도시의 모든 계획이 완성된 것이다. 불과 3~4년 만에 이루어지는 일이다. 이 과정에 신도시 시민들 삶의 모습과 그들이 가꾸어 갈 사회적 형태에 대한 고민은 배제된다. 주거 공동체나 주거복지를 생각할 겨를도 없다. 즉, 문화적 사회학적 상상력은 끼어들 여지가 전혀 없다. 이러한 이유로 인해 우리나라의 신도시들은 각각의 도시별 특성을 잃고 말았다. 오직 주택의 양적 공급에 치우친 나머지 도시 전체가 아파트로 채워지며 많은 주택은 공급되었지만 마을의 전통과 문화를 품고 있는 생활의 터전이 사라지는 결과를 낳고 만 것이다. 단지 형태의 아파트는 법적 한계 내에서 가장 효율적으로 세대수를 확보하기 위해 블록의 크기를 지나치게 크게 만들었다. 예컨대 분당의 시범지구 아파트 단지는 한 변의 길이가 1㎞를 넘었다. 입주민들은 자동차를 이용할 수밖에 없다. 넓은 도로와 주차장을 확보했음에도 도로는 항상 정체되거나 텅 비어버린다. 일반주거와 임대세대를 분리 배치해 반목과 단절을 초래했다. 결국 도시 주거 공동체의 자생적 발생을 원초적으로 막고 있다. 물론 신도시뿐만 아니라 우리나라의 모든 기존 도시도 재개발 재건축 등을 통하여 점차 아파트로 가득 채워가고 있으며, 농촌의 논밭 사이에 들어선 주택 역시 아파트이다. 이러한 현상은 무슨 문제를 야기하는 것일까? 제일 먼저 지적된 신도시 현상의 문제는 단일 형식의 주거가 대부분의 도시를 점령함으로써 대부분의 도시경관이 비슷해졌다는 점이다. 결국 도시의 고유한 모습(identity)은 파괴되었고, 단지를 이루는 아파트의 공간적 특징 때문에 시민의 삶이 지역사회에 안착하지 못하는 단순 베드타운의 증식만을 가져왔다. 이것은 아파트라는 건축 형식의 문제라기보다는 이웃과 쉽게 마주치고 가까워질 수 있는 사회적 관계를 담는 공간구조를 갖지 못했기 때문이다. 계획 단계에서부터 이런 점을 고려해야 하는데 그렇지 못하고 있는 실정이다. 주거만을 위한 신도시는 아파트로 가득 채워진 블랙홀이며, 주변과 산업이나 사회적, 문화적으로 아무런 관계를 맺지 못하고 그저 잠자리만 제공하는 삭막한 블랙홀이다.

아파트가 만들어 내는 다른 블랙홀은 대지면적 대비 가장 많은 세대수를 확보하는 데 치중한다는 점이다. 이것은 시행 투자자나 재건축, 재개발의 주체, 개발지역에서 거주하는 주민의 이익과 결부되는데 이들에게 최대 이익을 가져다줄 방안을 모색한 결과이다. 건설을 맡은 시공사나 개발 자본을 제공하는 파이낸스 회사, 단지를 설계한 설계사와 개발 관련 모든 참여자가 큰 수익을 올릴 수 있으며, 정부에서는 주택공급률의 확대라는 성과를 이룰 수 있도록 설계되었다. 정부를 포함한 관련자 모두 기회만 되면 아파트 건설을 추진하고, 단독주택지나 많은 오래된 아파트 단지가 재건축 연한을 채우면 어김없이 재건축 카드를 만지작거린다. 지역주민 역시 경제적으로 많은 이익을 가져다준다는 감언이설에 넘어가 살고 있는 집을 미련 없이 처분하고 이사한다. 이러한 과정에서 아파트는 상품화되었고 투기의 대상이 되며 도시의 또 다른 블랙홀이 되었다.[2] 돈이 시중에 풀리면 대부분 부동산으로 몰리고, 소위 말하는 강남의 똘똘한 한 채를 향해서 진군한다. 신도시를 개발하기 위해 택지를 수용하는 과정에 발생하는 돈 역시 강남 혹은 상승 호재가 있다는 동네로 향한다. 그러므로 강남을 시작으로 모든 아파트 가격은 천정부지로 뛰어오르고, 이를 바라보는 젊은이들과 집이 없는 서민들은 더 큰 박탈감과 자괴감을 가지게 된다. 이러한 블랙홀은 도시만의 문제가 아니라 국가 전체의 위험 요소가 되어 가고 있다.

광명·시흥 특별관리지역 도시계획 7 어젠다

이러한 도시의 문제를 어떻게 풀어낼 것인가? 바로 이러한 문제의식이 이 책의 시발점이다. 도시를 개발하는 과정이 너무 급해서 도시에 담겨야 하는 도시 고유의 전통과 문화 그 지역에서 생성될 지역 공동체 등에 대한 고민을 다 빠뜨려 버린 도시들, 주택을 마치 주식을 거래하듯 상품화하여 고향과 이웃을 다 없애버린 도시화의 문제를 어떻게 극복할 것인가? 이러한 논의는 '광명·시흥 특별관리지역'을 접하면서 일어났다. 이 지역은 2010년 보금자리주택지구로 묶이기 전까지는 개발제한구역이었다. 새로운 유형의 임대주택을 공급하기 위해서 정부는 이 지역을 보금자리주택지구로 지정하였으나 2014년경 주택 경기의 침체와 공기업의 부채비율이 가장 중요한 사회적 이슈가 됨으로써 보금자리지구를 해제하기에 이르렀다. 즉, LH에서 주관하여 개발하려던 계획은 당시 사회적 상황과 맞물려 더 이상 신도시 개발로 이어지지 못하고 포기한 것이다.

이때 이 지역의 주민들에 대한 보상 차원에서 '공공주택건설 등에 관한 특별법'을 개정해서 '특별관리지역'이라는 새로운 제도를 만들고 바로 이 지역을 특별관리지역으로 결정한 것이다. 당시 결정된 핵심적인 내용을 정리하면, 전체 면적 17.4㎢ 중 집단취락 2.43㎢를 제외한 14.97㎢를 특별관리지역으로 지정하며, 특별관리지역에 대한 관리지침은 정부에서 마련하되 모든 사업은 지자체와 주민 중심으로 시행한다. 취락지역의 취락정비사업은 도시개발법에 따른 환지방식을 원칙으로 주민이 우선적으로 자체 개발하되 취락별 특성을 살려 기존 취락의 확장개발, 취락 간 연계개발, 결합개발 등 다양한 방식을 적용할 수 있도록 할 계획임을 명시했다. 그러나 특별관리지역 지정은 10년간 유효한 한시적 지정으로 2015년에 지정되었지만 2019년까지 정부나 지방정부 어디에서도 아무런 도시계획적 조치를 취하지 않는 것은 물론 어떠한 움직임도 보이지 않았다. 급기야 위기감을 느낀 지역주민들이 스스로 협의체를 구성하여 자체 개발계획을 수립하기에 이르렀고, 전문가를 초청하여 연구팀을 구성하였다. 연구팀은 2019년 8월부터 정기 모임을 시작하였다. 연구팀은 건축, 도시, 교통, 조경, 지역 커뮤니티 및 의료, 상업건축 등의 전문가들로 구성되었으며, 스페인과 이탈리아 등 해외 전문가들도 포함되었다. 팀 구성의 원칙은 도시계획에 대한 통합설계를 시도해 보자는 것과 건축가 주관으로 도시계획을 시도해 보자는 것이었다. 연구팀은 첫 논의에서 '도시계획 7 어젠다'를 결정하였으며, 내용은 다음과 같다.

> 첫째, 주거의 형식과 주거공동체에 관한 것이다. 이 논의로부터 보행중심도시에 대한 의제가 완성되었다. 주거공동체를 위한 가장 바람직한 조건이 바로 보행중심도시이다. 폐쇄적인 단지를 극복하기 위하여 도시와 단지가 아니라 도시와 건축이 직접 접속하는 방식을 추구한다.
> 둘째, 산업 분야이다. 광명·시흥 특별관리지역이 새로운 신도시가 된다면 무엇보다도 경제적 지속가능성을 확보해야 한다. 기존 이 지역에서 자리 잡고 있던 산업과 더불어 새로운 상권과 주민의 생산, 관리 조합 등이 서로 어우러지는 새로운 산업생태계를 구성하기 위한 도시계획이다.
> 셋째, 교육환경에 관한 것으로 학교의 환경에 대한 근본적인 재조정을 논의하였다. 수준

높은 콘서트홀과 도서관, 체육관과 운동장 등을 제공할 수 있는 가능성을 여러 레벨에서 논의하였으며, 식당과 주방 등의 시설을 활용하는 방안에 대해서 검토한다.

넷째, 의료복지환경과 커뮤니티에 관하여 논의하였다. 특정 대상을 위한 고립된 복지시설보다는 지역사회와 통합된 서비스를 제공함으로써 커뮤니티의 증진을 꾀하였다. 의료시설은 광역적, 지역적 의료공급망을 고려하여 지역주민이 편리하게 의료서비스를 이용할 수 있도록 의료시설부지를 설정하였다.

다섯째, 교통에 관한 것으로 보행중심도시를 구현하기 위하여 보조수단에 대한 적극적인 대안에 집중한다. 밀라노 폴리테크니코 대학에서 협업한 이 분야는 트램의 도입을 제안한다. 트램은 보행환경을 보완하는 최적의 시스템으로 여겨지지만 결과적으로 어떻게 경제성을 담보할 것인가에 대한 논의가 필요하다.

여섯째, 재생에너지와 스마트 그리드와 같은 에너지 시스템과 쓰레기 처리 시스템 등 첨단 인프라 시스템에 대한 것이다. 스마트 시티는 도시 인프라와 각 개인이 앱을 통해 연결되고 개인에게 정보를 제공할 뿐만 아니라 개인이 인프라의 작동과 개선에 적극 참여해 더 많은 양질의 에너지 서비스를 받게 될 것이다.

일곱째, 환경과 문화 부문이다. 환경과 문화는 이 도시로 더 많은 젊은이가 모여들 이유가 될 것이다. 양질의 일자리와 더불어 좋은 환경과 흥겨운 문화가 공존하는 도시는 청년 중심의 새로운 도시를 구현하는 최소한의 조건이다. 계획대상 대지 전체를 가로지르는 광명천은 이 도시의 문화중심이자 쾌적한 환경의 중심 공간이다.

각 장의 서술 방향과 의미

'도시계획 7 어젠다'는 이 책의 도시계획적 제안의 핵심 내용이다. 본 연구에 참여한 전문가들은 어젠다의 여러 부분에 중복해서 참여하며, 이러한 중복 참여를 통해서 각 분야가 다른 분야에 미치는 영향을 기획단계에서부터 확실히 파악하여 통합하는 논의를 이어갔다. 부분적으로 완전한 계획도 다른 부분과의 정합을 이루지 않고 진행될 경우에는 실제 도시 내에서는 쉽게 극복하기 어려운 장애가 되는 경우를 우리는 여러 차례 경험했다. 예를 들면, 신도시의 도로체계가 주거단지와 정합을 이루지 못해서 단지 내의 저층 주거세대가 절벽을 바라봐야 하거나 운동시설이 주거와 너무 근접하여 소음과 동선이 주거에 장애가 된다. 이제는 도시와 건축이, 도시의 인프라 시설이 생활과 밀접하게 연계되고 생활을 전제로 기획되고 반영되어야 한다. 그러므로 '7 어젠다'는 각 장을 이루는 기준이 되지만 각 장을 관통하고 있는 개념적 통합과 각 장 간의 정합성이 중요한 내용이다. 그리고 연구팀의 도시에 대한 경험을 높이기 위해 해외 답사 및 연구를 병행하였다. 유럽의 전통 도시들에서 발견되는 보행중심의 쾌적한 환경과 지역 주거공동체의 활성화된 상황을 실제 방문하여 자세히 살펴보고, 관리 주체의 설명을 듣고 원리를 이해하는 과정에서 많은 교훈을 얻기도 하였다. 가로 중심의 블록형 주거가 주류를 이루고 있는 유럽 전통 도시들의 장점과 그들 나름의 어려운 점을 이해하려 하였으며, 우리 도시에 적용할 수 있는 참조점을 얻고자 했다. 실제 연구팀은 마드리드, 바르셀로나, 밀라노를 방문해 도시적 차원에서 특징과 현실을 이해하였다. 그들도 근대화 과정에서 도시의 급속한 팽창과 시민을 질식시킬 듯한 교통과 환경문제, 주택문제를 가지고 있었으며 이를 극복하기 위해 얼마나 많은 노력과 아이디어가 필요했는지를 생생하게 듣고 경험하였는데 이는 본 연구에 큰 도움이 되었다. 그들도 분명 경제 성장과 더불어 인구와 차량의 증가 그리고 이에 따른 수많은 도시적 어려움을 겪고 있으며, 이를 극복하기 위해 몸부림치고 있다는 것을 알 수 있었다. 다만 우리와 차이가 있다면 실험적 제안을 의제로 깊이 있는 토론을 하며 실행에 옮길 때도 조심하며 차근차근 진행하고 있었다. 특히 바르셀로나의 슈퍼블록 실험은 이미 1990년대에 제안되었지만 아직도 여전히 실험적 시도로 여길 정도로 부분적으로만 실천하고 있다. 그럼에도 그 효과는 제안 당시의 예상을 훨씬 뛰어넘고 있음을 확인하였다. 마드리드시의 외곽도로를 지하화하고 상부를 공원으로 조성, 이 공원을 통해 도시는 강과 직접 연결되는 환경을 구축한 사례는 보행중심 도시의 좋은 사례가 될 것이다.

본 연구의 중요한 특징 중 하나는 앞에서 밝혔듯이 주민이 직접 계획에 참여하였다는 점이다. 정기적인 연구모임에 주민대표가 같이 참여하여 연구내용을 같이 토의하였으며, 직접 의견을 제시하기도 하였다. 이 책의 제1장은 주민대표가 본 연구에 참여하면서 가졌던 지향과 새로운 의식, 그리고 본 연구에 대한 기대를 담았다. 또한 사회적 법률적 상황은 아무리 좋은 물리적 제안이라도 이를 위반할 수 없는 중대한 기초이다. 특별관리지역을 지정하고 취락지구를 환지방식으로 개발한다는 것은 도시개발법 제11조 5항의 규정에 의해 주민이 주체가 될 수 있고, 이러한 법적 여건이 확인되었기 때문에 본 연구도 가능하였다. 사회적, 법적으로 중요한 조건들에 대해서는 연구팀과 주민대표를 자문해 온 법률 전문가가 이야기했다.

감사의 글

저희 광명·시흥 특별관리지역 도시계획 연구팀의 작업이 한 권의 책으로 출간되기까지는 여러 사람의 도움이 있어 가능하였다. 무엇보다도 우리 연구팀을 온전히 신뢰하여 작업을 의뢰하고 작업팀의 모든 작업내용에 대해서 이해하기 위해 열심히 노력하신 지역의 주민과 주민대표들께 감사의 말씀을 전한다. 광명지역 주민과 주민대표는 물론이고 시흥지역은 상대적으로 늦게 개입하여 많은 접촉의 기회가 없었지만, 저희 계획의 개념적 목표와 마스터플랜의 내용에 대해서 충분히 설명하였고, 이를 이해하는 시흥지역의 주민대표들은 이후 진행예정인 인허가절차에도 적극적으로 참여할 수 있도록 요청하였다. 이렇듯 지역주민이 그 지역에 수립하는 도시계획의 과정에 적극적으로 참여하고, 계획의 내용에 충분히 공감하여 미래 그들의 삶의 터전을 준비하는 자세는 우리나라의 새로운 도시계획의 가능성을 밝혔다는 점에서 매우 특별한 진보라고 생각한다.

또한 이 작업에 기꺼이 참여한 각 분야의 전문가들에게도 감사의 말씀을 드린다. 윤승모 위원장은 주민대표로서 계획팀을 지원하고 대표팀과 주민의 연결을 위한 최선의 노력을 하였음과 더불어 지역사회의 오래된 주체로서 지역의 역사와 문화를 연구팀에게 전달하고자 노력하였으며, 특별관리지역 지정과 계획팀의 계획수립의 모든 과정을 글로 정리하여 책에 담을 수 있었는데, 주민 대표 이상의 전문가적 안목과 치열함 덕분이었다. 또한 주민단체의 자문 변호사로 활동하고 있는 김태은, 김명진 변호사에게도 감사의 말씀을 전한다. 연구의 전 과정에서 늘 법률에 대한 판단과 자문을 주셨을 뿐만 아니라 이 작업의 법률적 의의 규명과 대안 제시로 이 계획이 원활히 진행될 수 있게 해 주었다. 본 연구에 참여한 모든 연구자는 별 대가 없이 기꺼이 참여하여 우리나라에서 새로운 도시계획의 방법을 찾으려 노력하였으며, 이 과정에서 특별히 외국의 전문가로 한국에서 활동하고 있는 고려대학교 건축학부의 파비오 다카로 교수와 다니엘 바예 아키텍츠의 다니엘 바예 대표에게 감사의 말씀을 드린다. 그리고 미국에서 박사학위를 취득하고 막 돌아와 저희 작업에 많은 아이디어와 진보적 사고를 제공해 준 현명석 박사에게도 감사의 말씀을 드린다.

주(註)

1. 김영욱, 패러다임의 전환, 2021, 공간
   저자는 이 글에서 그간의 신도시 계획에는 사회통합을 약화시키는 요인이 많았음을 밝히고 이를 극복하기 위한 수단으로 도시, 건축 통합 디자인을 제안하였다. 건축정책위원회 국토환경 디자인 분과장으로 활동하고 있는 저자의 글과 주장은 3기 신도시 건설에 영향을 미쳤으며, 국토부를 포함한 정부의 인식을 반영한다고 볼 수 있다.
2. 발레리 줄레조 지음, 길혜연 옮김, 「아파트 공화국」, 후마니타스, 2007
   이 책에서 저자는 다음과 같은 결론으로 책을 마무리하였다. "주택이 유행 상품처럼 취급되는 것은 놀라운 일이다. 대부분의 사람들은 별로 깊이 생각하지 않은 문제이지만, 결론적으로 말해 대단지 아파트는 서울을 오래 지속될 수 없는 하루살이 도시로 만들고 있는 것이다."

※ 이 책에 사용된 다이어그램이나 사진들은 가능한 한 출처를 다 밝히고자 노력하였으나, 인터넷상의 여러 자료로서 출처를 알 수 없거나 연락하기 어려운 경우에는 생략된 경우도 있을 것입니다. 모든 저자들이 세심하게 노력하였음에도 밝히지 못한 것에 대해서는 지적이 있으면 추후 보완하도록 하겠습니다.

1

새로운 도시를 향한 도전
Challenge to a new city

| 광명 특별관리지역의 마을 공동체와 전통
　- 인문학적 접근
윤승모

| 주민주도 개발에 대한 주민 각성의 과정
윤승모

| '지역공동체가 살아 있는 신도시'는 가능한 상상인가?
김경수, 김상길

| 법제적 조건의 이해 및 새로운 법률적 대안
김명진, 김태은

광명 특별관리지역의 마을 공동체와 전통
- 인문학적 접근

윤승모 | 광명 특별관리지역 조합
광명·시흥 공공주택지구 광명 총주민대책위원회 위원장

'우리 동네' 주민이 기록하는 마이크로 히스토리

필자는 지금 행정구역으로 경기도 광명시 노온사동(老溫寺洞)에 속하는 장절리 마을에서 나고 자랐다. 원래 우리 동네 장절리는 무송(茂松)을 본관으로 하는 윤씨 집성촌이다. 그러나 1970년대 이전에 이미 윤씨의 상당수가 자녀 교육 등의 문제로 도회로 이사 가면서 동네에 하나둘 외지인이 유입되는 등 변화가 시작됐다.

그럼에도 일찍이 1972년 그린벨트로 지정되어 개발이 철저하게 제한된 탓에 지금도 과거 자연마을의 모습이 남아 있다. 불법 비닐하우스 등으로 훼손된 땅이 많지만, 아직도 전답이 남아 있고 토박이 대부분은 부업이든 전업이든 농사를 짓고 살아간다. 물론, 소 쟁기로 논밭 갈고 하던 전통 농사는 아니다. 소 부릴 줄 아는 분들은 거의 사라졌고, 몇몇 남은 분도 연로하고 기력이 쇠퇴했다.

그렇지만 고향 산천을 쏘다니며 개구리, 메뚜기, 방아깨비를 잡고, 칡 캐 먹고, 찔레며 뻘기(볏과 식물인 '띠'의 어린 꽃잎, 껌처럼 씹어먹었음), 시영(신맛이 나는 식물 잎. 사전에는 싱아의 경기도 사투리라고 나오며, 동네 발음은 '셩'과 '숭'의 중간음에 가까움)을 꺾어 먹던, 그런 추억을 공유하는 사람들이 아직도 꽤 살고 있다.

내 고향 장절리를 포함, 인근의 사들, 능촌, 노온사리 등의 자연마을을 포함하는 법정지명인 노온사동에는 일제 강점기 때 민족 선각자들의 기부로 설립된 온신초등학교가 소재한다. 옛날에는 노온사동과 인접한 광명동, 가학동 지역도 온신초 학군이었기 때문에 함께 학교에 다녔다. 전통 지역사회에 학연까지 공유하는 꽤 건실한 공동체가 존재하는 것이다.

우리 동네는 3기 신도시 예정지인 광명·시흥공공택지지구에 포함돼 있다. 전통마을이 사라지고 산천이 개벽한다는 얘기다. 수도권에서 거의 찾아볼 수 없는 전통마을 공동체를 지켜온 우리들은 이제 어떻게 되는 건가. 지역 토박이들은 토지 보상금 받고 쫓겨나고, 그 땅을 차지하고 들어선 아파트에는 서로 생판 모르는 사람들이 회색 콘크리트 숲에서 삭막한 삶을 살아가는, 그런 전철을 밟아야 하는 것인가.

현실적 고민과 모색을 거듭하면서 우리 공동체를 지키는 일은 우리 스스로 신도시의 주체가 되어 공동체를 살리는 개발계획을 그리고, 향후 신도시 개발 이후에도 공동체 구성원끼리 서로 추억하고 대화할 수 있는 그릇을 만들어 놓는 것이 중요하다는 점을 깨달았다. 광명전통문화보존회를 만들어 멧방석, 멍석 등 볏짚공예 전승활동을 시작했다. 주민이 주도하는 도시개발을 위해 전문가 그룹과 손잡고 마스터플랜을 만들기도 했다.

우리의 추억이 얽혀 있는 마을의 골짜기 모퉁이 고개마다 붙어 있는 작은 지명을 기록으로 남기기 위해 '노온사동 땅에 새겨진 작은 역사'라는 소책자를 펴내기도 했다. 앞으로 10년 후 100년 후에도 오순도순 대화하며 추억을 곱씹을 수 있는 그런 공동체가 존속하길 바라는 희망에서다.

서울 인근 옛 경기도 땅은 서울에 편입되거나 신도시로 개발돼 많이 사라졌다. 그렇게 옛 역사와 정취가 스러져간 그 땅에는 빌딩과 아스팔트가 새로 들어차 과거의 모습은 어디서도 찾을 수 없다. 사진은 물론 문자 기록 하나 변변하게 남은 것이 없다.

도시개발을 할 때 해당 지역의 공동체에 대한 인문학적 접근의 중요성은 날이 갈수록 강조되고 있다. 그러나 정작 공동체 구성원들에 의한 자발적인 인문학 발굴이랄까, 전통 탐구는 별로 없는 편이다. 도시개발을 앞둔 지역에 잔존하는 전통적 인문 공동체의 구성원이 스스로 기록하는 인문학이라는 관점에서 우리 장절리 노온사리 서면을 중심으로 시흥의 역사를 간략하게 정리해봤다.

개발 이전, 옛날부터 사람과 문화가 숨 쉬는 땅

우리 동네를 관장하는 행정단위는 학온동(鶴溫洞)이라고 한다. 이는 법정 동인 가학동(駕鶴洞)과 노온사동(老溫寺洞)을 합쳐 하나로 관리하기 위한 행정 명칭이다. 가학동과 노온사동은 오랫동안 그린벨트로 묶여 개발이 이뤄지지 못하다 보니 낙후되고 인구도 적다. 학온동은 가학의 '학'과 노온사의 '온'을 따서 만든 것이다. 행정 편의상 붙인 명칭이므로 언젠가 노온사동과 가학동이 개발되어 인구가 늘어나면 없어지게 될 이름이다.

법정지명이니 행정지명이니 얘기가 나온 김에 지명의 구분에 대해 잠시 언급해 두고 가는 것이 좋을 듯하다. 노온사동이나 가학동은 1914년 이래 시흥군 서면에 속했으며, 1981년 광명시로 승격되기 전까지는 노온사리, 가학리로 불렸다.

노온사동의 경우 북쪽에서부터 따져보면 가락꿀(가락골) 논저리(노온사리를 동네 식으로 쉽게 발음한 것) 앙외(아방리의 와음訛音, 동네에 조선 소현세자빈 금천 강씨의 능인 영회원이 있어 흔히 능촌이라고 한다), 사들(사대리의 와음), 동차꿀(동창골을 쉽게 발음한 것) 장저리(장절리를 쉽게 발음한 것) 등의 자연 마을이 포함돼 있다.

영회원 일원 앙외에는 금천 강씨가 집성촌을 이루며 살고 있는데, 여기서 금천은 시흥의 옛 이름이다. 금천 강씨는 고려시대 강감찬 장군의 후손이다. 강감찬은 과거 시흥현 동면에 속했던 낙성대 출신이다. 사들에는 조선말 4대 정승집안으로 유명한 정원용(鄭元容, 1783~1873) 대감의 고택과 묘소가 있었다. 정원용 대감 집안은 위당 정인보(4대손) 같은 명사들을 다수 배출하였다.

이 동네에서는 골짜기 또는 동네를 뜻하는 '골'을 골로 발음하지 않고 예외 없이 '꿀'로 발음한다. 다만 바로 앞에 관형형 유성 받침 ㄴ이 올 경우는 '굴'로 발음한다. 가는굴(細谷)이 이 경우다. 같은 ㄴ이라도 그것이 명사일 경우는 꿀이 된다. 능안꿀(능의 안쪽에 있는 골)이 그 경우다.

가락꿀의 북쪽은 광명리(현재 광명동)요, 북동쪽은 밤일(현재 하안동)이다. 장저리 남쪽은 현재 가학동에 속하는 가꿀(가학리란 지명의 원형인 가학동이 변한 말)이 있고, 남서쪽에는 도고내가 있다.

법정지명으로서의 노온사리 동쪽에는 구름산이 있고, 그 산을 넘으면 과거 서면 소재지였던 소하리가 있다. 소하리 쪽을 우리 동네에서는 서러리라고 불렀다. 노온사리의 서쪽은 우리가 내깔이라 불렀던, 목감천이라는 작은 하천이 있고 그 건너는 현재 시흥시 과림동이다.

목감천은 현대 하천 관리가 시작된 이후에 붙은 이름으로, 전에는 그저 '내깔'이라고 불렀다. 내깔은 '내'와 같은 뜻이라고 사전에 나와 있으나 필자의 생각으로는 '물이 흐르는 부분(=내)' + '약간의 둔치(=깔)'가 있는, 비교적 규모가 있는 개울을 이르는 것이 아닌가 한다.

필자가 어렸을 때까지 우리 고장에서는 '메깔(산)'이라는 말이 사용됐는데 단순한 '메(혹은 뫼=산)'와 조금 다르게 '산들이 들어서 있는 지역'이라는 뉘앙스를 가진 말이다. 바깥이 '밖'에 있는 장소라는 의미를 가진 것처럼 말이다. 내깔의 깔도 단순히 물이 흐르는 부분만을 지칭하는 게 아니라 그 언저리까지 크게 지칭하는 느낌을 준다.

광명시 최남단 가학동 바로 남측 아래 시흥시 목감에서 발원했다 하여 목감천이라 이름 지은 이 하천은 광명시와 시흥시의 경계선을 이루며 북쪽으로 흘러가다가 서울 구로구 개봉동 및 광명시 광명동이 맞닿는 지점에서 안양천에 합류한다.

이 하천은 고구려 시대 이후 1970년대 행정구역이 기형적으로 조정되기 전까지 1500년간 구 시흥과 부천(부평), 혹은 인천의 경계선이었다. 이곳 사람들은 시흥이든 부천이든 이 하천을 내깔로 불렀고, 서로의 동네를 내건너(냇건너)라고 했다.

이 내깔의 상류에는 도고내 무지내라는 지명이 있다. '내'라고 불릴 만큼 꽤 큰 지류 하천을 갖고 있다는 얘기일 것이다. 그러나 내깔에 이르는 대부분의 지류하천은 단순히 개울로 지칭됐다. 개울의 상류 발원지 부근에는 개울보다 더 작은 도랑이 흘렀다.

노온사리는 조선 시대 지도에서도 확인되는 지명이다. 그 당시 노온사리는 서면이 아니라 남면에 속했는데, 지금의 광명시 영역 중 도덕산, 구름산, 서독산으로 이어지는 남북 산줄기의 서쪽을 남면이라고 했다.

조선시대에 면(面)이라 함은 조선시대 '동북면(東北面) 병마사(兵馬使. 나라의 동북지역인 함경도 쪽 일원의 군사를 관할하는 책임자)라는 말에서 보듯, 사실 행정 단위라기보다는 어느 방향 일대를 가리키는 말이었다고 한다.

구름산 줄기의 동쪽, 즉 현재의 철산동, 하안동, 소하동, 일직동 등지는 서면으로 칭했다. 당시 시흥현의 현청 소재지인 지금 금천구 시흥동에서 보면 안양천 건너 서쪽 지역이란 뜻이다.

광명리부터 가학리까지 남면은 얼핏 보면 그 서면의 서쪽처럼 보이지만 당시 남면의 중심지였던 노온사리와 가학리는 시흥동에서 보면 서남쪽에 해당하므로 남면이 틀린 말은 아니다. 지금 구름산 줄기 서쪽의 중심지는 광명 사거리 등 광명동이지만 이 지역은 과거 비만 오면 물에 잠겨 농사를 지을 수 없는 갈대밭 늪지가 태반이었던 곳이다. 인구도 별반 없었다.

조선시대 시흥의 영역은 현내면(현재 서울 금천구 시흥동 가리봉동 일부, 안양시 석수동, 박달동) 서면(광명시 철산동·하안동·소하동, 일직동) 남면(광명시 광명동·노온사동, 가학동) 상북면(서울 구로구 구로동·도림동, 영등포구 당산동·양평동·문래동) 하북면(서울 영등포구 영등포동 신길동·대림동, 동작구 대방동), 동면(서울 관악구 신림동·봉천동, 금천구 독산동, 동작구 상도동) 등이다.

시흥의 영역은 고구려 때 이곳에 잉벌노(仍伐奴)현을 설치한 이후 거의 변함없이 유지됐다고 한다. 잉벌노에서 노(奴)는 들판을 뜻하는 말의 음차로, 고구려 지명 표기에 쓰였다. 통일신라 때 구 백제와 고구려 지명을 한문식으로 개칭하는 작업을 했는데, 잉벌노는 곡양(穀壤)으로 개칭됐다. 골의노(骨衣奴)현이었던 남양주 진접은 황양(荒壤)현으로 개칭됐다. 잉벌노는 곡식이 잘 자라는 비옥한 땅, 골의노는 곡식이 잘 안되는 거친 땅이란 뜻이다.

곡양은 고려 시대 금주(衿州) 또는 검주(黔州)를 거쳐 조선 때는 금천(衿川)으로 정착했다. '黔'은 검다는 뜻이다. '衿'은 옷 소매란 뜻이지만 '검다'의 어간 '검'을 음차한 것이 아닌가 한다. 즉, 잉벌노, 곡양, 금주, 금천 모두 '땅이 검고 비옥한 고을'이라는 의미라고 필자는 생각한다.

지금 서울 금천구의 이름은 조선 때의 지명 금천에서 유래한다. 조선 정조 때 한양에서 수원을 거쳐 삼남에 이르는 전래(傳來) 도로인 관악산 동녘의 과천길 대신 관악산 서녘 시흥을 지나는 신작로를 냈다. 그 새길을 애용했던 정조가 금천을 시흥으로 개칭했다. 정조가 개설한 시흥길 신작로는 이후 서울에서 3남으로 가는 국도 1호선 및 경부선철도와 병행하는 한반도의 중심축이 됐다.

도시화로 사라져버린 시흥군
- 그 최후의 생존지가 광명

지금의 시흥시는 과거 부천과 안산의 변두리 땅을 모아서 성립된 도시로 전통의 시흥과는 사실상 관계가 없다. 정작 1500년 동안 줄곧 시흥의 명맥을 이어온 시흥 토박이 동네들은 뿔뿔이 흩어지거나 리 단위 이름으로 독립(영등포, 구로, 광명 등은 리 단위 이름이었음)하고, 시흥과 거의 상관없는 지역이 시흥의 정통성을 가져가 버렸으니 황당한 일이 아닐 수 없다.

1914년 일제가 근대식 토지 등기제도를 처음 구축하면서 행정구역을 개편할 때 시흥 인근의 안산과 과천을 시흥에 편입시켰다. 이로 인해 시흥은 지금의 서울 금천구, 구로구, 영등포구, 관악구, 동작구 광명시 등 본래의 영역에 더해 서울 서초구, 경기 과천시·안양시·안산시·군포시 등을 포괄하는 대 영역으로 확대됐다.

그때 시흥으로 편입된 안산의 일부가 1980년대 시흥시 창설 때 시흥시 관할로 편성됐다. 1973년 부천군이 시로 승격될 당시 잔존하게 된 시골 지역인 소래면을 시흥군에 편입시켰는데, 그 소래면이 현 시흥시의 주축이 되었다. 즉, 원래 안산과 부천에 속했던 지역, 시흥군에는 잠시밖에 머물지 않은 지역을 엮어 새롭게 인위적인 지자체를 만들고는 거기다가 시흥이라는 이름을 붙인 것이 지금 시흥시이다.

1914년은 한반도 지명과 행정구역 토지 소유 관계 등의 측면에서 특히 중요한 해이다. 이때부터 비로소 전국의 모든 토지가 측량되고 필지 별로 지번을 붙여 등기부에 기록하는, 근대적 지적제도가 시작된 것. 1914년 시작된 등기부와 지적을 지금까지 그대로 쓰고 있다. 이것을 바꾸면 토지소유권 등에서 대혼란이 일어나기 때문에 바꾸고 싶어도 바꿀 수가 없다.

구 시흥현 남면의 경우 1914년 이전 조선시대 지도에는 광명리(光明里, 와음은 팽매), 광화대리(廣火大里, 너부대의 음차 표현), 노온사리(老溫寺里, 와음은 논저리), 아방리(阿方里, 와음은 앙외), 가학동(駕鶴洞, 와음은 가꿀), 노온곡리(老溫谷里), 유등리(柳等里) 등의 지명이 보인다.

조선총독부는 이중 광명리와 너부대 등의 동네를 합쳐 법정지명 광명리로 하고 광명리 내에 소재하는 모든 토지를 필지별로 측량하여 지적도를 만들었다. 일련번호 지번을 붙여 등기부도 만들었다. 등기부에는 토지 소유자, 면적, 지목 등이 기재되었다. 전국의 모든 곳에서 이 같은 작업이 동시에 진행됐다.

이런 식으로 대개 서너 개 자연 마을을 하나로 묶어서 그 대표 마을 이름을 법정지명으로 했다. 법정지명 노온사리는 논저리(원 노온사리) 외에도 앙외(아방리), 사들, 장저리(장절리) 등의 마을을 포함하는 단위이다. 앙외, 장저리, 사들(沙垈里의 와음인 듯) 등의 이름은 노온사리의 종속 명칭으로, 동네 사람들끼리나 부르는 격 낮은 이름이 되었다. 즉, 법정지명 아닌 동네 이름은 불러주면 좋고, 안 불러도 그만인 존재가 된 것이다.

앙외는 조선시대에는 구름산 서쪽 현재의 광명동 노온사동, 가학동, 일원을 아우르는 시흥현 남면의 '소재지'였다. 조선시대 면(面)에는 집강(執綱)이라고 하는 규율 반장 같은 존재가 있어 기강을 문란케 한 사람들은 붙잡아다 집강소에서 곤장도 치고 했다고 한다. 그 집강소 같은 집이 앙외의 '가운뎃 마을(간댄말)'에 있었다는 것이 동네 노인들의 설명이다.

법정지명 가학리의 경우 조선시대 지도에는 그 영역에 유등리와 노온곡리가 나타나지만 이들 지명은 1914년에는 이미 현실에서는 불리지 않는 이름이었다. 유등리는 공서꿀(공세동貢稅洞의 와음이라고 함)을 지칭하는 것 같지만 노온곡리는 어디를 말하는지도 불분명하다. 인근 안산 쪽에 있는 논골(논곡論谷)을 착각한 것인지, 노온사리를 착각한 것인지, 노리실을 그렇게 표현한 것인지 정체를 알 수 없다. 현재 법정지명 가학리에는 가꿀로 불리는 원 가학리 및 그 인근 도고내, 공서꿀, 노리실, 벌말, 장턴말(장텃말) 등이 포함된다.

1914년 전국행정구역 개편 때 구 안산과 과천이 편입돼 대(大) 시흥군이 출범하면서 각 면 단위 행정구역 조정도 이뤄졌다. 구 시흥현 서면과 남면을 합쳐 서면으로 하고 구 과천이었던 군포 지역을 새로 남면으로 명명했다. 과천 땅이었던 서울 서초구 지역은 이때 시흥군 신동면이 됐고, 역시 과천이었던 안양 지역은 두 번째 서면(西面)이라는 뜻의 서이면이 됐다.

구 남면을 서면으로 통합시켰음에도 조선총독부 당국은 구 남면 소재지인 앙외에 있던 경찰주재소를 철수하지 않고 상당 기간 그대로 존치했다. 1919년 시흥군 서면의 3.1만세운동은 바로 이 앙외 주재소 앞에서 일어났다.

면 소재지였던 동네가 법정지명으로 등재되지 못한 것은 '아방'이란 한자의 일본 발음과 관계 있다고 생각된다. 아방리의 '阿方'은 일본식으로 읽으면 발음이 '아호'가 된다. 일본어에는 똑같이 아호로 발음되고 '阿房(또는 阿呆)'로 쓰는 단어가 있는데, 바보라는 뜻이다. 지적 정리를 주관하던 일본인 관료들로서는 바보라고 읽히는 한자어를 법정지명으로 채택할 수는 없었던 것 아닌가, 필자는 그렇게 생각한다.

그 결과 이 지역의 대표지명으로는 가장 큰 동네인 노온사리가 채택됐고, 지금까지도 주소나 토지 지번을 표기할 때는 당연히 노온사리라는 지명을 써야 한다.

주민주도 개발에 대한
주민 각성의 과정

윤승모 | 광명 특별관리지역 조합
광명·시흥 공공주택지구 광명 총주민대책위원회 위원장

토지 강제수용 방식 개발이 당연한 줄 아는 주민들

낙후된 지역을 개발하여 쾌적한 인프라를 갖춘 도시로 변화시키는 도시개발은 일반인들에게는 대단히 어렵고 먼 주제다. 그것은 정부나 지방자치단체 LH(한국토지주택공사) 같은 공공주체들이 전담하는 일로, 주민은 그저 처분하는 대로 따르면 그만인 존재로 취급된다.

정부가 군사 작전하듯 밀실에서 신도시 경계를 그어 전격 발표하고, 해당 지역의 주민들은 토지 강제수용 반대를 외치며 집회 시위를 하고, 그러다가 시간이 지나면 하나둘 토지 보상금을 받아들고 타지로 밀려나며, 산을 깎고 골을 메우는 천지개벽 건설작업 끝에 콘크리트 숲이 새롭게 들어서고, 그 회색 도시에는 전국 각지에서 새로운 사람들이 모여들어 각자의 밀폐된 공간에서 고립된 삶을 시작하는 것이 대한민국 도시개발의 전형적인 모습이다.

이런 과정에서 주민이 끼어들 여지는 없다. 모든 신도시에는 누대에 걸쳐 대대로 삶을 이어온 '선주민'들이 물론 있었다. 그러나 모든 신도시에서 그 선주민들은 완전 객체 취급당해 삶의 터전을 잃고 뿔뿔이 흩어졌다. 그들이 도시개발 과정에 끼어들기에는 전문지식도 부족하고, 조직화 되지도 못했다. 근대화 이후 대한민국에서 일상적으로 벌어지는 일이다 보니, 쫓겨나는 것을 숙명으로 받아들이는 체념 분위기도 만연해 있다.

2021년 2월 24일 정부가 3기 신도시 예정지로 발표한 광명·시흥 특별관리지역의 주민들도 불과 얼마 전까지는 이런 객체적이며 피동적인 상황을 벗어나지 못했다.

애초 이 지역은 1972년 개발제한구역(그린벨트)으로 지정돼 일체의 개발 행위가 제한된 곳으로, 농촌 전통사회의 공동체가 잔존해 있는 낙후지역이다. 정부의 그린벨트 주민 생활 불편 해소 방침에 따라 2006년 지역 내에 산재한 집단취락만큼은 개발제한구역에서 해제해 자연

녹지 수준의 개발 행위가 가능하도록 했다. 그럼에도 여전히 대부분의 들판과 언덕은 개발제한구역인 채로 있었다.

2010년 이명박 정부가 이곳 경기도 광명시 옥길동, 노온사동, 가학동과 광명동 일부 및 연접한 시흥시 과림동, 무지내동 일원의 그린벨트를 일괄 해제하고 보금자리 주택지구로 지정했다. 약 520만 평에 달하는 범위다. 사업시행자인 LH가 토지를 강제수용해 일괄 개발하는 방식이다. 개발 예정지로 지정되면 일체의 개발 행위가 금지된다. 개발제한이 아니라 개발 금지다. 2006년 그린벨트에서 해제됐던 취락구역들도 다시 묶였다. 주민들은 40년 개발제한구역으로 묶더니 겨우 강제수용이냐며 반발했고, 집단 시위도 여러 차례 벌였다. 충분한 보상이 없으면 순순히 물러서지 않겠다는, 여느 신도시 예정지에서나 볼 수 있는 그런 반발이었다.

주민의 반발도 기운이 빠져갈 즈음, 정부는 2015년 광명·시흥 보금자리지구에 대해 사업 포기를 선언했다. 사업비가 없다는 등의 이유라지만, 참으로 무책임한 처사가 아닐 수 없다. 사업 포기 선언을 했으면 이곳 토지를 주민들이 알아서 처분할 수 있도록 규제를 풀어주고 떠나는 것이 마땅하건만 정부의 생각은 달랐다. 이곳을 10년 기한의 특별관리지역으로 다시 묶은 것이다. 특별관리지역은 개발행위가 제한되기는 그린벨트나 마찬가지다. 요컨대, 지금은 일단 철수하지만 10년 내로 다시 와서 먹을 테니 건드리지 말라며 침 퉤퉤 뱉어놓은 격이다.

그래도 일말의 양심이 있었는지, 정부는 이 지역의 취락들에 대해서는 주민이 자체적으로 민간개발할 수 있는 길을 터주었다. 취락구역은 이미 2006년 그린벨트에서 해제됐으나 보금자리 때문에 다시 묶이는, 조변석개 행정으로 이중삼중 피해를 본 지역이다. 이 점을 고려, 정부는 공공주택특별법 및 동법의 위임에 의해 국토교통부가 입안한 '특별관리지역관리계획'을 통해 광명·시흥지구 내 취락구역은 도시개발법상 환지방식으로 토지주들이 자체 개발하는 것을 우선으로 한다고 명시했다. 취락구역이 너무 협소하여 도시개발 타당성이 나오지 않는다는 지적에 따라 취락구역과 연접한 특별관리지역 토지까지 더해 당초 취락구역의 2배~2.5배 면적을 취락정비사업 대상 지역으로 규정하였다.

"지역 내 취락은 주민주도 개발하라" 법규로 규정

특별관리지역 관리계획에 따르면 이 지역에서 종전 보금자리주택사업자인 LH는 주민이 주도하는 취락정비사업의 원활한 추진을 위해 각 구역별로 사업 타당성 조사 등의 지원을 하도록 규정했고, 이에 따라 LH는 광명시, 시흥시 각 취락들이 취락 정비사업 도시개발을 할 수 있는 구체적 방안을 마련하여 각 마을을 순회하며 설명회를 열었다. 이 설명회에서 LH는 지역에 산재한 작은 취락들을 두세 개씩 묶는 등의 방법으로 광명 12개 사업구역, 시홍 5개 사업구역의 경계를 획정하고, 각 사업구역별로 도시개발이 이뤄질 경우의 수용 인구, 비례율 등의 타당성조사 결과를 제시했다. 그게 2015년 11월, 12월의 일이다.

주민들이 환지개발이 무엇인지, 주민주도 개발인지 무엇인지 제대로 이해를 못 하자 2016년에는 경기도 주관으로 '환지스쿨'이라는 것을 열어 취락구역 주민들에게 주민 스스로 환지개발에 나서면 주민에게 좋다고 적극 권유하기도 했다.

서두가 다소 장황했다. 광명·시흥 특별관리지역 주민들이 주민주도 도시개발에 눈뜨게 된 과정, 그래서 전문가들과 함께 마스터플랜까지 그리는 등 주민주도 개발의 플랜까지 만들어 보게 된 경위를 서술하기 위해서는 위와 같은 배경 설명이 반드시 전제될 수밖에 없다. 광명·시흥지구에서의 주민주도 도시개발은 전국에서 유일하게 주민주도 취락정비사업이 법규로 규정된 이 지역만의 특수성에서 출발하고 있다.

2015년 말, LH와 광명시, 시흥시가 공동으로 각 취락을 순회하면서 각 구역별로 '광명·시흥 취락정비(환지방식) 사업타당성 조사' 결과 설명회를 한 이후, 각 마을은 LH의 사업타당성조사 결과에 규정된 구역별 구획에 맞춰 해당 토지주들을 규합하여 각기 환지방식 도시개발추진위원회를 꾸리기 시작했다. LH의 사업 타당성 조사 결과에 따르면 필자의 동네인 장절리 지역의 경우 광명7구역으로 규정됐으며, 사업면적 200,114㎡에, 도시개발에 따른 수용 예정 세대수 약 1500세대의 작은 신도시로 개발하면 된다는 청사진이었다.

정부가 주민주도 개발 떠밀어도 꾸물대던 주민

필자는 환지개발이 무엇인지, 도시개발이 무엇인지 아무것도 모르는 상태였지만 그래도 우선은 추진위를 만들어 놓긴 해야겠다는 막연한 생각에 동네 사람들과 상의하여 2016년 초 LH가 규정한 명칭 그대로, '광명·시흥취락정비사업 광명7구역 환지방식 도시개발 추진위원회'를 구성하고 위원장을 맡았다. 최초 10명 안팎의 토지주로 출발했다. 2016년 4월에는 장절리 마을회관에서 LH의 협조를 얻어 장절리 지구 토지주를 대상으로 환지방식도시개발 설명회를 개최했다. 그러나 그것이 고작이었다.

환지개발이라는 것이 일정 범위의 토지주들이 자체적으로 모이고, 자체적으로 사업구역을 설정하며, 자체적으로 환지동의를 받아 도시개발을 실행해나가는 과정이라는 상황에 대한 이해가 절대적으로 부족했다. 토지주들이 알아서 그런 일을 한다는 것이 뜬구름 잡는 얘기처럼 들렸다.

당시 일부 시행업자들이 접근해 오기는 했다. 우선 자금을 투입할 테니 함께 환지개발을 해나가자는 것이었다. 그러나 시행업자와 사전계약하고, 먼저 자금을 끌어 쓰면 나중에 코 꿰이기 십상이라는 생각에 그런 쪽으로는 아예 문을 닫아버렸다. 진전되는 것이 아무것도 없었다.

장절리만 그런 것이 아니다. 다른 동네도 대개 비슷한 상황이었다. 광명 특별관리지역 범시민대책위원회(범대위)라는 이름으로 각 취락구역 전체를 대표한다는 기구가 구성돼 있기는 했지만, 광명시에서 예산지원을 받는 단체였다. 광명시가 요구하는 이슈에 주민단체가 동원된다는 비판마저 나오는 상황이었다. 순수하게 주민에 의한, 주민을 위한, 주민에 의해 운영되는 주민조직이 부재했다고 하는 것이 솔직한 토로일 것이다. 그만큼 주민은 무지했다.

주민주도 개발을 향한 주민들의 각성

광명시가 주관하는 조직으로서의 시민대책위인지, 단순히 특별관리지역 주민대책위원회인지 불분명한 상황에서 2017년 11월 주민단체 대표가 교체되었다. 동네 선배들의 권유에 따라 제7구역 개발추진위원장인 필자가 새롭게 전체 대책위원장을 맡았다. 범대위의 이름을 '광명 특별관리지역 개발추진 주민대책위원회'로 개칭하고 각 마을별 개발추진위원회가 참여하는 대표 조직체로 규정했다. 광명시의 예산지원은 끊었다. 순수한 주민단체가 된 것이다.

그 직후 필자는 장절리 구역의 토지주 명단을 확보, 2017년 12월, 2018년 1월 토지주 전원에게 우편을 보내 회원가입과 환지개발동의서 제출을 권유하는 작업을 시작했다. 필자가 이렇게 환지동의를 서둘기 시작한 것은 광명8구역인 원가학 마을이 이미 구역 내 환지개발 과반동의를 받아 2017년 11월 LH에 사업시행을 해 달라고 요구했다는 소식이 들렸기 때문이다. 다른 동네가 서두는 마당에 우리도 가만히 있으면 안 될 것 같았다.

나아가, 전체 주민대책위원회 대표를 맡게 된 이상 환지개발이 실현되려면 무엇이 필요한지, 앞으로 어떻게 해야 하는지 정확하게 알아야겠다는 마음에 2019년 1월 29일 학온동주민센터에서 환지 설명회를 개최했다. 이 지역 국회의원으로서 특별관리지역 입안 과정 등에 깊숙이 개입해온 이언주 의원과도 간담회를 갖고 환지개발 실현 방안을 적극 연구하기에 이르렀다.

주민대책위는 2018년 3월 30일에는 광명시의회 의원 및 광명시청 담당 부서 간부들과 정책간담회를 열기도 했다. 이 자리에서 안성환 시의원은 국토부 및 LH 등을 상대로 종합적으로 파악한 결과임을 전제로 "광명·시흥 특별관리지역 중 산업단지 60만 평과 군부대 등을 제외하면 약 360만 평이 남는데, 이 지역에 대해 취락지구별 도시개발로 가면 효율성도 없을 뿐 아니라 난개발이 우려된다는 것이 LH의 기본 생각"이라며 "현재 LH는 취락지구별 환지개발 우선권을 인정하되 여러 취락지구를 묶고 그사이의 비취락지구는 수용하는 방식으로 대단위 광역개발을 생각하고 있고, 이를 위한 용역을 발주한 것으로 안다"고 말했다.

국토부의 배신 – 주민주도 개발에 비협조로 돌변

국토부와 LH 광명시 등이 2015년 당시 적극적으로 환지를 권유하던 태도에서 돌변해 환지개발에 소극적이라는 사실이 점점 더 명확해졌다. 각 취락구역별 개발이 이뤄지면 특별관리지역 전체 차원에서 보면 기반시설 배치가 어려워지고 나뭇잎을 벌레가 파먹은 듯, 난개발이 된다는 논리가 등장하기 시작한 것이다. 국토부 스스로 공공주택특별법과 관리계획을 통해 환지개발하라고 규정하고, 설명회까지 해놓고는…….

이에 주민대책위는 2018년 4월 5일 "특별관리지역, 정책 실패 사죄하고 주민 우선 원칙 보장하라"는 제목의 성명서를 발표했다. 정부의 무책임 기만 행태를 비판하는 내용이다. 다음은 당시 성명서 전문이다.

광명·시흥 특별관리지역(구 광명·시흥 보금자리지구 550만 평)이 정부의 보금자리정책 실패 이후 세인의 관심에서 멀어진 틈을 이용한 몇몇 권력자의 탁상행정에 휘둘리면서 명분도 원칙도 없는 주민기만형 특권지역으로 전락했다.

특별관리지역에 대한 법체계 자체가 비상식적이다. 보금자리 공공주택 사업이 포기된 지역이 바로 특별관리지역인데, 그 지정과 관리에 관한 내용이 공공주택특별법에 의해 규정되고 있다. 공공주택을 포기한 지역에 대해 왜 공공주택법으로 규정한단 말인가. 법체계 상식에 맞지 않는, 기형적 구조다. 그게 아니라면 이 지역에 대한 보금자리정책 실패에도 불구하고 언젠가 또다시 정부가 이 지역을 차지하겠다는, 속임수에 불과하다.

정부의 속임수는 특별관리지역 내 60만 평에 대해 돌연 광명·시흥테크노밸리라는 이름의 산업단지로 개발하겠다며 일방적으로 토지수용을 발표한 데서도 확인된다. 정부는 2015년 보금자리지역을 포기하면서 주민피해에 대한 일종의 보상차원으로 지역 내 19개 취락지구에 대해 주민들이 자체적으로 환지방식 도시개발을 할 수 있도록 우선권을 준다고 했다. 이에 따라 주민들은 토지주 동의서 징구작업 등 자력개발을 위한 작업을 진행하던 중이었다.

그런데 불과 1년 만에 이 중 60만 평을 수용해 산업단지로 개발하겠다고 일방적으로 발표했다. 이 산단에는 광명지역 4개 마을(공세동 노리실 장텃말 벌말)이 포함된다. 문제는 그 4개 마을이 비록 인구가 많지 않다고는 하나 이들에 대한 의견수렴이 전혀 없었다는 점이다. 아무리 작은 숫자라고 하지만 마을 특성에 맞게 자체 개발해보라고 한 것이 바로 엊그제의 일인데 돌연 땅 내놓고 나가라니, 횡포도 이런 횡포가 있을 수 없다.

산업단지 60만 평을 제외한 특별관리지역 나머지 지역의 취락지구에 대한 정부와 LH의 접근방식도 불투명하기는 매한가지다. 약 360만 평에 이르는 잔여특별관리지역의 주민들은 취락지구별로 현재 자체개발을 위한 토지주 동의서 징구 작업을 벌이고 있다. 일부 마을은

60% 이상 동의서 징구실적을 올리기도 했다. 어떤 마을은 민간업자와 손잡고 자체 개발을 추진하기도 하고, 어떤 마을은 한국토지주택공사(LH)에 시행을 의뢰하기도 했다.

이러한 상황에서 LH 주변에서는 "마을별로 개발하면 특별관리지역이 벌레 파먹은 나뭇잎처럼, 가치 없는 땅이 되지 않겠느냐"는 등의 얘기가 지속적으로 흘러나오고 있다. 종합하면, 정부가 약속하고 법으로 보장했던 취락지구 주민 자체 개발은 사실상 허용될 수 없는, 속임수였다는 고백에 다름 아니다.

이쯤 되면 정부가 솔직하게 말해야 한다. 과연 특별관리지역에 대한 정부의 정책은 무엇인가? 더 이상 밀실에서 우물거리지 말고 주민에게 솔직하게 터놓고, 사과할 것은 사과하고 이해를 구할 것은 이해를 구할 일이다.

특별관리지역은 정부 땅이 아니다. 지역 주민의 사유재산이다. 정부는 1971년 개발제한구역으로 지정한 이래, 이 지역을 마음대로 휘두른 것도 모자라 보금자리 정책 실패로 주민들에게 막대한 재산상 손해를 입혔다. 능력이 없으면 조용히 손 떼고 물러날 일이다.

특별관리지역 주민들이 이기주의 독단론을 얘기하는 게 아니다. 국가백년대계상 불가피하게 이 지역을 활용해야겠다면 주민에게 충분히 양해를 구하고 더 이상은 주민피해를 주지 않도록 주민의 주도적 참여를 보장하는 정책입안을 해야 한다.

'주민참여형 정책입안, 주민참여형 도시개발'은 문재인 정부의 핵심 모토이기도 하다. 주민을 무지랭이 객체 취급하는 행태는 더 이상 용납할 수 없다. 우리는 요구한다. 특별관리지역의 미래, 주민이 주도적으로 결정할 수 있는 권리를 허하라!

- 2018년 4월 5일 광명 특별관리지역개발추진 주민대책위원회

주민대책위는 전문가들과 숙의한 결과, 정부의 태도가 그렇게 비협조적이라면 광명·시흥 특별관리지역에서의 도시개발은 민간주도 환지개발과 공공주도 수용방식을 병행하는 혼용방식으로 추진하는 것으로 정부를 설득해 나가면 좋지 않겠느냐는 의견이 대두됐다. 이에 따라 주민대책위는 2018년 5월 9일 이언주 국회의원 및 국토부 LH 관계자가 참석한 가운데 '특별관리지역 도시개발과 주민생존권 대책' 공청회를 열었다. 이 자리에서 필자는 주제발표를 통해 처음으로 특별관리지역 통합개발을 공식 제안했다. 취락구역은 법규에 규정된 대로 주민주도 환지방식으로 개발하되, 모든 취락구역들이 환지개발 사업시행을 LH에 의뢰함으로써 LH가 취락구역 외의 지역까지 망라해 특별관리지역 전체에 대한 개발 마스터 플랜을 세우고 특별관리지역 전체를 신도시처럼 통합개발할 수 있다는 제언이었다. 필자는 당시 주제발표에서 "문재인 정부가 강조하는 주민참여형 도시개발, 주민참여 행정은 멀리 있는 것이 아니다. 광명 특별관리지역의 마을 주민들이 연대하여 통합개발을 제안하는 이 현장이 바로 생생한 '주민참여'의 현장이라 할 것이다. 광명 특별관리지역에서의 통합개발이 문재인 정부의 주

민참여형 도시개발의 모범사례가 될 수 있도록 정부와 LH 광명시, 그리고 주민들이 이성으로 대화해 나갈 수 있기를 희망한다"는 말로 '주민참여형 통합개발'을 특히 강조했다.

다음은 2018년 5월 9일 공청회 내용을 보도한 언론 기사이다.

> **[광명 학온동 6개 마을 주민 '통합개발' 제안]**
> **[국토부 LH와의 공청회에서…"취락지구 외의 지역도 포함해 혼용개발가능"]**
> 광명시 특별관리지역 내 원노온사 능촌 사들 장절리 원가학 도고내 등 학온동 6개 취락지구를 포괄하는 광명 특별관리지역개발추진주민대책위원회(이하 주민대책위)는 5월 9일 이들 6개 취락지구 및 지구와 지구 사이의 토지(비취락지구)를 아우르는 지역에 대해 통합개발을 추진할 것을 국토부와 한국토지주택공사(LH)에 제안했다.
> 윤승모 주민대책위원장은 이날 학온동 광남교회에서 열린 통합개발 공청회에서 '특별관리지역 도시개발과 주민생존권 대책' 주제발표를 통해 "환지방식도시개발 지구로 지정돼 있는 6개 마을이 '주민참여형 통합개발'을 추진키로 대체적 의견을 모았다"며 이같이 밝혔다.
> 주민대책위는 이 6개 마을의 통장과 환지방식도시개발추진위원장 등 마을대표들이 참여하고 있는 주민 자치 단체다.
> 이에 대해 이날 패널로 참가한 이언주 국회의원은 적극적인 공감과 지원의사를 밝혔고, 오진수 국토부 공동주택추진단 과장, 선병채 LH 광명·시흥사업본부장도 토론에서 '주민들이 합의하고 법적으로 문제없다면 혼용방식 통합개발이 가능하다'는 취지로 설명했다.
> LH 측은 특히 각 취락지구가 법적 요건을 갖춰 LH에 통합개발(환지방식)사업 시행을 의뢰할 경우, 9개월이면 지구 지정 제안이 가능할 것이라고 밝혀 눈길을 끌었다.
> 주민대책위가 주최 주관한 이날 토론회에는 1시간 전부터 주민들이 운집, 약 400석에 달하는 교회강당 좌석을 가득 채우고도 남아 상당수가 뒤쪽에 서서 방청하거나 일부는 되돌아가는 풍경이 빚어졌다. 주제발표 패널토론에 이은 질의 응답시간에도 질문자가 넘치는 등 이 지역 개발과 관련한 지역 주민들의 치열한 관심을 보여줬다. 〈뉴스리얼 2019년 5월 10일〉

이 기사를 보면 공청회 당시까지 광명주민대책위에는 6개 취락구역만 참여한 것으로 돼 있다. 광명지역의 총 11개 취락구역 중 왜 6개만 참여한 것인가. 여기에는 사정이 있다.

공공주택특별법과 관리계획에는 광명·시흥 특별관리지역의 향후 도시개발에 대비, 이 지역에 산재한 소규모 제조업체와 유통업체를 이전 수용할 산업단지 및 유통단지를 조성하도록 되어 있고, 2017년 그 산업단지 및 유통단지의 입지가 확정되었다. 광명 11개 취락구역 중 10구역(공세동) 11구역(노리실 장텃말)은 산업단지 등 예정지로 편입되어 주민주도 환지개발이 시작도 못한 채 사라진 것이다.

또, 광명시 구시가지와 연접한 1구역(두길) 3구역(원광명)은 환지개발은 추진하되 사업시행을 LH에 맡기지 않고 토지주들이 조합을 구성하여 사업을 추진하는 방향이었다. 이렇게 5개 구역이 빠진 채 6개 구역이 모여 통합개발을 결의한 것이다(얼마 지나지 않아 2구역(식곡)도 LH에 환지개발사업시행을 의뢰하는 '통합개발' 방식에 동의하여 대책위에 참여함으로써 대책위는 총 7개 마을의 협력체로 기능하게 되었다).

주민대책위는 2018년 9월 18일 박승원 광명시장과 간담회를 갖고 주민참여형 통합개발에 대한 협조를 요구했고, 2018년 11월 20일에는 국토교통부 공공주택추진단을 방문, 담당 과장과 면담을 갖고 주민참여형 통합개발 방식을 통한 취락구역 환지개발이 관철돼야 한다고 촉구했다. 다음은 국토부 면담과 관련한 언론보도 요지이다.

["광명·시흥 취락구역 환지개발 관철될 것"]
[국토부 관계자 주민대표 면담 언명..."수용은 무리한 얘기, 주민 걱정말길"]

국토교통부는 11월 20일 광명·시흥취락정비사업 대상 각 취락구역도시개발에서 주민이 원하는 한 현행 법규(공공주택특별법 및 국토부 작성 특별관리지역 관리계획)대로 환지방식이 관철될 것이라고 밝혔다.

국토부 고위관계자는 이날 국토부를 방문한 광명 특별관리지역개발추진주민대책위원회(이하 주민대책위) 윤승모 위원장 등 주민대표들과의 면담에서 "정부도 개발제한구역 시절부터 고통을 겪어온 특별관리지역 집단취락의 특성을 충분히 이해하고 있고, 또 인정해야 한다는 공감대가 있다"며 이같이 말했다.

이 지역 신도시 개발을 명분으로 취락구역 환지를 철회하고 토지 수용에 나설 가능성에 대해 이 관계자는 "수용하는 것은 굉장히 무리한 얘기다. 쉽지 않다. 그동안 주민대책위 등이 수차례 공문 등을 통해 환지개발 관철을 주장한 것을 알고 있다. 수용으로 간다면 주민 반발도 있을 것이고, 그 점을 충분히 정부도 인식하고 있다. 주민들로서는 걱정하지 않아도 될 것이다"고 말했다.

주민대표들은 국토부가 작성한 특별관리지역 관리계획에 명시된 대로, 각 취락구역별로 '기존 취락지구 + 2배 확장면적'에 대한 환지방식 도시개발이 관철돼야 한다는 점을 명확하게 요구했다. 〈뉴스리얼 2018년 11월 29일〉

주민대책위원회는 이와 별도로 법무법인 진성과 법률자문계약을 맺고 2018년 9월부터 국토부 등 책임당사자들에게 주민주도 환지개발의 관철을 요구하는 공문을 보내는 활동도 폈다. 그동안 각계에 보낸 공문만 해도 100여 건이 넘을 정도다.

주민주도 개발에 대한 주민의 준비 완료

환지개발에 대한 토지주 동의

주민대책위가 이처럼 대외활동을 강화한 배경에는 각 취락구역별 환지동의 작업이 순조롭게 진행돼 2018년 말까지는 환지개발이 '허용된' 광명의 9개 취락구역 거의 대부분이 토지주 과반 환지동의를 받았다는 사실이 있다. 7개 마을은 LH를 환지개발사업시행자로 하는 동의서를 받아 LH에 접수시켰고, 2개 마을은 자체 사업 시행을 목표로 3분의 2동의를 받아가고 있었다. 주민주도 도시개발을 위한 기초작업이 완료돼 가고 있었다.

필자는 광명주민대책위 대표로서, 이 지역에 대한 주민참여형 통합개발이 단순히 광명만 잘한다고 달성될 수 있는 목표는 아니라는 점을 인지하고 있었다. 광명보다 규모는 작지만 시흥 지역도 엄연히 광명·시흥 특별관리지역이라고 해서 한 묶음으로 취급되고 있었고, 향후 도시개발이 진행되면 함께 갈 수밖에 없는 상황이었다.

당시 시흥지역에도 광명·시흥 특별관리지역 시흥과림대책위가 조직돼 있었다. 필자는 시흥과림대책위 안익수 위원장을 만나 시흥지역 취락들도 환지동의를 받아야 하는 것 아니냐고 말했고, 안익수 위원장도 이에 적극 공감해 환지동의를 받는 작업을 본격화했다. 그러나 시흥의 경우 총 5개 취락구역 중 2개 구역은 거의 움직임이 없었고, 1개 구역은 환지동의 징구 작업을 벌이다 도중에 중단하여 결국은 시흥 2-1구역 및 2-2구역 2개 구역만 과반의 환지동의를 완료했다.

다음은 광명·시흥지구 각 취락구역들의 환지개발동의 징구 현황을 표로 정리한 것이다. 이 중 LH접수 내용은 LH가 그 동의율 등을 공문으로 확인해준 것이다.

[표 1] 광명·시흥 취락정비사업 각 구역별 토지주동의율 및 시행자 내역

구역명	동의서 징구 주체	동의율	시행자(접수/동의완료일)
광명권역			
광명1구역 (두길)	제1구역 도시개발사업추진위원회 위원장 김종진, 하영호	면적 67% 소유자 61.72%	조합 (2018.12.11.)
광명2구역 (식곡)	제2구역 도시개발사업추진위원회 위원장 황원근	면적 52% 소유자 62%	LH (2018.12.31.)
광명3구역 (원광명)	제3구역 도시개발사업추진위원회 위원장 신정식	면적 66.9% 소유자 58%	조합 (2018.11.21.)
광명4구역 (원노온사, 가락골)	제4구역 도시개발사업추진위원회 위원장 최재익	면적 62% 소유자 54%	LH (2018.12.10.)
광명5구역 (능촌)	제5구역 도시개발사업추진위원회 위원장 강한균	면적 57% 소유자 54%	LH (2019.01.04.)

구역명	동의서 징구 주체	동의율	시행자(접수/동의완료일)
광명6구역 (사들, 동창골)	제6구역 도시개발사업추진위원회 위원장 정기종	면적 64% 소유자 55%	LH (2018.09.18.)
광명7구역 (장절리)	제7구역 도시개발사업추진위원회 위원장 윤승모	면적 73% 소유자 66%	LH (2018.07.13.)
광명8구역 (원가학)	제8구역 도시개발사업추진위원회 위원장 설윤수	면적 65% 소유자 68%	LH (2017.11.22.)
광명9구역 (도고내, 뒷골)	제9구역 도시개발사업추진위원회 위원장 이장원	면적 46% 소유자 47%	LH (2018.10.04. 접수)
시흥권역			
시흥1-1구역	과반동의주체 없음		
시흥1-2구역	과반동의주체 없음		
시흥2-1구역 (부라위, 모갈)	2-1구역 도시개발사업추진위원회	면적 66% 소유자 55.1%	LH (2018.11.30.)
시흥2-2구역 (두무절리, 능안말)	2-2구역 도시개발사업추진위원회	면적 67.5% 소유자 52.1%	LH (2018.12.27.)
시흥2-3구역	과반동의주체 없음		

환지동의 작업이 완료돼 감에 따라 주민대책위는 LH에 대해 향후 환지개발 추진을 위한 협의체를 구성할 것을 요구하였고, 이에 LH 광명·시흥사업본부와 통합상생협의체(민공협의체로 이름 바꿈)를 구성하기에 이르렀다. 2018년 10월 31일 제1차 민공협의체가 열렸고, 분기별 1회씩은 회의를 열기로 하는 등의 합의사항을 도출했다. 이후 두 차례 더 민공협의체가 열렸으나 2019년 9월 LH 측의 일방적인 통보로 종료되었다. 주민대책위가 협의체 개최를 계속 촉구하자 LH 측은 담당 부장이 '협의체 개최가 불가능하다'는 문자메시지를 보내 일방적으로 끊었다. 이것은 지금 대한민국에서 공공의 횡포가 어느 정도인지를 보여주는 전형적인 사례라고 생각한다 〈중부일보 2021년 3월 14일 광명·시흥 '환지개발' 동의서까지 받은 LH… 말 뒤집고 '죄송하다' 문자 한 통 기사 참조〉.

이후 수없이 공문을 보내고 인맥을 동원해 경기도 국토부 국회 등의 관계자를 찾아 항의도 하고 호소도 했지만 계란으로 바위치기였다. 우리가 특별한 혜택을 요구하는 것이 아니고 정부가 약속하고 법률로 규정까지 한 사항을 이행하라는 법치국가라면 당연한 요구를 하는 것인데도 오히려 우리가 이상한 취급받는 현실.

주민대책위의 노력을 열거해보면 지금도 눈물겨울 정도다. 신도시 유치 활동까지 했을 정도다. 주민대책위는 2019년 1월 26일에는 광명2구역·4구역·5구역·6구역·7구역·9구역 개발추진위원회 위원장단이 참석한 가운데 회의를 열어 광명·시흥 취락정비사업 환지방식 도시개발에 필수적인 기반시설 확보를 위해 이 지역 취락정비사업구역과 특별관리지역을 포괄하는 통합개발이 필요하고, 이 점에서 정부가 추진하는 신도시 유치가 바람직하다고 의견 일치를 보았다.

이날 회의에는 시흥시 지역의 5개 취락구역 중 환지개발 토지주 과반 동의서를 받아 LH한국토지주택공사에 사업시행을 의뢰한 2개 구역(시흥 2-1구역, 2-2구역)도 참관했다.

주민대책위는 이에 따라 1월 28일 광명시장 면담, 2월 1일 광명시청 앞 집회 및 국토교통부 경기도 방문 등의 활동을 전개하기로 결의하고 실제로 실행했다. 다음은 2월 1일 광명시청 앞 집회를 보도한 언론 기사 내용이다.

> 경기 광명시 광명동, 학온동 등 광명·시흥특별관리지구 주민 250여 명(주최 측 추산)이 1일 광명시청 앞에서 집회를 열고 '환지방식을 전제로 한 3기 신도시 유치'를 시에 요구했다.
> 영하 날씨 속에서도 지역 주민 1,500여 명 가운데 17%가 투쟁에 참여한 것이다. 대부분 머리가 하얀 어르신들이었다.
> 김연우, 안성환 광명시의회 의원도 "주민 의견에 뜻을 같이하겠다"며 집회 현장으로 나왔다.
> 이날 집회는 주민단체인 국책사업정상추진촉구범광명시민대책위원회와 광명 특별관리지역 개발추진주민대책위원회가 주도했다.
> 고령인 집회 참가자 수송을 위해 45인승 전세버스를 동원했다고 한다.
> 범시민대책위와 개발추진위는 과거 보금자리주택지구로 지정됐다 해제된 광명·시흥 특별관리지역을 환지방식으로 개발하는 조건으로 3기 신도시를 유치해 달라고 요구하고 있다.
> 이들 단체에 따르면, 문제는 국토교통부와 광명시 사이의 미묘한 신경전이다.
> 이르면 오는 6월께 발표될 3기 신도시 추가 지역으로 광명·시흥지구가 유력 후보군으로 거론되고 있지만, 국토부와 시는 기반시설, 자족시설 할당 등을 둘러싸고 기 싸움을 펼치고 있다.
> 또 특별관리구역으로 지정될 당시인 2015년엔 환지방식의 개발이 허용됐으나, 3기 신도시 지정이 언급된 최근 국토부 등이 난개발을 우려하고 나서 사업 추진에 난항을 겪고 있는 상황이다. 〈뉴시스 2019년 2월 1일〉

주민주도 도시개발의 기본 개념에 눈뜨기

모든 것이 비관적으로 보이는 가운데 주민대책위로서는 자체적으로 상황을 돌파할 방안을 모색하지 않을 수 없는 처지에 내몰렸다. 필자는 그런 상황에서 탁월한 도시개발 전문가인 김경수 공공지식연구소 이사장을 우연히 만나게 됐다. 그 만남을 통해 필자는 비로소 LH에 의존하지 않고, 주민이 독자적으로 특별관리지역 전체에 대한 통합개발플랜을 만들어가면서 각 취락구역별 환지개발도 추진할 수 있는 구상에 대해 눈을 뜨게 됐다.

필자는 2019년 3월 13일 법무법인 진성을 통해 LH한국토지주택공사 등에 공문을 보내, 환지개발사업시행 요구에 응할지 말지 회답하지 않고 이 상태로 시간만 끌 경우 각 취락구역들은 독자 활로를 모색할 수밖에 없다고 통보했다.

그러나 이에 대해서도 LH는 묵묵부답일 뿐이었다. 그해 5월 7일 3기 신도시 예정지 발표가 있었지만 광명·시흥지구는 제외됐다. 주민참여형은커녕, 통합개발조차도 묘연해진 것이다. 주민은 완전 무시되었다.

주민들이 아무리 무식하고 무력하다고 해도 이렇게 일방적으로 당하고만 있을 수는 없는 노릇이다. 행동에 나서기로 했다. 주민대책위는 2019년 6월 3일 공청회를 열어 이제 독자 행동에 나설 수밖에 없다고 공개 천명했다. 이날 공청회 결과를 정리하여 주민대책위 카페에 올린 글을 여기에 발췌 전재한다.

> 광명 특별관리지역주민대책위원회(위원장 윤승모, 이하 주민대책위)는 이날 '3기 신도시 무산 이후 대응책'을 주제로 산하 6개 취락구역 개발추진위와 함께 개최한 공청회를 통해 주민독자 개발 방향을 제시했고, 이에 300여 명의 참석자들은 만장일치로 독자 개발 추진을 결의했다.
>
> 지금까지 이 지역 주민들은 취락구역을 환지 개발하되, 그 사업시행을 LH한국토지주택공사에 위탁하는 공공주도 개발을 추진해왔다는 점에서 이번에 민간개발로의 방향 전환 결정은 광명·시흥 특별관리지역 개발에 관한 주민들의 구도를 근본적으로 뒤흔들 전망이다.
>
> 공청회에서 윤승모 위원장은 2018년 5월 9일 광명시 7개 취락구역이 환지개발을 전제로 특별관리지역 전체를 광역개발하자는 '통합개발' 방안을 제안하고 실제로 토지주 과반동의를 받아 LH에 사업시행을 요청했음을 상기시키며 "이번 신도시 무산으로 공공주도 통합개발이 거부된 만큼, 이제는 주민 독자개발로 갈 수밖에 없는 상황"이라고 설명했다.
>
> 그동안 LH측은 주민대책위의 사업시행 요청에 대해 '통합개발은 사실상 신도시와 마찬가지이므로 정부의 신도시 발표를 보고 시행여부를 정하겠다'며 1년 이상 시간을 지연시켜왔다. 그러나 광명 특별관리지역은 지난 5월 7일 정부가 발표한 3기 신도시 후보지에서 제외됐다.
>
> 이날 주제발표를 한 법무법인 진성의 김태은 변호사는 주민주도 민간개발을 실현하기 위해서는 각 취락구역들이 단합하여 규모를 키우고 협상력을 높이는 것이 무엇보다 중요하다고 강조하고, "취락구역 개발 조합 연합체를 결성하여 기업도시 자족도시 스마트 도시 등 명분을 내세운 민간 컨소시엄과 제휴하는 방식으로 가야 한다"고 말했다.
>
> 엄수원 전주대 부동산학과 교수는 '공공과 주민이 협업하는 바람직한 신도시 개발방향' 주제 발표에서 최근의 도시개발에서는 토지주에게 적정한 이익이 환수되도록 하고, 주민참여를

촉진한다는 차원에서 환지개발 방식이 많이 적용되고 있다고 말했다.

경기도 공공택지과 차경환 팀장은 토론에서 "공공부문에서 광명 특별관리지역 통합개발을 하지 않겠다는 것은 아니다. 특별관리지역 개발과 관련해서는 지금도 정부 및 해당 기초단체와 협의중"이라며 "다만, 민간기업 주도의 개발보다는 공공개발 방식으로 하는 것이 주민과 토지주에게는 보다 이익이라고 생각한다"고 말했다.

이밖에 이날 토론에는 교통전문가인 강진구 박사, 광명3취락구역 조합개발추진위원회 조승범 상임이사가 참여했고, 광명시 도시재생국 이상우 팀장이 참관했다.

공청회에 참석한 주민과 토지주들은 질의응답을 통해 주민주도 독자개발에 적극 나설 것을 촉구했고, 이를 위해 주민조직을 대폭 강화해야 한다는 제안을 하기도 했다.

이에 윤승모 위원장은 "오늘부로 적어도 광명 6개취락구역은 똘똘 뭉쳐 독자개발 준비에 착수하겠다. 그렇다고 공공부문과의 협조관계를 당장 끊는다는 것은 아니지만 이 시간 이후 민간으로부터 개발구상에 관한 제안을 적극적으로 접수하는 등 본격 활동에 나설 것이다"고 천명하며 즉석에서 이에 대한 동의여부를 물었다. 이에 대해 참석자들은 만장일치 박수로 적극 지지를 표하는 것으로 민간개발추진을 의결했다.

이날 공청회 의결에는 광명 특별관리지역 내 총 9개 취락정비사업추진구역 중 광명2구역(식곡) 4구역(원노온사) 5구역(능촌) 6구역(사들) 7구역(장절리) 9구역(도고내) 등 6개 구역이 동참했다.

이날 공청회에는 그동안 주민대책위에 참여해온 광명 7개 취락 중 8구역(원가학)이 빠졌다. 원가학은 광명 특별관리지역 산업 및 유통단지 바로 옆 마을로, 산업유통단지 조성사업에 병행해 환지개발이 가능할 것으로 자체판단하여 주민대책위에서 이탈한 상태였다. 이후 9구역도 대책위에서 이탈하였는데, 도고내는 마을 바로 옆에 들어서는 17만 평 규모의 광명문화관광복합단지와 연계 개발을 추진한다는 복안도 있었지만 공식적으로는 LH 등 공공기관에 사업 시행을 의뢰하는 것이 아닌, 토지주들끼리의 환지 사업 추진은 자신이 없다는 이유를 제시했다.

이에 따라 최종적으로는 광명 2구역, 4구역, 5구역, 6구역, 7구역 등 5개 취락구역이 단합하여 주민 자체의 역량에 의한 주민 자력의 취락정비 도시개발사업을 추진해 나가는 것으로 확정되었다. 광명 1구역, 3구역은 이전과 마찬가지로 각기 독자적인 사업추진을 계속하고 있었다.

주민대책위는 김경수 이사장의 소개로 도시개발전문가 그룹을 만나 협의를 시작하였다. 김경수 이사장과 전문가 그룹의 구상은 주민과 전문가들이 함께 특별관리지역 전체에 대한 통합개발 마스터플랜을 성안하고 이를 공공부문에 제시하여 그 마스터플랜에 대해 긍정적인 평가가 나오면 그때는 공공부문과 협의 하에 전체 마스터플랜에 맞춰 각 취락구역별로 주민 주도 개발을 추진하면 된다는 것이었다.

특별관리지역 전체에 대한 마스터플랜 작성 비용은 누가 감당하며, 주민과 전문가들이 성안한 마스터플랜을 관이 받아들인다는 보장은 있는가 등등 의문이 꼬리를 물었다. 주민들 사이에서도 과연 가능한 얘기냐는 회의론이 대두됐다. 다행히 매몰 비용 처리될 것을 각오하고 일단은 조건 없이 통합개발 마스터플랜 작성 비용을 감당해보겠다는 기업이 나섰다. 주민들도 사정이 그렇다면 관을 압박한다는 의미에서도 주민 독자 개발 프로세스에 착수하자는 공감대가 모아졌다. 이 과정에서 필자는 김경수 이사장, 법무법인 진성의 김태은, 김명진 변호사 등과 함께 5개 취락구역을 순회하며 설명회를 가졌다.

도시개발 전문가 그룹과 주민의 협업

2019년 10월 4일, 광명시의 5개 취락구역은 협력체제를 공고화한다는 의미에서 '공동체'를 결성했다. 광명 2구역(식곡-추진위원장 황원근), 4구역(원노온사-추진위원장 최재익), 5구역(능촌-추진위원장 강한균), 6구역(사들-추진위원장 정기종), 7구역(장절리-추진위원장 윤승모) 등 5개 취락구역의 도시개발사업추진위원회가 각기 내부 의결을 거쳐 향후 도시개발사업(환지방식)을 추진하는 데 있어 대외교섭 등의 측면에서 공동보조를 취하기로 하고 5개 구역추진위의 연합기구로서 광명취락구역공동체를 발족시킨 것. 광명취락구역공동체 대표에는 광명특별관리지역개발추진주민대책위원회 위원장인 윤승모 7구역 위원장이 선임됐고, 감사에는 학온동통장협의회장인 6구역 소속 김선운 위원이 선임됐다.

광명취락구역공동체는 외부 전문가 등과 협업하여 광명 특별관리지역 취락정비사업이 성공할 수 있도록 특별관리지역 전반에 관한 마스터플랜을 성안하여 인허가청에 제안하는 등과 같은 주민 자구노력을 통해 어떠한 상황에서도 주민(토지주)의 발언권과 자주권을 강화할 수 있는 노력을 해나가기로 했다.

2019년 12월 17일에는 주민대책위의 주선으로 도시개발전문가그룹(대표 김상길 서울건축포럼의장)은 광명시의회(의장 조민수)를 방문, 광명취락구역연합체와 전문가 그룹이 지향하는 특별관리지역 마스터플랜의 방향성 등에 대한 설명회를 가졌다. 2020년 1월에는 도시개발전문가그룹과 주민대표들이 특별관리지역 마스터플랜 작성을 위해 스페인 마드리드 및 바르셀로나, 이탈리아 밀라노를 순방, 도시플랜 및 건축을 견학하기도 했다.

주민대책위는 그동안 도시개발전문가그룹과 협업하여 성안해온 광명·시흥 특별관리지역 개발플랜 작성 작업이 1차 완료됨에 따라 2020년 6월 22일 사들마을 광남교회에서 각 취락구역별 추진위원들에게 그 내용을 설명하는 '주민설명회'를 개최했다.

이날 필자는 주민대책위 대표로서 인사말을 통해 "그동안 도시계획 전문가 그룹 등과 협력하여 광명 5개 구역을 포함한 특별관리지역 전반에 관한 개발 마스터플랜 작성 작업을 진행했고, 그것이 1차 완성 단계에 접어들고 있다"며 "마스터플랜이 완성되면 주민제안 형식으로 관계당국에 제안할 것이며, 그 제안이 당국에 의해 수용되면 이를 바탕으로 본격 개발을 추진할 것"이라고 말했다.

2020년 12월 7일에는 광명취락구역공동체와 전문가 그룹 간에 광명 특별관리지역 5개 구역 취락정비사업(환지개발) 추진 양해각서를 체결했다. 1년여 전부터 추진해오던 것을 뒤늦게 문서화한 셈이다. 양해각서의 내용은 특별관리지역 전반에 관한 마스터플랜을 성안하여 인허가청에 제안하고, 인허가청이 이를 수용(플랜의 타당성을 인정하고 구체적인 각 취락별 개발플랜을 성안해 오라고 하는 반응)토록 2021년 중반까지 노력하고, 인허가청의 수용 의사가 확인될 경우 정식 계약을 체결하여 실질 사업을 추진하되, 인허가청에 의해 거부될 경우는 조건 없이 새 출발한다는 것이다.

2020년 10월에는 시흥시 지역 취락구역들도 우리 방식에 동참한다는 의사를 표시해 왔다. 시흥시 2-1구역(부라위 모갈), 2-2구역(두무절리 능안말 신지농원지구) 도시개발추진위원회가 2020년 10월경 광명취락구역공동체가 추진하는 방식, 즉 주민 공동체가 외부 전문가 그룹 등과 협업하여 특별관리지역 전체에 관한 개발 마스터플랜을 성안, 제시하여 인허가 당국(지자체 및 국토부 등)에 제안하고, 이것이 당국에 의해 수용되면 정식 계약을 체결하고 각 취락구역의 환지개발을 추진하는 방식에 공감하여 자신들도 참여하겠다고 밝혀 온 것이다.

이에 따라 광명취락구역공동체는 2020년 12월 2일 시흥시 쪽 2-1, 2-2구역과 광명·시흥 개발추진연합체를 구성한다는 데 합의하여 협약서에 서명 교환했다. 협약은 12월 2일 체결했으나 코로나로 협약식을 하지 못하다가 12월 28일 광명7구역(장절리) 사무실이 소재한 마을회관에서 상호 협약서를 교환하는 약식 행사를 가졌다.

2020년 12월 28일에는 도시개발전문가 그룹과 협업 발대식을 갖고 그동안 양자 협력을 통해 성안한 특별관리지역 개발 도시계획 초안 마스터플랜을 언론에 공개했다. 이날 발표된 주민과 전문가의 콜라보레이션에 의한 마스터플랜은 중앙 언론에도 비중 있게 보도됐다. 다음은 이에 대한 언론보도 내용이다.

> [주민들 스스로 개발계획 짰다, 광명·시흥 특별관리지역]
> 경기 광명·시흥 특별관리지역 마을 정비사업을 추진해온 주민들이 도시개발전문가 그룹과 협업한 개발계획 초안과 마스터플랜을 28일 광명시 학온동 장절리 마을회관에서 밝혔다. ▲융합형 도시 ▲지속할 수 있는 자족도시 ▲공유형 도시 ▲워커블시티(보행 중심도시) 등 4가

지 특징의 안을 공개했다.

주민들은 광명시와 시흥시, 경기도, 국토부 등 인허가 관련 청에 이 마스터플랜을 제안하고, 수용을 촉구한다는 계획이다. 주민들은 주민 스스로가 대규모 개발 마스터플랜을 성안, 공개 제안하는 것은 전례 없는 일이라고 덧붙였다.

융합형도시란 주거, 상업, 공업, 녹지 등 엄격한 토지 용도 구분에서 벗어나 동일 지역에 주산(住産)복합 배치를 도입하고, 광명·시흥 특별관리지역의 지형지물에 융합해 목감천을 중심으로 수변도시를 배치한다.

최근 벨기에 브뤼셀 등 유럽 주요 도시가 외곽으로 추방한 공장을 도심으로 다시 유치하기 위해 아래층은 공장, 위층은 주거용으로 하는 사례 등을 참고해 생산과 주거가 공존하는 용도 융합형 자족도시, 지속 가능 도시의 개념을 도입했다.

또 도서관을 주민과 학교가 공유하는 것과 같은 방식의 공간 배치를 통해, 교육 복지 문화 등 공공시설을 공공기관만 독점하는 게 아니라 지역주민과 공유할 수 있도록 했다.

가로·세로 500m 이상 대형 블록에 폐쇄형인 한국의 아파트 배치를 탈피, 공동주택 블록 크기를 60×120m 정도로 소형화고, 이런 소형 블록 9개를 묶어 차량 통행은 그 외부로만 하고, 내부 가로는 보행자 우선 통행로의 도시를 구현했다. 전문가 협업을 끌어낸 윤승모 공동대표는 "이런 계획안에 대해 최근 광명시에 1차 예비 설명을 했다"라며 "다른 인허가 청에도 이를 적극적으로 제안하고, 수용을 촉구할 것이다"라고 말했다. "우리 제안의 기본 개념을 인허가 청이 수용하면 취락구역별 정비사업 추진을 시작하게 된다"고 설명했다. 〈뉴시스 2020년 12월 28일〉

주민대책위는 이후 전문가 그룹 대표인 김상길 의장과 함께 각계를 찾아 이 같은 주민 성안 마스터플랜에 대해 직접 설명하는 등 전파와 홍보에도 역량을 쏟았다. 2021년 1월 14일 여의도 벤허호텔 회의실에서 광명을 지역구인 양기대 국회의원에게 설명회를 가졌고 1월 28일에는 광명시 의회 박성민 의장의 초청으로 광명시 의회 본회의실에서 전 광명시의원을 상대로 설명회를 가졌다. 2월 2일에는 경기도 홍지선 도시주택실장실에서 담당 과장과 팀장이 참석한 가운데 설명회를 했다.

한편, 주민대책위는 이러한 홍보 활동과 별개로 각 취락구역의 환지개발 시행 요청을 접수하고도 일방적으로 대화를 중단하고 시간만 끄는 LH의 무책임 행태를 규탄하는 진정을 국민권익위원회에 접수하는 등 공공부문의 귀책에 대한 여론 환기에도 신경을 썼다. 국민권익위 진정 결과 답신을 2021년 2월 8일 받았다. "피신청인(LH)은 환지개발동의서를 접수한 광명·시흥 특별관리지역 내 취락정비사업을 적극 추진할 것을 의견표명한다"는 결정이다. 한마디로 주민이 옳고 LH가 잘못이라는 것이다.

개발독재 시대의 적폐,
강제수용 도시개발의 종식을 향하여

그러나 이 직후 2021년 2월 24일 정부는 광명·시흥 특별관리지역 중 산업유통단지, 관광문화단지 등을 제외한 잔여지 320만여 평을 3기 신도시로 개발하겠다고 발표했다. 지역 내 취락구역에 대한 주민주도 환지개발 약속은 사라졌고, 전면 토지수용방식 개발추진이라는 것이다. 신도시 발표 이후 LH는 정부 방침에 따라 환지 사업시행은 할 수 없다고 뒤늦게, 처음으로 입장을 밝혔다.

신도시 발표로 상황이 일변했다. 주민대책위로서도 변화된 상황에 맞춰 대처를 달리할 수밖에 없다고 판단, 2021년 3월 12일 기존의 주민대책위 등과 별개로 새롭게 '광명·시흥 공공택지지구 광명 총주민대책위원회'(위원장 윤승모)를 발족시켰다. 여기에는 광명 취락정비사업을 추진중인 1구역부터 9구역까지 9개 취락의 도시개발추진위와 각 마을의 통장이 전원 참여했다. 강력하고 효율적인 대응을 위한 자발적 단합 움직임이었다.

총주민대책위는 국토부가 법규로 주민주도 개발을 약속해 놓고 갑자기 태도를 일변, 강제수용 운운하는 주민 기만행위를 한 것을 성토하고, 약속을 이행하여 정도로 돌아올 것을 촉구하는 활동을 활발하게 전개했다. 코로나로 인해 집회 및 시위는 못 하지만 관계기관에 공문을 보내고 국회에 탄원을 내는 등의 활동이 계속됐다.

우리들의 요구와 논리는 이렇다. "광명·시흥지구 신도시는 주민들이 과거부터 요구해온 특별관리지역 통합개발과 그 내용이 다를 것이 없다. 주민들이 광명·시흥 특별관리지역 통합개발 마스터플랜을 성안했다는 사실 자체가, 이곳 신도시에 대해 주민들이 공공부문에 앞서 훨씬 더 많은 연구가 돼 있다는 증거다. 신도시 마스터플랜을 성안하는 과정에서 주민이 만든 선행연구작품(통합 개발 마스터플랜)을 리뷰하는 것이 당연하다. 신도시 계획 입안 단계부터 주민참여가 보장돼야 한다."

2월 24일 정부가 광명·시흥지구 신도시 계획을 발표하면서 제시한 개발 구상도를 둘러싸고 일부 언론에서는 정부의 그림이 주민과 전문가가 협업해 만든 특별관리지역 통합개발 마스터플랜 개념도와 비슷한 점이 많아, 정부안이 주민 안을 베낀 것 아니냐는 지적이 제기되기도 했다<뉴시스 2021년 3월 4일 '땅 투기 의혹 LH, 이번엔 광명·시흥 베끼기 논란' 기사 참조>. 목감천을 수변공원으로 활용하는 등의 주요 개념이 상당히 닮았다는 것이다. 베끼고 안 베끼고의 문제를 떠나, 주민과 전문가 그룹의 콜라보레이션 작품의 질이 그만큼 우수하다는 점을 보여주는 하나의 단면이라고 생각한다.

2021년 6월 16일에는 '주민이 만들어가는 미래도시'를 주제로 심포지엄을 열어 주민참여 도시개발의 당위성을 다시 한번 확인했다. 다음은 이 심포지엄에 대한 언론 보도 내용.

[주민들 스스로 짠, 개발계획 토론회 개최…광명시 총주민 대책위]
[참석자들 주민 참여는 당연…긍정적 평가, 전문가 참여 주민토론회 현장]

"우리가 살 도시는 우리가 계획해 만든다". 경기 광명·시흥지구의 신도시 조성과 관련해 지구 내 주민들이 개발계획을 마련하고, 이를 전문가들부터 심사받는 평가 토론회를 개최해 눈길을 끈다.

3기 신도시 예정지인 광명·시흥지구의 광명시 총주민 대책위원회는 19일 광명·시흥지구 개발 마스터플랜을 제시하고, 최근 '주민이 만들어가는 미래도시'를 주제로 전문가 평가 심포지엄을 열었다고 전했다.

심포지엄에는 이광환 대통령 직속 국가건축정책위원회 위원, 마스터플랜을 성안한 전문가 그룹의 대표 김상길 서울건축포럼의장, 이탈리아 밀라노 폴리텍대 다비드 브루노 교수 등이 토론자로 참석했다.

또 유석연 서울시립대 교수, 법무법인 진성의 김명진 변호사, 스페인 출신 다니엘 바예 건축가, 윤승모 광명 총주민 대책위원회 위원장, 김경수(공공지식연구소 이사장) 광명 총주민대책위 자문위원 등도 함께했다.

이광환 위원은 "주민이 만든 계획이지만 공공성이 충분히 반영됐다"라며 "국토부와 LH는 향후 개발계획 입안 과정에서 주민 협의체 구성과 함께 계획 내용을 충분히 반영하는 것이 바람직하다"라는 의견을 제시했다.

또 이 위원은 "이번 계획은 주민참여라는 점에서 의미 있는 큰 진전"이라며 "▲기존 주민 공동체의 보전 ▲스마트 노면전차 시스템 도입 ▲보행자 중심 소규모 블록 설계 ▲주거와 산업의 공존 등은 혁신적이면서도 현실적"이라고 평가했다.

이와 함께 김상길 의장은 토론회 발제를 통해 "이번 마스터플랜은 보행 중심의 도시, 신도시 개발에도 불구하고 기존의 마을 공동체를 보전할 수 있는 방안 등에 중점을 뒀다"라고 설명했다.

이탈리아 밀라노 폴리텍대 다비드 브루노 교수는 영상으로 중계된 '스마트 시티와 노면전차 시스템' 발제를 통해 "스마트 노면전차를 통해 승객 운송과 택배, 쓰레기 수거 등을 한꺼번에 해결할 수 있는 계획"이라고 소개했다.

류석연 교수는 "정부와 개발 계획 용역을 맡은 회사는 시간이 없다는 이유로 개발을 밀어붙이는 것이 관행화돼 있지만, 주민 스스로가 사람 중심의 도시 개발 계획을 만들었다는 것 자체가 의미 있는 행보"라고 적시했다.

김명진 변호사는 "광명·시흥 신도시는 특별관리지역으로 지정돼 공공주택 특별법의 규제를 받는 지역이지만 마을구역은 '민간주도 개발 우선'을 명시하고 있다"라며, "제도적으로도 주민참여가 보장돼 있다"라고 강조했다.

여기에 다니엘 바예 건축가는 "유럽에서는 도시계획 및 개발 전 과정에 주민 참여를 당연시 한다"고 했고, 윤승모 위원장은 "주민참여를 통한 도시개발은 국가 공동체의 미래 방향성을 제시하는 지침이 될 것"이라고 말했다.

이와 함께 김경수 자문위원은 "행정기본법, 국토계획헌장 등 최근의 제도개선으로 도시개발 및 도시재생에서 주민참여가 필수 과정이 돼가고 있다"라며 "광명·시흥지구 개발에는 반드시 주민 참여가 이뤄져야 한다"라고 강조했다. 〈뉴시스 2021년 6월 19일〉

광명·시흥지구는 법 제도상 주민 자체 개발지역(개발제한구역에서 우선 해제된 취락구역)과 공공택지지역(비취락구역=특별관리지역)으로 구분돼 있는 특이 지역이다. 광명·시흥지구 내에 산재한 집단취락(개발제한구역 우선해제구역)은 특별관리지역(=공공택지지역) 범위 내에 있지만, 특별관리지역이 아니며, 그렇기 때문에 '주민자체 환지개발 우선'이 법규로 보장될 수 있었던 것이고 그에 따른 주민의 환지개발이 본격적으로 추진돼왔다.

그럼에도 불구하고 국토부는 2021년 2월 24일 그런 법규를 무시하고 광명·시흥지구 전지역 전면수용 방식 신도시 구상을 발표하면서 기존 법규에 따라 실제 환지개발을 추진해온 주민들에게 단 한 차례 설명이 없는 상황이다.

정부가 주민주도 환지개발을 법규로 정해 독려한 지 5년 만에 180도 '딴소리'를 하며 대국민 사기극을 벌인 것이다. 국민을 보호하고 권익을 지켜줘야 할 정부가 앞장서서 법을 짓밟고 인권을 깔아뭉개는 야만적 행태. 개발제한구역시절부터 온갖 불이익을 감내해가면서 광명 특별관리지역을 지켜온 우리 주민들은 권력의 불법을 저지하고 법치가 관철되도록 끝까지 포기하지 않을 것이다.

우리가 이렇게 원칙을 고수하는 데는 이유가 있다. 강제 수용방식에 의한 공공개발은 사회주의 독재국가에서나 통용되는 개발독재시절의 적폐다. 자유민주주의 체제를 채택하고 있는 선진국에서 도시개발(국토개발)은 당연히 주민주도가 원칙이다. 주민들이 다수의 의견을 모아서 개발 필요성을 제기하면 정부와 지자체는 그것이 합당한지 검토하여 개발할 경우 공공시설 배치, 주민 부담 등을 가이드하여 국토 전체의 개발과 균형을 맞추도록 지도하고 지원한다. 누가 봐도 그게 상식이다. 주민을 강제로 몰아내고 그 자리에 재벌 건설사들의 아파트를 때려짓는 적폐 개발을 언제까지 계속할 것이란 말인가.

'지역공동체가 살아 있는 신도시'는 가능한 상상인가?

김경수 | 지식공공센터 이사장

김상길 | ㈜에이텍건축사사무소 공동대표
건축사

    광명·시흥 특별관리지역은 1970년대부터 개발제한구역으로 묶여 긴 시간 동안 수도권의 개발 광풍에서 벗어나 있었다. 그래서 다른 신도시 예정지에 비해서 상대적으로 지역사회의 유대감이 훨씬 강하게 남아 있으며, 400년을 이곳에서 뿌리를 내리고 지켜온 가문이 있는 유서 깊은 지역이다. 그러나 2009년에 이 지역도 수도권 주택 공급지로 떠오르며, 개발제한구역이 해제되고 보금자리주택지구로 지정되었다. 긴 세월 동안 재산권을 제대로 행사하지 못했던 지역주민들의 입장에서는 당연히 환영받을 일이었다. 만일 예정대로 보금자리주택지구로 개발이 진행되었다면 지금쯤은 대부분의 신도시들처럼 이 지역도 아파트 건물이 가득 찬 또 하나의 베드타운이 되어 있을 것이다. 그러나 2014년에 이르러 우리나라의 경제상황이 어려워지고, 미분양이 속출하고, 주택공급 과잉이 사회적 문제가 된 시기에 이 지역 개발주체였던 LH공사는 더 이상 이 지역에 대한 개발계획을 진행할 수 없어 보금자리주택 개발을 포기하였다. 당시 공공공사에는 새로운 택지개발과 주택공급보다는 자기자본비율과 같은 공기업의 자본 건전성을 더 큰 이슈로 삼았던 시기였다. 결과적으로 개발제한구역을 해제하고 다시 보금자리로 묶어 놓아 기대를 잔뜩 키운 주민들은 실망과 함께 거센 반발이 있었는데, 이에 대한 보상 차원에서 정부와 정치권은 새로운 개발 방안으로 이른바 법적 장치인 '광명·시흥 특별관리지역' 지정을 법제화하였다.

    2015년에 법률을 개정하여 제안된 이 법안인 '광명·시흥 특별관리지역'은 '지역 주민이 도시 개발의 주체'가 되는 획기적인 시도이다. 그렇지만 이 법은 그 자체적으로 큰 어려움을 안고 있었는데, 그 문제점은 바로 '한시법'이라는 점이다. 즉, 2025년까지 10년의 기간 안에 주민들이 도시개발의 주체가 되어 모든 주민의 의견을 모아 직접 도시계획을 수립하고, 이어서 도시개발의 법률적 인허가 절차를 마쳐야 하며, 기간이 만료되면 법은 소멸되는 것인데 이는 현실적으로 결코 쉽지 않은 일이다. 이를 그동안 수많은 개발 노하우를 쌓은 LH공사가 맡아 진행한다 해도 결코 쉽지 않은 일인데, 전혀 경험이 없는 주민이 주체가 되어 지역 주민의 의견을 수렴하고 도시계획을 수립하여 완성하기는 결코 쉽지 않은 일일 것이다. 그럼에도 그동안 지역주민은 '광명·시흥 특별관리지역' 지정이라는 특별법으로 제시된 권리를 찾기 위해서 다양한 노력을 해왔다. 먼저 조합을 구성하고, 수많은 토론회를 거치며, 주민들과 관계자들의 여러 의견을 청취하였다. 그리고 다양한 분야의 전문가들을 만나 조언을 얻었다. 이러한 일련의 과정에서 바로 주민이 주관하여 그들의 도시를 만들어 갈 수 있는 기틀이 만들어졌다. 한 걸음 더 나아가 주민 대표는 지금의 전문가 그룹을 만나 함께 실제 도시계획을 수립하는 엄청난 일을 시작한 것이다. 이 과정에서 지역주민대표회의는 공공에서 진행해 온 도시개발 과정과 방법보다는 도시계획과 건축을 같이 진행할 수 있는 새로운 방식을 구하였고, 이를 실천하기 위한 팀을 물색하여 지금의 팀이 구성된 것이다. 결과적으로 보금자리지구가 해제되었다는 것이 한편으로는 그동안 가졌던 큰 기대를 저버리는 실망스러운 일이었지만, 다른 한편으로는 지역 주민이 스스로를 돌아보고 그들의 도시를 어떻게 꾸려갈지를 고민할 기회를 제공하였다는 점에서는 의의를 찾을 만한 중요한 계기가 되었다.

이러한 시도들, 즉 주민협의체에서 스스로 도시계획을 수립하겠다고 하는 결정의 중요한 계기는 바로 정부에서 발표한 정책들과도 관계가 있다. 2019년 4월에 발표한 정부의 2040 국토종합계획헌장은 '국민의 적극적인 참여'를 지향하고 있다. "더 나은 국토를 위한 국민의 바람"을 설정하고 '국토계획은 모두를 위한 국토, 함께 누리는 삶터'를 만들기 위한 출발점이며, 국토계획을 수립할 6원칙을 발표하였다. 그중 네 번째가 "국민의 공감과 참여, 그리고 지역과의 협력을 토대로 정책을 적극적으로 집행한다."는 원칙을 천명한 것이다. 바로 광명·시흥 특별관리지역에 전문가 그룹이 도시계획에 대한 작업의 근거를 제시하였다고 할 수 있다.

또한 국토종합계획헌장을 받아서 국토교통부에서는 '지역주민과 지역사회가 주도하는 도시계획 체계를 정부가 지원하겠습니다.'라는 보도자료[1]를 발표하였다. 보도자료 내용을 살펴보면, 국토교통부(장관 김현미)는 지역 주도의 도시계획 수립을 위한 지자체 권한 확대를 가장 우선된 정책적 지향임을 천명하였고, 이를 위해 용도지역을 지자체 조례에서 추가로 세분할 수 있게 하였다. 이러한 중앙정부의 정책적 변화를 가장 민감하게 드러낸 새로운 시도는 바로 제3기 신도시의 개발 계획이다. 국토교통부와 서울특별시, 인천광역시, 경기도가 공동으로 발표한 보도자료[2]에 의하면, '남양주, 하남, 인천, 과천 등 대규모 택지 5곳의 지구지정을 고시하였는 바, 가장 큰 특징은 지구지정 초기 단계부터 도시, 건축, 교통, 환경분야 전문가로 구성된 UCP(Urban Concept Planner)가 30여 회 운영되어 토지이용구상(안)을 마련하였고, 도시건축, 교통, 스마트시티, 일자리 등 6개 분과(52명)로 이루어진 신도시 포럼도 운영하고 있다'는 내용이다. 또한 원주민과의 소통을 강조하였는데, 신규택지 발표 후 원주민, 기업단체, 화훼농민 등과 총 80여 회 간담회를 실시하고, 과천 등은 민, 관, 공 합동협의체를 운영 중이며, 나머지 지역도 협의체를 구성할 예정이라는 것이다. 중앙정부의 주도하에 진행되고 있는 새로운 도시계획의 방향, 즉 '주민 참여'와 '전문가 그룹의 초기부터 체계적인 개입'은 광명·시흥 특별관리지역의 도시계획에서도 그대로 적용될 수 있는 중요한 변화이자 새로운 흐름이 되었다.

한시법의 일정에 대해 위기의식을 느끼기 시작한 지역주민들은 조합 모임에서 전문가 그룹과 직접 도시계획을 수립할 것을 결정하였고, 그 결과 2019년 8월 광명 지역 주민대표들과 전문가 그룹이 처음 만난 이후 도시계획에 대한 개념설정을 위한 논의가 시작되었다. 전문가 그룹의 연구와 논의는 2020년 12월까지 지속되었으며, 도시계획을 구체화하기 위한 주요 결정 시기에는 늘 주민이 같이 참여하여 논의를 이어갔다. 이러한 도시계획의 방식이야말로 2040 국토계획헌장의 가치를 가장 잘 수행하는 도시계획의 방식이라고 생각하였다.

그러한 도시계획에 관한 전문적 논의의 과정에서 특별히 강조된 지점은 주민참여가 활발한 광명지역의 주민들을 위한 진지한 고민도 같이 시작된 점이다. 전문가 그룹의 도시계획적 지향은 신도시가 더 이상 베드타운이 아니라 그 지역에서 오랫동안 간직되어 온 역사와 문화, 전통과 사람들이 그대로 남아 있는 지속가능한 신도시이다. 대부분의 신도시 예정지들이 다 그러하겠지만, 특히 광명, 시흥 지역은 신도시가 건설된 이후에도 지켜져야 할 지역사회의 전통과 문화, 공동체를 자세히 살펴서 살릴 방법을 강구하여야 할 것이다. 이 글은 특별히 '과연 이 지역의 지역공동체를 신도시에 유지할 수 있는가?'에 대한 고민과 논의를 정리한 것이며 그중에서도 광명·시흥 특별관리지역 도시계획 연구팀의 일원인 도시 및 건축 분야 전문가 김경수 이사장(공공지식연구소)은 새로운 도시계획 내에서 지역공동체의 지속가능성에 대하여 깊이 있는 준비를 하였고 이의 실현을 위한 여러 방법을 모색하였다.

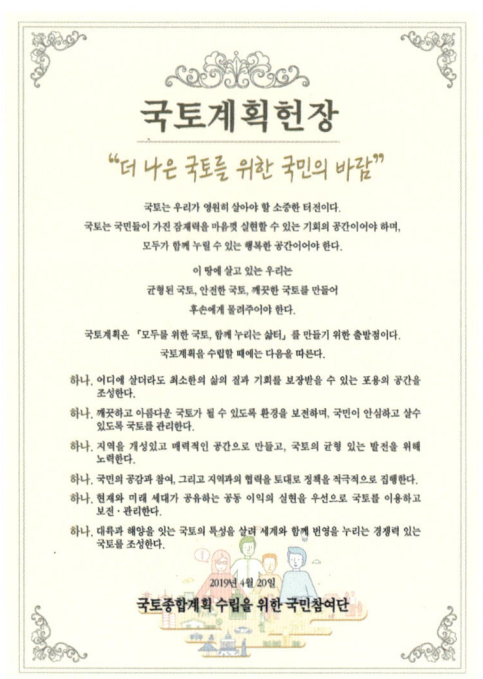

⟨계획의 기조 : 비전, 목표, 전략⟩

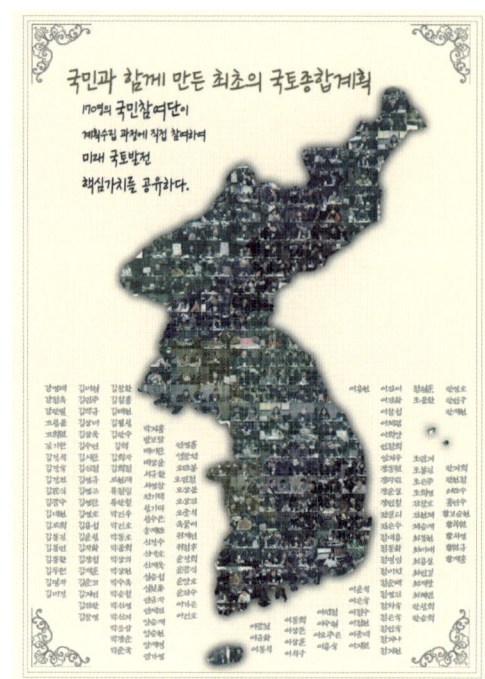

⟨제5차 국토종합계획의 성격과 역할⟩

⟨인구 감소에 대응하는 국토공간 형성 전략⟩

⟨국민참여단의 목적과 운영⟩

[그림 1] 국토종합계획의 국민참여

국토교통부	보 도 자 료	
	배포일시	2019. 7. 29.(월) / 총 3매(본문3)
담당부서 도시정책과	담 당 자	• 과장 이상주, 사무관 이종현·오원택, 주무관 박준호 • ☎ (044) 201-3708, 3711
보 도 일 시	2019년 7월 30일(화) 석간부터 보도하여 주시기 바랍니다. ※ 통신·방송·인터넷은 7.30.(화) 11:00 이후 보도 가능	

지역주민과 지역사회가 주도하는 도시계획 체계를 정부가 지원하겠습니다.

- 「국토의 계획 및 이용에 관한 법률 시행령」 개정안 국무회의 통과
- 지자체가 용도지역 추가 세분 가능토록 제도 개선용적률 선택 폭도 확대

□ 국토교통부(장관 김현미)는 **지방자치단체, 지역 주민이 주도하는 도시계획 체계를** 제도적으로 지원하기 위한 「국토의 계획 및 이용에 관한 법률 시행령」(이하 국토계획법 시행령) 개정안이 2019년 7월 30일 국무회의를 통과했다고 밝혔다.

□ 이번 국무회의를 통과한 개정안의 주요내용은 다음과 같다.

① **지역 주도의 도시계획 수립을 위한 지자체 권한 확대**

- 지방자치단체가 **지역의 여건을** 고려하여 용도지역을 지정·운영할 수 있도록 현재 제1·2·3종일반주거지역, 일반상업지역 등 국토계획법 시행령에 세분되어 있는 **용도지역을 지자체 조례에서** 추가로 **세분할** 수 있게 하였다.

□ 이번 「국토의 계획 및 이용에 관한 법률 시행령」 **개정안**은 공포 즉시 **시행**(지자체 조례로 정해야 할 사항 등이 있는 경우에는 3개월 후)될 예정이다.

o 국토교통부 관계자는 '지자체별 **지역 여건에** 맞는 도시정책 수립이 보다 원활해질 것'으로 전망하면서, '도시계획 관련 **지자체** 권한 확대는 지속적으로 **추진**해 나갈 것'이라고 밝혔다.

[그림 2] 보도자료, 지역주민과 지역사회가 주도하는 도시계획체계 정부가 지원하겠습니다

국토교통부 / 서울특별시 / 인천광역시 / 세계속의 경기도	보 도 자 료		보다 나은 정부
	배포일시	2019. 10. 11.(금) 총 14매(본문 5, 붙임 9)	
담당부서 국토교통부 공공택지기획과	담 당 자	• 과장 김승범, 사무관 하태아, 강한우 • ☎ (044)201-4526, 4515	
서울특별시 주택정책과	담 당 자	• 과장 김정호, 팀장 공병엽, 주무관 박소정 • ☎ (02)2133-7012, 7014	
인천광역시 도시개발계획과	담 당 자	• 과장 윤용규, 팀장 정헌, 주무관 이태환 • ☎ (032)440-3321, 3323	
경기도 공공택지과	담 당 자	• 과장 김종준, 팀장 한건우, 주무관 박란희 • ☎ (031)8008-2594, 3243	
보 도 일 시	2019년 10월 14일(월) 조간부터 보도하여 주시기 바랍니다. ※ 통신·방송·인터넷은 10. 13(일) 11:00 이후 보도 가능		

남양주, 하남, 인천, 과천 대규모 택지 5곳 지구지정

- 여의도 8배 규모로 12만2천호 공급 / 청사진 첫 공개 -

□ 국토교통부(장관 김현미)는 '수도권 30만호 공급계획' 중 **작년 12.19일 발표**한 남양주 · 하남 · 인천 · 과천 **대규모 택지**(100만㎡ 이상) **5곳**에 대한 주민 공청회, 전략환경영향평가, 중앙도시계획위원회 심의 등이 완료되어 **10.15일 공공주택지구 지정**을 고시한다고 밝혔다.

[그간 추진경위]
- 국방부, 농림부 등 **관계기관 사전협의 및 주민공람**('18.12~'19.1)
- 개발컨셉 수립을 위한 UCP(Urban Concept Planner) 운영('18.12~'19.7)
- **주민설명회**('19.5), **공청회 2회**('19.6~'19.7), 주민 협의체 운영('19.7~)
- **전략환경영향평가 환경부 협의**('19.8~9), **중앙도시계획위원회 심의**('19.9)

o **총 면적은 2,273만㎡**로 여의도 **8배 규모**이며, **12만2천호**를 공급한다.

구분	남양주왕숙·왕숙2	하남교산	인천계양	과천과천
면적	1,134만㎡	649만㎡	335만㎡	155만㎡
호수	6만6천호	3만2천호	1만7천호	7천호

1. 대규모 택지 5곳 조성방안

□ 대규모 공공택지를 친환경 · 일자리 · 교통편리 도시로 조성하기 위해 지역 실정을 잘 아는 **지방자치단체**(지방공사)**가 참여**하며 UCP, 신도시 포럼 등을 통해 **전문가 중심으로 계획을 수립**하고, **원주민**이 최대한 재정착하고 정당보상을 받도록 **소통을 강화**하고 있다.

o **(지역참여형) LH**(한국토지주택공사)와 함께 **경기·인천도시공사**, 기초지방자치단체, **지방공사가 사업시행자**로 참여하며, **경기도**는 도시첨단산단 중복지정, 기업유치, 주민 재정착 지원 등 행정지원을 위해 참여한다.

o **(전문가 참여형)** 지구지정 초기 단계부터 도시·건축·교통·환경분야 전문가로 구성된 **UCP**(Urban Concept Planner)가 **30여회 운영**되어 토지이용구상(안)을 마련하였고, 도시건축, 교통, 스마트시티, 일자리 등 6개 분과(52명)로 이루어진 **신도시 포럼**도 운영되고 있다.

- 또한, 도시의 입체적 개발을 위해 국가건축정책위원회와 협력하여 **도시건축 통합설계** 기법이 적용된다.

o **(원주민과 소통)** 신규택지 발표 후 원주민 · 기업단체 · 화훼농민 등과 **총 80여회 간담회**를 실시하고, 과천 등은 **민 · 관 · 공 합동협의체를 운영** 중이며 나머지 지역도 협의체를 구성할 예정이다.

* (과천) LH – 과천시 – 화훼단체 간 자문기구 구성('19.5) 및 MOU 체결('19.6)
* (왕숙, 교산) 기업대책위와 이전대책 용역 합동 착수보고회('19.8) 및 정기 간담회 진행 중

- 수렴된 주민 의견 등을 바탕으로 **'원주민 재정착을 위한 맞춤형 지원방안'**을 마련할 계획이다.

[그림 3] 보도자료, 수도권 3기 신도시 주민참여 + 전문가 협력 체계

[그림 4] 주민 도시개발과 부동산가치평가 공부모임 세미나 (사진: 김경수)

다음은 김경수 이사장이 제안한 내용을 정리한 것으로 이 제안의 일부는 실제 조합의 설립이나 참여 자본금 납입 등의 실천이 이루어진 내용이다.

첫째, 정부 지원을 최대한 활용하는 마을만들기 사업의 일환으로 여성가족부, 교육부, 한국농어촌공사 등을 통한 마을공동체, 체험형 마을만들기 사업 등을 활용한 효과적이고 실질적인 주민들의 참여 시스템을 마련하는 것에 집중하여야 한다는 점이다.

둘째, 지역사회와 소통할 수 있는 다양한 주거 및 의료 지원 방안을 찾고 구체적인 프로그램까지 제시하여야 한다.

셋째, 다양한 계층의 사람들이 참여할 수 있는 비전과 방법 등을 고민하고 제시하는 것이다.

이러한 '마을만들기' 사업과 지역사회의 전생애 주민들의 적극적인 참여를 통해서 기대할 수 있는 가장 좋은 모습은 웰 에이징 마을을 구현하는 것이다. 웰 에이징 마을이란 무엇인가? 먼저 웰 에이징 마을을 위한 전제 조건은 다음과 같다. 고령자와 '지역사회와의 소통'을 위해서 먼저 노인요양시설을 폐쇄적인 시설이 아닌 지역민들과 함께 소통할 수 있는 시설로 계획하여야 하며, 지역 주민 및 관광단지 이용객들이 함께 참여할 수 있는 프로그램 개발로 가장 중요한 소통의 장을 마련하는 것이다. 그리고 '다양한 계층의 참여'가 필수이다. 이를 위해서 보육시설, 지식창업센터, 체류시설 등 인근주민과 입주자 가족을 고려한 시설계획을 마련하며, 전 세대가 공존하는 창업, 일자리, 의료시설과 관광 휴양, 일자리, 보육을 아우르는 모델을 제시하는 것이다. 그리고 '주거 및 의료 지원'이 필수이며, 이를 위해 다양한 주거형태 계획을 통한 다양한 계층의 노인주거 공간을 마련하여야 하고, 첨단 의료시설 및 서비스를 통한 건강케어가 제공되어야 한다. 또한 양방뿐만 아니라 한방 특화형 의료 시스템 도입을 통한 다양한 의료 서비스가 수반되어야 한다. 그리고 지속적인 활동이 이루어지기 위해서는 '활성화 프로그램 개발'이 필요하며, 이에 대한 아이디어는 관광객, 지역주민, 입주자 및 입주자 가족이 모두 참여할 수 있는 프로그램을 개발하며, 함께 결정하고 함께 실행하는 주민 협동운영조직을 구성토록 하며, 여가와 휴식뿐만 아니라 고품격 문화와 체험이 공존하는 다양한 프로그램이 필요하다.

시민참여 활성화 시스템 구축

전생애 계층 참여를 통한 웰 에이징 마을 구현

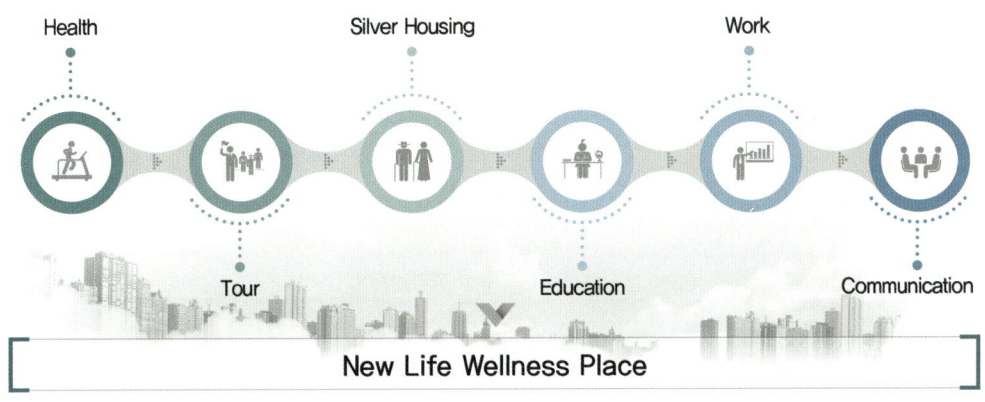

[그림 5] 시민참여 활성화 시스템 구축 다이어그램(New Life Wellness Place) (다이어그램 작성: 김경수)

지역 공동체가 살아 있는 도시계획을 위한 웰 에이징 마을만들기

웰 에이징 마을을 구성하기 위한 기본적인 아이디어는 첫째, 도입시설 간 주 용도인 의료시설과 노인복지주택, 보육시설 등을 부 용도인 유치원, 산후조리원 및 기타 용도인 체류시설, 지식창업센터, 근린생활시설 등과 유기적인 연계를 통해서 시너지 효과를 극대화하는 것, 둘째, 광역수요를 흡수할 수 있는 대형 규모에 적합한 다양한 상품 및 차별화된 서비스를 제공하는 것, 셋째, 거주 주민들의 마을기업, 사회적 협동조합 등 지역사회 주민들이 참여하여 운영관리가 가능한 사회적 시스템이 마련되어야 한다. 이러한 기본 개념을 구현하기 위해서는 '관광, 의료, 주거, 지역사회가 어우러지는 실버 커뮤니티 타운 개발'의 구축이 필요하다. 이는 기존의 노인양로시설이나 요양시설이 아닌 노인시민(senior citizen)으로 지역사회에 참여하고 지역주민과 소통할 수 있는 시설을 도입하는 것이다. 그리고 '운영의 안전성'을 확보하기 위하여 주요 기능에 대한 차별화 된 프로그램과 시설별 회전율 및 수익률을 고려한 사업구도를 구축하며, 장기 운영계획(30년) 전략 마련이 요구된다. 또한 운영 노하우를 보유한 업체를 통한 안정된 운영 능력 확보 및 입주민 및 사회적 기업의 참여를 통한 지속 가능한 사업 모델을 제시할 수 있다.

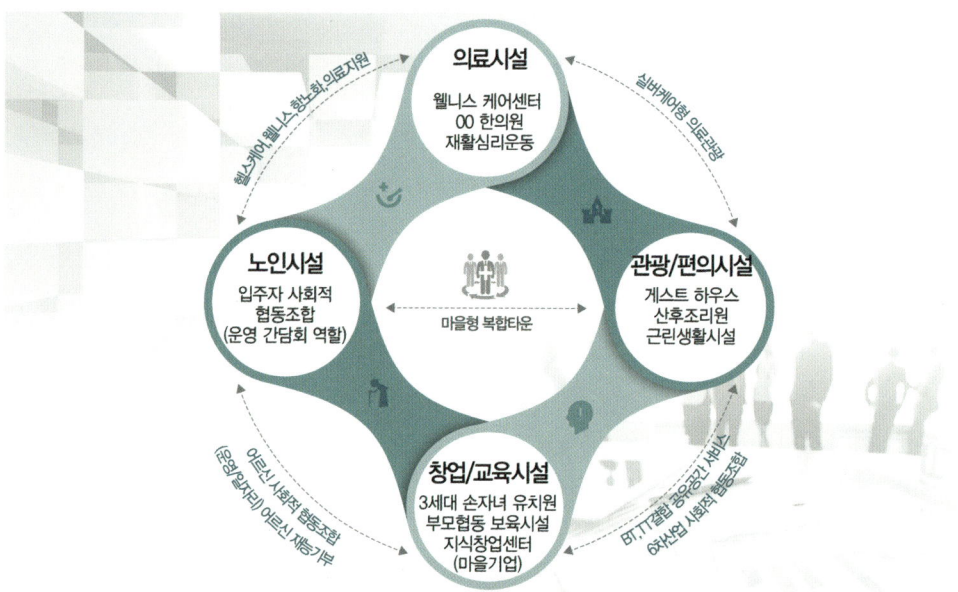

[그림 6] 주체 구성 다이어그램 (작성: 김경수)

웰 에이징 마을공동체 활성화 프로그램으로 다음의 서비스를 기대할 수 있다. 웰니스 케어 자치운영(의료복지 분야 사회적 협동조합 + 마을관리 사회적 기업)의 경우 '생활 서비스'로 식사, 위생관리, 일상생활 관리, 금전관리, 정보제공 등을 제공하며, '케어 서비스'로 이용자 본인 욕구를 중심으로 개별 케어 플랜 작성, 유니트 케어 제공이 가능하다. '보건의료 서비스'로 노인 전문병원과의 전문적인 진료 연계 서비스를 제공할 수 있다. '기능 회복 서비스'로 음악, 미술, 원예, 민요, 레크리에이션 프로그램을 운영한다. '여가지원 서비스'로 취미교실, 야외나들이, 지역사회 행사참여 등 사회통합 서비스를 기대할 수 있다.

부모협동 어린이집(마을 교육 공동체 운영)은 마을돌봄(다가구 돌봄)과 마을학교(마을평생교육)의 도입으로 도시농업 마을텃밭, 마을놀이터 마을 예술교육, 마을환경 자연환경, 마을터전 생태주택, 마을기업 사회적 경제를 아우르는 유아학교를 구축할 수 있다. 이러한 사업은 노인 재능기부 프로그램 도입으로 세대 교류를 증진할 수 있다는 전제에서 이루어진다.

웰 에이징 마을의 실현

광명·시흥 특별관리지역의 웰 에이징 마을의 실현을 위해서는 자생성과 자족성 프로그램의 도입이 전제되어야 한다. 이러한 프로그램은 다음의 네 요소를 고려한다. 첫째, 고령친화도시가 전제되어야 한다. 이때 고령친화도시는 고령화 과정에서 삶의 질을 높일 수 있도록 '건강', '소통', '안전', '여가', '일자리'를 위한 기회를 최대한 활용하는 과정으로 정의된다. 둘째, 의료시스템에 있어서는 사후진단과 치료중심에서 개인별 맞춤관리로 의료 패러다임이 변화되어야 한다. 즉, 예측과 예방, 참여의학으로 변화된다. 셋째, 관광 확대의 방법으로 산림치유 + 치유농업 + 생활치유를 접목하여 광명동굴관광지를 활용하는 웰니스 관광을 확대하는 것과 넷째, 경제적 자립과 수명연장에 따른 사회적 구성원으로 기여할 노인형 지식산업센터 스마트 팩토리의 도입 등이 필요하다.

고령친화도시로서 노인일자리를 위한 지식산업센터와 사회적 협동조합 프로그램을 사례로서 제시할 수 있다. 이 프로그램은 지역사회 혹은 입주자를 위한 일자리를 창출하고 지역경제도 함께 활성화되는 복합적인 목적을 지향하며, 65세 이상 노인들에게 능력과 경륜을 활용하여 사회참여 기회를 확대한다. 또한 건강하고 활기찬 삶을 영위할 수 있도록

[그림 7] 노인일자리 프로그램, 노인 일자리 프로그램의 유형구분
출처: "인천공항 빛내는 '실버카페' 오픈", 기호일보, 2018.02.01.

일자리를 창출하여 제공하며, 은퇴 후 특별한 소득이 없는 노인들에게 보충적 소득 창출의 기회를 제공하여 소비촉진 및 삶의 여유 확대를 기대할 수 있다. 마을공동체 단위의 노인일자리 창출은 정부정책의 손길이 미치지 못하는 부족한 부분을 상호 보완할 수 있는 긍정적인 효과를 누릴 수 있게 한다.

구분		정의	일자리 예시
사회 공헌형	공익형	• 지방자치단체의 고유사업(환경, 행정, 교통 등) 영역 중 노인에게 적합한 일자리를 창출·제공(공공의 이익을 도모, 행정비용 절감)	• 자연환경정비, 거리환경개선, 교통질서계도, 방범순찰, 행정기관 보조 등
	교육형	• 특정 분야 전문지식·경험 소유자가 복지시설 및 교육기관 등에서 강의	• 숲·생태·문화재 해설사, 복지시설·교육기관 강사, 건강상담사 등
	복지형	• 사회활동이 어려운 소외계층의 생활안정과 행복추구 지원	• 독거노인·고령·중증노인·장애인 돌봄, 노인주거개선, 다문화가정지원, 육아지원 등

구분		정의	일자리 예시
시장 진입형	공동작업형	• 기업과 연계하여 공동 작업을 통해 생산품, 반제품, 농산물을 경작·판매하여 수익 창출	• 공단협력사업, 영농사업, 포장, 쇼핑백 제작 등
	제조판매형	• 생산품을 제조 및 판매하거나 서비스를 제조하는 사업을 운영하면서 일정수익 창출	• 아파트 택배, 세차, 도시락 배달, 밑반찬·떡·비누 등 제조판매, 체험학습장 등
	인력파견형	• 일정 교육을 수료하거나 관련 업무능력이 있는 노인을 해당 수요처에 파견하여 임금을 지급받는 일자리	• 주유원, 판매원, 주례, 가사도우미, 공원관리원, 매표원, 청소원, 주차관리원, 간병인, 신문배달 등

• 관광지의 특성과 연계한 일자리 창출 및 상호 협력과 공생관계 유지
• 주변 광명동굴 등 관광단지와 연계하여 각 시설별 필요인력을 안정적으로 공급하고, 맞춤형 교육을 통하여 업무의 효율성 증대

 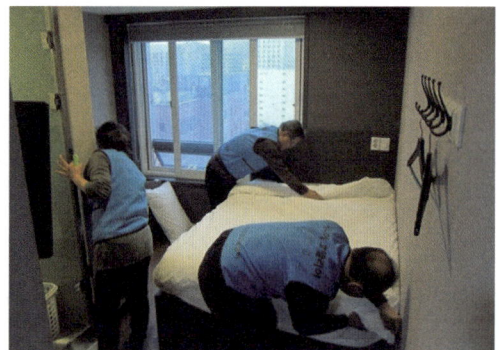

출처: 이준호, "일한만큼 받는 수당 보람" 시니어 호텔리어, 브라보마이라이프, 2018.10.11.

출처: 김은지, "노인 일자리 창출에 민간기업도 팔 걷어", 이뉴스투데이, 2018.01.16.

[그림 8] 노인 일자리 프로그램의 사례

광명의 지역친화적 웰 에이징 실현을 위한 어젠다

① 광명동굴 등 지역 관광산업 기여

관광은 단순히 각 세대별 계층 구분으로 분리된 관광이 아니다. 최근 들어 가족 중심의 소통에 의한 공유 및 교류의 방향으로 이동하고 있어, 계층 구분의 벽이 점차 허물어져가는 추세를 보이고 있다. 또한 노인계층은 과거와는 달리 신체적으로 건강하고 교육수준의 향상, 소득의 증대, 생활을 적극적으로 즐기려는 경향, 복지정책의 확충 등으로 관광지 선정에서 이전과 다른 양상을 보이고 있다. 은퇴한 베이비 부머 세대가 새로운 소비의 주역으로 등장하게 되면서 이들을 위한 맞춤형 관광이 우리나라 관광산업에 큰 영향을 미치고 있다. 노년층의 레저관광산업은 최근에 단순한 여가를 넘어 가족 중심적 레저동향을 보이고 있으며, 외로움 극복, 가족에게 베풀 수 있는 레저시설의 선호, 집단적 활동, 생산적, 창조적 활동에 대한 동경, 노후생활을 위한 주거형 및 일시 체류형 숙박시설, 취미활동 등을 요구하는 경향이

있다. 상대적으로 과거 노년층의 관광행태는 단체, 장거리, 체류형 관광이었으나, 현대는 정보통신, 의학의 발달에 따라 점차 정보수집, 액티비티 여행과 같은 적극적, 주도적 관광행태로 바뀌고 있다. 또한 관광지 내의 실버복합타운 자체 시설뿐만 아니라 주변 지역의 관광자원 인프라를 활용한 노인들의 건강한 삶과 그에 따른 질 높은 서비스, 가족과 함께하고 아이들과 함께 즐기는 입소문 랜드마크를 지향하는 경향이 있다. 이처럼 관광지 내에 위치한 실버 커뮤니티 타운에는 입주자 이외에 주변 관광지 방문객의 단기 또는 일시방문을 통한 시설 이용이 증가하고 있으며, 2·3세대 자식들이 방문하기 위한 매력적인 요소들이 주변에 함께 입지하고 있어 사회적 단절 및 가족과의 단절 문제 해결에 도움이 되고 있다. 광명관광단지는 타깃 관광객 중 장노년층 관광객에 대한 타깃 특성을 반영하고 더욱 구체화, 특화하여 발전된 건강증진 및 휴양의 공간으로 창출될 수 있다.

② 물적 자원의 마을 공동화(시설과 장소 공유개방)

지역주민의 평생교육 및 여가선용에 기여할 수 있는 지역사회 서비스 유형(의료, 보건, 복지, 교육, 여가)으로 다양한 물적 자원을 지역과 공유함으로써 지역에 공헌하고 지역과의 심리적 거리를 좁혀 지역주민의 신뢰를 구축한다.

[그림 9] 미래의 경제 플랫폼인 공유경제 개념 활용으로 자원절약, 신뢰, 협력적 소비 및 가치 창출
(다이어그램 작성: 김경수)

기존 실버 세대의 활동의 한계인 지역사회와 소통 및 사회구성원으로 생산적 기여 부재 현상을 극복하는 방향의 노력도 이 어젠다에 포함된다. 새로운 실버 커뮤니티 센터는 기 실버타운의 기능인 의료 서비스와 호텔식 컨시어즈 서비스의 공급에 더하여 3세대 소통의 장이 되며, 일자리 창출을 위한 지식창업센터, 여가, 체험형 관광, 휴양의 개념을 추가한다.

③ 의료복지 분야의 사회적 협동조합 + 마을관리 사회적 협동조합의 연합
다양한 의료 및 사회복지 사업을 통해 지역사회의 건강증진 및 복지에 기여한다.

○ **의료복지사회적협동조합 + 마을관리사회적협동조합**

다양한 의료 및 사회복지 사업을 통해 지역사회의 건강증진 및 복지에 기여

- 경제적 취약계층 및 지리적 여건과 사회 경제적인 요인으로 의료 혜택을 받지 못하는 이웃들을 위한 의료 봉사 프로그램 운영
- 의료시설, 지식 창업센터, 부모협동 보육시설, 각종 편의시설 등 개방으로 지역민과 교류 확대

지역공동체 활성화를 위한 공간 공유경제 프로그램 운영

④ 거주주민 건강체험 공유
지역주민들을 위한 노인건강체험 공유(강좌 등)를 통해 올바른 건강습관 및 질병예방 정보를 공유하며, 노인이 노화에 대한 바른 이해와 긍정적인 인식을 갖고 건강증진에 바람직한 건강행위를 수행함으로써 건강상태와 삶의 질 개선으로 이어지도록 한다.

○ **거주주민 건강체험 공유**

- 지역주민들을 위한 노인건강체험 공유(강좌)를 통해 올바른 건강습관 및 질병예방 정보 공유
- 노인이 노화에 대한 바른 이해와 긍정적인 인식을 갖고, 건강증진에 바람직한 건강행위를 수행함으로써 건강상태와 삶의 질 개선

- 건강생활 프로그램 공유(건강생활 체조, 요가, 노년기 영양관리, 웰빙요리교실)
- 시니어와 지역 공동체의 건강 교류 및 소통

⑤ 구름산 산책길과 숲 유치원(방과 후 및 돌봄 체험교실)
대상지 인접 구름산 산책길 활성화로 자연의 아름다움과 슬로우 라이프를 느낄 수 있는 치유 숲을 조성하는 것과 구름산 내 숲 유치원(숲속 체험교실 프로그램)으로 자연 속에서의 다양한 현상을 체험하게 하며, 지역사회의 여가 및 교육에 기여하도록 한다.

○ **구름산 산책길과 숲 유치원(방과후 및 돌봄 체험교실)**

- 대상지 인접 구름산 산책길 활성화로 자연의 아름다움과 슬로우 라이프를 느낄수 있는 치유 숲 조성
- 구름산내 숲 유치원(숲속 체험교실 프로그램)으로 자연 속에서의 다양한 현상을 체험 지역사회의 여가 및 교육에 기여

• 자연환경을 학습하며 개인의 운동능력 향상 및 자립능력 향상
- 숲 해설사, 산림치유사를 지역사회에서 채용하거나 시설 내의 자원봉사자를 통해 공급
- 대상지 인접의 자연 자원(구름산)을 활용하여 지역사회와의 Green 공동체 형성

⑥ 구름산 야영시설(주민 소유부지 활용)

사업주 소유부지를 활용하여 인근 휴양 여가시설과 연계하는 프로그램을 통해 지역경제 활성화 및 커뮤니티 증진을 기대하며, 산림과 농업이 주는 여유와 휴식을 누릴 수 있는 가치있는 휴식과 치유 그리고 즐거움을 공유하는 것을 목표로 한다.

○ **구름산 야영시설(주민 소유부지 활용)**

- 사업주 소유부지를 활용 인근 휴양 여가시설과 연계하는 프로그램을 통해 지역경제 활성화 기여 및 커뮤니티 증진
- 산림과 농업이 주는 여유와 휴식을 누릴수 있는 가치있는 휴식과 치유 그리고 즐거움 공유

• 도시경관 조망으로서의 자원 활용 및 농촌 산촌 마을 체험 프로그램으로 다양한 삶의 체험 공유
- 도시의 피곤함에 지친 다양한 층의 고객들을 받아들여 휴식과 명상을 통한 재충전의 기회를 제공
- 주민 소유 부지를 활용 지역공동체와 협업을 통한 그린 투어리즘 활성화에 기여

⑦ 소셜믹스를 통한 세대 간 교류와 인적자원 공유(재능기부 및 자원봉사)

학생들이 자원봉사하거나 파트타이머로 일하며 경험을 쌓을 수 있고, 시니어 커뮤니티 타운의 거주자는 학생들의 멘토, 조언자로서 참여하고 전문분야에 대한 강의를 함으로써 세대 교류 및 통합을 도모한다.

○ **소셜믹스를 통한 세대 간 교류와 인적자원 공유(재능기부 및 자원봉사)**

- 학생들이 자원봉사를 하거나 파트타이머로 일하며 경험을 쌓을 수 있고, 시니어타운의 거주자는 학생들의 멘토, 조언자로서 참여하고 전문분야에 대한 강의를 함으로써 세대 교류 및 통합 도모

• 시니어들은 지역 학생들에게 직업탐색 과정, 직업기술을 전수하며, 지역 학생들은 시니어 세대에 IT기기 활용방법 등을 가르쳐주는 세대 공감 모델 구축
- 지역공동체와 시설 공동체의 인적 교류로 오픈 커뮤니티 형성

⑧ 마을 부엌 공동체(마을 공동체 형성)

공유부엌에서 지역 주민들이 음식을 함께 조리하며 소통함으로써 건강한 식생활은 물론 하나의 공동체를 형성하고 새로운 공유문화를 정착한다.

○ **마을 부엌 공동체(마을 공동체 형성)**

> • 공유부엌에서 지역 주민들이 음식을 함께 조리하며 소통을 나누며 건강한 식생활은 물론 하나의 공동체를 형성하고 새로운 공유문화 정착

• 먹거리를 통해서 사람들의 관계가 돈독해지는 만남의 장(場) 공간 공유
- 공유 부엌을 통한 지역공동체와 시설 공동체가 교류하고 소통하여 마을 공동체 형성

⑨ 취락지구 주민 농장의 공동 운영(거주민 소유부지 활용)

사업주 소유부지를 활용하여 시설 커뮤니티와 지역커뮤니티의 협업을 통한 지역사회의 일자리 제공 및 건강한 먹거리(힐링 로컬 푸드)를 확보하며, 사회적 기업을 통해 운영할 수 있다.

○ **취락지구 주민 농장운영(거주민 소유부지 활용)**

> • 사업주 소유부지를 활용하여 시설 커뮤니티와 지역커뮤니티의 협업을 통한 지역사회의 일자리 제공 및 건강한 먹거리(힐링용 로컬푸드) 확보 -사회적 기업을 통해 운영

• 시니어 및 아이들, (주변 학교) 가족(관광)을 대상으로 농장 및 원예치료 과정을 운영
- 신체와 건강을 증진하기 위한 기본으로 민간농장과 농업적 경관을 활용한 농업활동인 녹색 치유 농업(Green care Farming) 지향 제안의 배경 및 요약

⑩ 마을관리 사회적 협동조합을 통한 공동이용 커뮤니티 공간 활용 방안

사적 영역과 공적 영역의 중간 영역으로써 지역 간의 커뮤니티 활동의 거점 공간으로 활용하며, 자립형, 자족형, 자생의 스마트 팩토리와 생활 SOC 등의 도시기반시설의 자치 운영을 들 수 있다. 도시재생사업에서 추진하고 있는 마을관리 공유공간의 위탁 및 자치 운영을 통해 마을의 자족성과 자생성을 확장하도록 하여 공적 예산의 절감과 도시기반시설의 유지와 관리 및 운영과 수익에 대한 새로운 패러다임이 창출될 수 있다.

광명의 지역친화적 웰 에이징 계획을 위한 실천

광명지역주민과 취락지구 대표들로 구성하여 "경제정의공동체 마을운영관리 사회적협동조합"의 창립을 위한 발기대회를 마치고 본격적인 지역 공동체를 만들고 정착하여 마을 공동체를 만들어 가는 큰 걸음을 이미 시작하였다.

[그림 10] 마을별 주민대표 사회적협동조합 창립 발기인대회 (사진: 김경수)

신도시라는 국가의 행정계획에 참여할 수 있는 주체로의 역량과 더불어 책임 있는 의사결정의 대표들이 지역의 사회적 협동조합의 정신 아래에 또 다른 가치인 웰 에이징을 위한 마을을 직접 실천하고 있다는 점에서 의미가 크다. 그동안 도시개발의 제도에서 도시개발의 주체에 광명의 마을운영관리 사회적협동조합이 참여하는 것은 바람직한 소통과 참여의 방법이 될 것이다. 물론 이러한 도시와 지역의 개발은 도시재생이나 정비사업에서 이루어지고 있는 현상과 유사하다. 기존에는 없었던 새로운 것이 아닌, 신도시나 대규모 도시개발에서 허용되지 않았던 것일 뿐이다. 이제는 좀 더 유연한 신도시개발 정책과 운영이 되어 새로운 모델로 관과 민이 함께하는 예측가능한 도시개발이 될 수 있을 것이다. 이를 통하여 도시 및 마을의 조성과 입주가 이루어진 후 재정착을 지속적으로 하려는 작은 실천이 좋은 성과로 이어지길 기대한다. 그 결과로 기존의 마을을 이루고 살아 온 마을공동체가 함께하는 共으로 국가와 지역의 필요 개발을 목적으로 하는 행정의 公을 아우르는 협력적 도시개발의 새로운 모델이 될 수 있다. 이러한 시도를 "共으로 公을 아우르는 협력적 도시개발 체계"로 말 할 수 있다.

사회적협동조합의 정관 전문

본 조합은 경기도 광명시에 유일하게 남은 '비도시' 지역이자, 미래 도시개발로 사라질 위기에 처한 노온사동 가학동 옥길동 및 광명동 일부의 전통 마을 공동체 구성원이 중심되어 이 지역의 지명 유래 및 농업 문화유산 등을 보존 발굴 계승하고 향후 도시 개발이 이뤄질 경우 마을 공동체가 재정착하여 전통을 자각하는 삶을 이어갈 수 있도록 하기 위한 중심축의 역할을 담당하고자 한다. 인구와 환경 문제 대응에 있어 자발적이고 자생적인 마을 자치 공동체를 이어가기 위해 오랜 세월 이곳에서 함께 살아온 지역민이 모여 협력과 협동 그리고 공유의 가치를 추구하고자 하는 것이다. 이를 통해 조상으로부터 물려받은 소중한 지역 자산을 되살려 미래 세대에게 전하는 소임을 다할 것이다. 전통 공동체를 파괴하여 콘크리트로 뒤덮는 획일적 도시개발로부터 다음 세대의 터전을 보존하고 자존을 지키기 위하여 토지의 재생을 통한 마을공동체 시설 운영과 관리를 통해 자립하고, 농촌과 산촌마을의 특성을 중심으로 한 도농융합 생활권으로 한 지역 경제 정의 실현 활동을 해나가고자 한다.

사회적협동조합의 정관의 목적은 '참여와 공유 그리고 경제 정의'를 통한 자생을 기본정신으로 한 지속가능한 마을공동체 만들기이며, 구성원 상호 간에 '공유와 공생'의 가치를 추구하여 친목과 화합을 위하여 소통하고 고령화되는 세대를 위한 다 함께 돌봄과 다음 세대를 위한 마을 교육 공동체 운영, 기후위기 등에 대응하기 위하여 마을 주변의 산림과 환경을 활용한 친환경사업을 추구하는 것이다.

주(註)

1. 국토교통부는 2019년 7월 29일에 배포한 보도자료를 통해서 '지역주민과 지역사회가 주도하는 도시계획 체계를 정부가 지원하겠습니다.'라는 새로운 정책적 지향을 발표하였다. 이를 위해서 「국토의 계획 및 이용에 관한 법률 시행령」의 개정안을 상정하여 국무회의를 통과한 것이다.
2. 국토교통부, 서울특별시, 경기도가 2019년 10월 11일에 발표한 보도자료로 주요 내용은 남양주, 하남, 인천, 과천에 대규모 택지 5곳 지구지정이 되었다는 점이다.

법제적 조건의 이해 및 새로운 법률적 대안

김명진 | 법무법인 정필의 파트너 변호사
광명·시흥 특별관리지역 광명총주민대책위 자문 변호사

김태은 | 법무법인 정필의 대표 변호사
광명·시흥 특별관리지역 광명총주민대책위 자문 변호사

[서문]

지난 2년여 간 광명시에서 주민주도 환지개발을 주요 골자로 한 도시계획의 추진과정을 바로 옆에서 지켜보며 지역 주민들의 자문변호사로서 법적 자문을 진행하였다. 전국에서 단 한 곳뿐인 '광명·시흥 특별관리지역'이라는 특수성이 있기에 전형적인 도시계획과는 관계 법령부터 실무상 진행절차까지 상당한 차이점이 있었다. 광명시는 이 지역만이 가진 역사적 특성과 관계법령이 어우러져 그 어느 곳에서도 시도하지 못했던 주민주도형 도시계획이 가능한 환경이 조성되어 대한민국의 도시계획 패러다임의 변화를 주도할 것이라 기대되고 있는 지역이다. 그러나 동시에 완벽하게 정비되지 못한 현행 관계법령으로 인하여 지역 주민들과 지방자치단체 및 정부가 합을 이루지 못하여 그 잠재력에 비하여 도시개발이 지지부진하고 예측불허 상태에 있다는 우려 또한 존재하는 지역이기도 하다.

광명 지역 주민들, 유관단체들 및 추후 타지역에서 도시계획을 추진할 주민들에게 조금이나마 도움이 되었으면 하는 바람을 가지고 광명 지역의 특수한 관계법령 및 현행 법령의 한계, 이에 대한 법률적 대안을 정리해보고자 한다.

광명·시흥 도시계획 관련 법제적 연혁

'광명·시흥 특별관리지역' 관련 연혁 개괄

광명·시흥 공공주택지구 지정 및 개발제한구역 해제

광명·시흥 지역은 본래 농업이 주를 이루었으며, 많은 지역이 개발제한구역으로 지정되어 있었다. 그러던 중 2010년 5월 26일 국토해양부 고시(제2010-314호)에 의거하여 당시 '공공주택건설 등에 관한 특별법'상 현재의 공공주택지구에 해당되는 '광명·시흥 보금자리주택지구'로 지정되었고, 이후 2010년 12월 20일 지구계획의 승인으로 개발제한구역이 해제되었다. 지구계획의 승인 당시 광명시의 보금자리주택지구 중 집단취락지구는 17개로 총면적은 10,883,000㎡에 달하였다.

그러나 지구계획의 승인에도 불구하고 보금자리주택 건설은 제대로 진행되지 못하였고, '광명·시흥 보금자리주택지구'의 편입 토지주들은 개발제한구역에 이어 보금자리주택지구라는 새로운 제한만을 감수한 채 재산권을 행사하지 못하는 상태가 지속되었다.

광명·시흥 공공주택지구 지정 해제 및 광명·시흥 특별관리지역 지정

이에 국토교통부는 2014년 9월 4일 '광명·시흥지구 해제 및 관리대책'을 발표하여 공공주택지구 내 집단취락지구는 조기에 제척하고, 공공주택지구 외 취락의 경우는 특별관리지역으로 지정 및 관리하되 기존 면적의 2~2.5배로 확대하여 정비계획을 추진하며, 공공주택지구 지정으로 인하여 중단된 사회기반시설(SOC)사업은 정부가 지원을 추진한다는 방침을 밝혔다.

이후 2015년 4월 30일 국토교통부 고시 제2015-267호로 보금자리주택지구 지정이 해제되었고, 국토교통부 고시 제2015-268호로 해제된 면적과 동일 면적이 '광명·시흥 특별관리지역'으로 지정되었다.

즉, '광명·시흥 특별관리지역'은 어느 날 갑자기 국토교통부의 고시에 의거하여 등장한 형식적인 개념이라 볼 수는 없다. 해당 지역의 주민들은 개발제한구역 및 공공주택지구 지정에 의하여 오랜 세월 재산권 행사를 극도로 제한받아 왔을 뿐 아니라 토지 사용 또는 수용 여부의 불확실성이 지나치게 오래 지속되면서 실질적인 피해가 가중되어 왔다. '특별관리지역'은 이러한 피해에 대하여 정부가 공감하였기에 보상 및 시혜적 목적으로 등장한 새로운 개념이다. 따라서 법적으로 보호받아야 할 필요성과 명분이 충분하다.

특히 광명·시흥 지역 내의 집단취락지역은 국토교통부의 취락지역에 대한 명확한 방침이 언론 및 주민설명회 등을 통하여 고시된 점, 사업시행자인 LH 또한 동일 취지의 주민설명회를 개최하고 사업추진 요청 동의서를 받는 등 2014년 9월 4일에 공표된 국토교통부의 방침에 의거한 후속조치가 행해진 점 등을 고려할 때 주민들에게 충분히 취락정비사업이 추진될 것이라는 신뢰가 제공되었던 것으로 보인다.

대도시권 주택 공급 확대를 위한 신규 공공택지 추진계획

2021년 2월 24일 국토교통부는 '대도시권 주택 공급 확대를 위한 신규 공공택지 추진계획'을 발표하여 광명시 일부 및 시흥시 일부의 12,710,000㎡에 7만 호의 주택을 공급하고, 원주민에 대한 대토보상 활성화 및 주민 참여형 개발을 추진하겠다는 방침을 밝혔다.

위 추진계획은 2022년 상반기 지구지정 완료, 2023년 지구계획 승인을 목표로 하고 있으므로 아직은 계획에 불과할지라도 근시일 내에 구체적인 법적 효력을 발생할 것이 명백하다.

다만, 위 추진계획은 이전의 '광명·시흥 특별관리지역'의 구체적 내용과 상반되는 문제점이 있으며, 이에 대해서는 아래에서 보다 구체적으로 지적하고자 한다.

광명·시흥 도시계획 관련 현행 법령

법령의 체계

법령은 그 체계를 가지고 있으며, 가장 일반적으로는 헌법, 법률, 명령(시행령, 시행규칙), 자치법규의 순서로 상위법에서 하위법으로 파악한다. 상위의 법규는 하위의 법규에 우선하며, 하위의 법규가 상위의 법규에 위배되면 그 효력을 잃게 된다. 일반적으로 하위법은 상위법의 위임을 받아 제정되며, 상위법에서 모두 규율할 수 없는 구체적인 법적 사항들을 규율한다. 또한 행정법 체계에서 빠질 수 없는 행정규칙은 행정주체가 제정한 법규의 성질을 가지지 않은 일반적인 규정이라 할 수 있다. 고시 또한 행정규칙에 속하므로 원칙적으로 법규성은 없으나 보충적으로 법규성을 가지는 일이 있으며, 일반처분성을 가지는 경우도 있다.

한편 법률의 또 다른 구분은 법의 효력 범위에 따라 일반법과 특별법으로 나누는 것이다. 지역, 사람, 사항에 대하여 일반적으로 적용되는 법이 일반법이고, 그보다 좁은 범위의 지역, 사람 등에 대하여 적용되는 법이 특별법이다.

광명·시흥 도시계획에 적용되는 현행 법령의 구조 또한 위 체계에 따라 정리할 수 있다. 가장 상위법인 헌법 아래 '도시개발법', '공공주택특별법' 및 그 하위법인 '공공주택특별법 시행령'이 적용되며, '공공주택특별법'은 기존 '임대주택법'과 달리 공공임대주택과 공공분양주택에 적용하는 특별법이다. 국토교통부 고시인 '광명·시흥 공공주택지구 해제지역의 관리를 위한 특별관리지역 관리계획'은 법규성을 가진 고시, 즉 행정규칙에 해당한다.

이에 더하여 2021년 2월 24일 국토교통부의 '대도시권 주택 공급 확대를 위한 신규 공공택지 추진계획'이 발표되었고, 이는 단순히 정부의 개발계획 발표에 해당되지 법규성을 지니고 있지는 않다. 다만, 현재 정부 및 지방자치단체는 위 추진계획에 따라 광명·시흥 도시계획을 추진할 것이고, 이는 근시일 내에 위 추진계획이 구체적인 법규성을 가진 고시 등으로 정비될 가능성이 매우 높다는 것을 의미하므로 현행 법령들과 함께 검토할 필요성이 있다.

구체적인 현행 법령 및 추진계획의 내용

공공주택 특별법 [시행 2021. 9. 21.] [법률 제18311호, 2021. 7. 20., 일부개정]

제6조(공공주택지구의 지정 등)
① 국토교통부장관은 공공주택지구조성사업(이하 "지구조성사업"이라 한다)을 추진하기 위하여 필요한 지역을 공공주택지구(이하 "주택지구"라 한다)로 지정하거나 지정된 주택지구를 변경 또는 해제할 수 있다. <개정 2013. 3. 23., 2014. 1. 14.>

제6조의2(특별관리지역의 지정 등)
① 국토교통부장관은 제6조제1항에 따라 주택지구를 해제할 때 국토교통부령으로 정하는 일정 규모 이상으로서 체계적인 관리계획을 수립하여 관리하지 아니할 경우 난개발이 우려되는 지역에 대하여 10년의 범위에서 특별관리지역으로 지정할 수 있다.
② 국토교통부장관은 특별관리지역을 지정하고자 할 경우에는 다음 각 호의 사항을 포함한 특별관리지역 관리계획(이하 이 조에서 "관리계획"이라 한다)을 수립하여야 한다. 이 경우 제4조에 따른 종전 주택지구의 공공주택사업자(이하 "종전 사업자"라 한다)는 관리계획의 입안을 제안할 수 있다. <개정 2015. 8. 28.>
 1. 특별관리지역의 관리기본방향에 관한 사항
 2. 인구 및 주택 수용계획에 관한 사항
 3. 「도시개발법」에 따른 도시개발사업 등 취락정비에 관한 사항
 4. 「개발제한구역의 지정 및 관리에 관한 특별조치법」 제4조제4항에 따른 훼손지 복구계획에 따라 존치된 개발제한구역의 해제 및 관리방안에 관한 사항
 5. 그 밖에 국토교통부장관이 관리에 필요하다고 인정하는 사항
[본조신설 2015. 1. 20.]

제6조의3(특별관리지역의 관리 등)
① 특별관리지역 안에서는 건축물의 건축 및 용도변경, 공작물의 설치, 토지의 형질변경, 죽목의 벌채, 토지의 분할, 물건을 쌓아놓는 행위를 할 수 없다. 다만, 특별관리지역의 취지에 부합하는 범위에서 대통령령으로 정하는 행위에 한정하여 시장, 군수 또는 구청장의 허가를 받아 할 수 있으며, 허가된 사항을 변경하고자 하는 경우에도 또한 같다.
② 제1항 이외의 행위제한에 관한 사항은 제11조제2항부터 제6항까지의 규정을 준용한다. 이 경우 "주택지구"는 "특별관리지역"으로 본다.
③ 제1항에도 불구하고 국토교통부장관 또는 관계 중앙행정기관의 장이나 지방자치단체의 장(이하 이 조 및 제6조의4에서 "해당 기관장"이라 한다)은 특별관리지역 안에서 대통령령으로 정하는 개발사업을 위한 지정·승인·허가·인가 등(이하 이 조 및 제6조의4에서 "지정등"이라 한다)을 할 수 있다.

공공주택특별법 시행령[시행 2021. 9. 21.]
[대통령령 제31991호, 2021. 9. 17., 일부개정]

제9조(특별관리지역에서 지정 등을 할 수 있는 개발사업의 범위)
법 제6조의3제3항에서 "대통령령으로 정하는 개발사업"이란 다음 각 호의 사업을 말한다.
1. 「도시개발법」에 따른 도시개발사업

도시개발법[시행 2021. 6. 17.] [법률 제17939호, 2021. 3. 16., 타법개정]

> 제11조(시행자 등) ① 도시개발사업의 시행자(이하 "시행자"라 한다)는 다음 각 호의 자 중에서 지정권자가 지정한다. 다만, 도시개발구역의 전부를 환지 방식으로 시행하는 경우에는 제5호의 토지 소유자나 제6호의 조합을 시행자로 지정한다. <개정 2010. 4. 15., 2011. 9. 30., 2012. 1. 17., 2016. 1. 19.>
>
> 1. 국가나 지방자치단체
> 2. 대통령령으로 정하는 공공기관
> 3. 대통령령으로 정하는 정부출연기관
> 4. 「지방공기업법」에 따라 설립된 지방공사
> 5. 도시개발구역의 토지 소유자(「공유수면 관리 및 매립에 관한 법률」제28조에 따라 면허를 받은 자를 해당 공유수면을 소유한 자로 보고 그 공유수면을 토지로 보며, 제21조에 따른 수용 또는 사용 방식의 경우에는 도시개발구역의 국공유지를 제외한 토지면적의 3분의 2 이상을 소유한 자를 말한다)
> 6. 도시개발구역의 토지 소유자(「공유수면 관리 및 매립에 관한 법률」제28조에 따라 면허를 받은 자를 해당 공유수면을 소유한 자로 보고 그 공유수면을 토지로 본다)가 도시개발을 위하여 설립한 조합(도시개발사업의 전부를 환지 방식으로 시행하는 경우에만 해당하며, 이하 "조합"이라 한다)

광명·시흥 공공주택지구 해제지역의 관리를 위한 특별관리지역 관리계획

> 4-1-2. 특별관리지역 내 개발사업은 공공성이 확보될 수 있도록 하기 위하여 공공부문이 1/3이상의 지분을 확보함을 원칙으로 한다. 단, 취락 정비사업(도시개발법상 환지방식)의 경우 「도시개발법」제11조 제1항 제5호 및 제6호에 따른 토지소유자 또는 조합의 사업시행을 우선으로 하며, 「도시개발법」제11조 제2항 제3호에 따른 주민동의 시 공공부문도 참여할 수 있다.
>
> 4-1-3. 특별관리지역 내에서 시행 가능한 개발사업은 공공주택법에 따른 공공주택사업과 다음 각 항의 사업으로 하며 제1항의 사업이 완료되기 전까지는 「공공주택법」에 의한 공공주택 이외의 주택개발사업은 허용하지 않는다. 다만, 다음 각항의 목적사업 추진을 위하여 수반되는 주택개발사업은 예외로 한다.
> ① 취락정비사업(「도시개발법」상 환지방식)
> ② 영세공장 이주용 산업단지
> ③ 도시첨단산업 및 연구단지
> ④ 영세 유통업체 이주용 유통·물류단지
> ⑤ 광명문화관광복합단지
> ⑥ 기타 개발 가능지에 관계 중앙행정기관의 장과 협의된 사업
>
> 4-1-4. 종전 사업시행자(LH)의 지원사항
> ① 취락정비사업 계획수립
> 사업타당성 조사용역, 사전 주민의견 수렴, 취락정비사업 시행에 대한 주민동의여부 조사를 위한 주민설명회 개최를 지원한다. 단, 개발계획, 실시계획, 환지계획 수립 등 사업시행 과정에서의 계획수립은 환지사업 시행자가 이행한다.
>
> 4-1-5. 기반시설 설치 및 분담
> ① 기반시설 설치비용은 원인자 부담, 요인별 부담을 원칙으로 분담한다.
> ② 개발사업별 분담방안
> 개발사업별로 분담할 기반시설의 종류 및 규모, 비용 등은 기반시설 부담구역 지정 시 지자체의 장이 따로 정할 수 있다.

대도시권 주택 공급 확대를 위한 신규 공공택지 추진계획

원주민 재정착 방안
대토보상 활성화 및 주민 참여형 개발 추진
- 대토 면적 확정, 주민 선호도를 고려한 대토 대상지역 선정 및 대토리츠 활성화* 등 제도개선 완료('20.12)
* 대토 보상자들이 리츠에 출자 ->리츠사업자가 공동주택 등 개발

주민선호 등을 고려한 이주자 택지 공급, 협의양도인 주택 특별 공급, 공공임대주택 임시사용* 등을 통한 재정착 지원
* (기존) 비닐하우스 거주자 및 무허가 건축물 세입자는 국민임대주택 임시사용 대상에서 제외 -> (개선) 국민임대, 행복, 기존주택매입임대 임시 사용 사능('20.12 제도개선 완료)

정리

위 법령에서 규정된 바와 같이 광명·시흥 지역은 '공공주택특별법' 제6조에 의하여 공공주택지구가 해제되며 동법 제6조의2에 의하여 특별관리지역으로 지정되었다. 이에 따라 공공주택특별법 제6조의2에 의거 특별관리지역 관리계획으로서 도시개발법에 따른 도시개발사업 등 취락정비사항을 확정지어야 했고, 국토교통부 고시로써 특별관리지역 관리계획을 공고하며 '취락정비사업(도시개발법상 환지방식)'의 경우 도시개발법에 따른 토지소유자 또는 조합의 사업시행을 우선으로 한다고 명시하였다.

즉, 광명·시흥 특별관리지역은 도시개발법상의 도시개발이 가능한 지역으로 구체적인 관리계획에 따라 토지소유자, 즉 주민이 주도하여 우선적으로 도시개발법상 환지방식에 의하여 사업을 시행할 수 있는 권한을 가지게 되는 특수성이 있는 지역이라 할 수 있다.

그런데 이후 발표된 신규 공공택지 추진계획, 일명 3기 신도시 관련 발표에서는 이미 법규성을 가지고 공표된 광명·시흥 특별관리지역 관리계획과 무관하게 주민주도형 환지방식의 도시개발이 아닌 기존의 타지역과 대동소이한 대토보상을 골자로 하는 정부주도형 도시개발계획이 발표되었다.

즉, '광명·시흥 특별관리지역'과 '광명·시흥 3기 신도시'는 우선적으로 적용되는 도시개발방식이 상이하므로 병존하기 힘든 법률적 구조를 가졌음에도 불구하고 현재 기존의 특별관리지역의 내용을 담고있는 고시(행정규칙)와 곧 법규성을 획득할 것으로 예상되는 관리계획이 병존하는 모순적인 상황에 봉착한 특징이 있다.

광명·시흥 특별관리지역 내 주민의 법적권리와 실현

주민의 권리와 지역적 범위

관계 법령

4-2-4. 사업추진방식
① 주민참여 촉진을 위해 도시개발법상 전면 환지방식을 원칙으로 한다. 다만, 취락별 특성이나 사업비 조달 전망, 사업추진의 효율성 등을 고려하여 수용 또는 혼용방식 등으로도 시행할 수 있다.
② 미해제 취락은 지구단위계획을 수립하는 경우에 한하여 사업구역 대상에 포함할 수 있다.
③ 취락정비구역별로 주민의견 수렴 후 사업추진 여부를 결정하여야 한다.
④ 주민동의율, 구역지정 및 개발계획, 실시계획 및 환지사업 시행 등은 도시개발법상 제반절차에 따르되, 취락정비 사업 취지를 감안 취락 내 주민의 동의율도 도시개발법이 정하는 기준을 충족하여야 한다.

4-2-5. 사업주체
① 도시개발법 제13조 제3항의 규정에 의한 동의(토지소유자 1/2, 토지면적의 2/3이상) 시 토지소유자 또는 조합이 사업 추진할 수 있다.
② 주민이 원할 경우 도시개발법 제11조 제2항의 규정에 의한 동의(토지소유자 1/2, 토지면적의 1/2 동의)를 받아 공공부문(종전사업자포함)도 사업에 일부 참여하거나 직접 수행할 수 있다.

주민의 권리 및 지역적 한계

광명·시흥 특별관리지역 내 토지소유자 등은 광명·시흥 공공주택지구 해제지역의 관리를 위한 특별관리지역 관리계획 4-2-4항 및 4-2-5항에 근거[1]하여 우선적으로 도시개발법상 환지방식에 의하여 사업을 시행할 수 있는 구체적이고 법적인 권한을 보유하고 있다.

이처럼 주민이 보유하고 있는 환지개발의 법적인 권한은 관계 법령에 따라 지역적인 한계 범위를 가진다. 주민이 환지개발을 하고자 동의할 수 있는 지역적 범위는 우선해제취락 및 그 인접지역[2]이다.

광명·시흥 특별관리지역 내에는 주민이 주도하여 환지개발을 할 수 있는 지역과 그렇지 못한 지역이 혼재되어 있는 것이다. 주민의 동의로 환지개발이 불가능한 지역은 사실상 개발의 우선권이 정부에 부여되어 있다고 해석하는 것이 타당한데, 이러한 지역적인 특성으로 인해 주민주도형 환지개발은 많은 한계를 가질 수밖에 없다.

주민의 구체적인 권리 행사 방법

주민주도형 환지개발의 구체적인 권리의 실현 방안은 두 가지로 나누어볼 수 있다. 첫 번째는 LH 등 공공부문이 사업에 참여하는 방식이다. 우선해제취락 및 그 인접지역 토지소유자 1/2, 토지면적의 1/2 이상의 동의를 받아 공공부분이 환지사업을 주도하거나 환지 사업에 일부 참여하는 방식이다.

두 번째는 주민이 만든 조합이 사업을 추진하는 방식이다. 우선해제취락 및 그 인접지역 토지소유자 1/2, 토지면적의 2/3 이상의 동의를 받은 토지주들이나 조합이 사업 추진하는 방식인데, 토지주들 혹은 조합이 민간 시행자나 건설사 등과 함께 환지사업을 진행하는 형태를 상정할 수 있다.

광명지역에서의 주민들의 권리 행사의 실현

광명·시흥 특별관리지역 중 광명의 우선해제취락 및 그 인접지역의 주민들은 일찍부터 관계 법령에 따른 권리를 실현하고자 부지런히 움직여 왔다. 주민주도개발의 과정의 장에서 상세히 서술되어 있으니 이 장에서는 필요한 부분만 언급하도록 하겠다.

LH를 사업시행자로 지정하여 공공이 개입하여 환지개발을 추진하는 방식

2017년 11월경부터 2019년 1월경까지 광명 특별관리지역 내 환지개발을 추진 중이던 9개 우선해제취락 및 그 인접지역 중 6개 지역(광명2구역, 광명4구역, 광명5구역, 광명6구역, 광명7구역, 광명8구역)에서 LH를 사업시행자로 지정하는 내용의 토지소유자 1/2, 토지면적의 1/2 이상의 동의서를 LH에 제출하였다.

조합을 결성하는 등의 민간을 통한 환지개발을 추진하는 방식

2018년 말경 광명1구역 및 광명3구역은 토지소유자 1/2, 토지면적의 2/3 이상의 조합을 설립하여 환지개발을 하겠다는 동의서를 정부 등에 제출하였다.

또한, LH에 동의서를 기 제출한 6개 지역 중 광명2구역, 광명4구역, 광명5구역, 광명6구역, 광명7구역 5개 지역은 취락지역의 연합체를 결성하여 민간 기업과 협약을 맺고 도시개발 전문가들과 협의하여 광명 특별관리지역 내 마을의 전통적 특성을 보존하는 방식의 도시개발의 마스터플랜을 수립하는 등 민간을 통한 환지개발을 활발히 추진 중이었다.

결과적으로 9개 우선해제취락 및 그 인접지역 중 8개 지역의 주민들은 관계 법령에서 주어진 주민의 권리를 동의서 제출이라는 형태로 실현하였고, 동시에 민간을 통한 개발도 활발히 진행 중이었던 상황이었다. 이는 각 우선해제취락 및 그 인접지역의 주민들이 동의하는 방식[3]으로 각 지역을 환지로 개발하겠다는 의사를 끊임없이 외부에 표현한 것으로 법적으로 매우 중요한 의미를 가진다.

소결

관계 법령의 요건에 맞추어 주민의 권리를 행사하였으나, 결과적으로 광명 특별관리지역 내 우선해제취락 및 그 인접지역의 주민들의 환지개발권한은 여러 가지 한계에 부딪혀 좌초되고 있는 형국이다. 법치국가를 천명하고 있는 나라에서 이러한 불합리한 현실이 발생하게 된 원인과 그 한계는 장을 바꾸어 자세히 살펴보기로 한다.

광명·시흥 특별관리지역 내 주민의 법적 권리의 침해 및 한계

기존 법령 및 관리계획과 충돌되는 정부 정책의 발표

위에서 살펴본 바와 같이 주민들은 주민에게 주어진 법적인 개발권한을 현실화하기 위해 여러 가지 노력하고 있었다. 그러나 정부는 2021년 2월 24일 광명·시흥에 신도시를 개발하여 7만 호를 공급하겠다는 부동산 대책을 일방적으로 발표한 상태이다.

이는 주민에게 주어진 법적인 권리를 훼손하고, 광명·시흥 특별관리지역에 관한 기존 법령 및 관리계획과 정면으로 충돌하는 형태의 정책 발표이다. 기존 주민들이 보유하고 있는 개발권한을 어떻게 보존할 것인지에 관하여 사전 논의도 없이 발표한 것도 주민들의 법적인 권리 침해이지만 정부는 위 부동산 대책 발표 이후에도 주민들의 권리에 관한 보존방안을 내놓지 못하고 있어 현재 주민들이 주도하는 환지개발에 관한 주민의 권리는 풍전등화의 위기에 놓여 있다.

권리행사의 한계 실제 사례

LH의 부작위에 대응할 법률적 방안의 부존재

광명 특별관리지역 내 6개 우선해제취락 및 그 인접지역에서 LH를 사업시행자로 지정하는 내용의 토지소유자 1/2, 토지면적의 1/2 이상의 동의서를 LH에 제출하였음에도 불구하고, LH는 현재까지 사업시행자로서 사업을 추진하지 않고 있다.

이에 주민 연합체가 각종 방식으로 LH에 민원을 제기하고 공문을 보내는 등의 행동을 취하였지만 LH의 부작위에 대응할 방안이 없는 것이 현실이다. 이는 법적으로 LH를 강제할 수 있는 법 규정이나 제도가 존재하지 않는 데에서 발생하는 문제로 보인다.

주민주도 환지개발 방식을 뒷받침할 수 있는 법 제도의 부존재

광명1구역 및 광명3구역은 토지소유자 1/2, 토지면적의 2/3 이상의 조합을 설립하여 환지개발을 하겠다는 동의서를 정부 등에 제출하였다. 이와 함께 도시개발법상의 요건을 갖추어 위 지역을 개발하는데 필요한 허가를 정부에 요청하였으나 기반시설의 부재와 난개발 등을 이유로 허가가 반려되어 사업이 진행되고 있지 않다.

위와 같은 사례를 반면교사하여 광명2구역, 광명4구역, 광명5구역, 광명6구역, 광명7구역 5개 지역의 연합체는 광명·시흥 특별관리지역 전체의 개발에 관한 마스터플랜을 막대한 비용을 들여 완성하였음에도 불구하고 이러한 개발방식을 제안할 수 있는 유일한 방법은 주민제안의 형식뿐이어서 위와 같은 마스터플랜을 기본으로 하는 개발방식의 주민제안은 법적인 구속력이 없다는 한계를 가진다.

이와 같은 한계는 광명·시흥 특별관리지역 내에는 주민이 주도하여 환지개발을 할 수 있는 지역과 그렇지 못한 지역이 혼재되어 있다는 점에서 비롯된다. 주민과 정부가 특별관리지역을 함께 개발하는 때에 주민에게 주어진 법적인 권리를 온전히 행사할 수 있는데 정부가 부작위 하는 경우 이를 강제할 수 있는 법 제도가 존재하지 않는다.

소결

현재까지 광명·시흥 특별관리지역 내 광명 우선해제취락 및 그 인접지역에서의 주민이 주도하는 환지개발방식의 추진 상황에 비추어 볼 때, 광명지역의 실질적 재산권 피해를 보전하기 위한 시혜적 목적으로 만들어진 특별관리계획은 실질적으로는 현실화되기 힘든 법적 구조를 가지고 있다. 결과적으로는 주민에게 주어진 법적인 권리는 명확하나 이를 실현하는 것은 어려운 구조로 되어 있어 주민의 권리가 유명무실해질 수밖에 없는 것이다.

법률적 대안

구체적 권리 발생을 위한 법령의 정비

현재 광명·시흥 특별관리지역의 취락구역은 주민이 주도하여 환지개발을 추진할 수 있는 제도적 기반은 마련되어 있다. 그럼에도 불구하고 '도시계획'의 특성상 지방자치단체, 한국토지주택공사(LH), 국토교통부 등 유관 기관이 함께 힘을 합쳐 움직이지 않으면 기반시설의 설치부터 난항을 겪게 될 수밖에 없는 것이 현실이며, 이러한 현실의 어려움을 극복하기 위한 가장 명확한 방법은 이들 유관 기관의 법적 책임을 규정하고 있는 법령을 정비하는 것이다.

광명시 특별관리지역의 주민들은 스스로 단체를 만들어 환지개발을 위한 업무를 수행하였다. 전문가그룹에 위임하여 광명 전체에 대한 구체적인 도시계획 마스터플랜을 작성하였고, 주거, 교통, 환경, 상업 등 도시계획에 필요한 전면적인 가이드라인을 제시하였다.

국민권익위원회는 2021년 2월 8일 한국토지주택공사는 환지개발동의서를 접수한 광명·시흥 특별관리지역 내 취락정비사업을 적극 추진할 것을 의견표명하는 결정을 내리기도 하였다(의안번호 제2021-3소위06-도03호).

그렇지만 국민권익위원회의 결정에도 불구하고 한국토지주택공사는 광역기반시설의 설치, 기타 환지개발을 위한 주민들의 요청에 적극적으로 응답하고 있지 않으며, 오히려 기존의 특별관리지역 관련 법령과 관리계획을 뒤로한 채 새로운 3기 신도시 관련 사업만을 우선하여 진행하고 있다.

이러한 혼란스러운 상황을 가중하는 가장 큰 원인은 명확한 법령의 부재이다. 만약 공공주택특별법에서 특별관리지역을 규정하며 실질적으로 주민들이 주도하는 특별관리지역 개발의 가능성에 관해서도 규정하고, 사업시행을 주도할 주민들이 특정 조건을 충족하였을 경우 지방자치단체, 정부에게 개발 추진에 대한 적극적 협조 의무를 부과한다면 주민주도형 도시개발이 더욱 원활하게 추진될 수 있을 것이다.

또한 법규성을 가지는 국토교통부 고시를 통하여 이러한 유관 기관들의 구체적 협조 의무와 권리를 규정하는 방법도 가능하다. 법률에 직접 규정하는 것에 비하면 고시의 법규성 및 구체적 법적 책임 발생 여부여에 대한 논란 등이 있을 수 있으나 법령을 개정하는 절차가 쉽지 않은 것을 감안하면 보다 현실성 있는 대안이라 할 수 있다.

주민주도형 도시계획 및 혼향협 도시계획의 패러다임 정착을 위한 법령의 정비

광명·시흥 특별관리지역은 이미 주민주도형 도시계획을 위한 법제적 근간이 마련되어 있지만, 특별관리지역으로 지정되지 않은 타지역은 현실적으로 진정한 주민주도형 도시계획의 가능성이 요원하다.

주민이 주도하여 도시계획의 틀을 짜고, 스스로 살고 싶은 도시를 만든다는 개념은 우리나라에서는 아직 낯설 수밖에 없고, 그렇기에 관련 법 제도 또한 미비하다. 그러나 지역에 거주하는 주민들이 직접 도시계획을 주도하고, 국가가 일방적으로 계획한 도시가 아닌 그곳에 삶의 터전을 두어야 하는 주민들의 구체적 필요와 미래에 대한 청사진을 바탕으로 한 도시가 만들어져야 한다는 개념은 이미 선진국을 필두로 전세계적으로 대두된 지 오래다.

　이러한 상황에서 우리나라 또한 현재 법적 근거가 마련된 광명·시흥 특별관리지역을 필두로 하여 관련 법제를 정비해야 하는 시점이라 생각된다.

　혹은 완전한 주민주도형 도시계획이 아니라 국가와 주민이 각자의 영역을 가지고 도시계획에 참여하는 혼합형 도시계획도 가능하다. 광명·시흥의 취락지역과 같이 국가는 기반시설을 담당하고 주민은 주거, 상업지역을 담당하는 형태도 일종의 혼합형으로 볼 수도 있을 것이다. 주민주도형이라 할지라도 도시계획은 인접지역들과의 관계나 기반시설의 균형 있는 보급 또한 중요하므로 국가의 역할이 전혀 없을 수는 없는바, 이러한 혼합형이 보다 현실성 있다고 보이기도 한다.

　또한 주민주도형 도시계획은 광명·시흥과 같이 광범위한 지역을 기반으로 하는 것보다는 오히려 소규모 도시계획에 있어서 더욱 실효성 있게 활용될 수도 있다. 특히 도시지역에서는 이미 대규모 도시개발보다 소규모 도시개발이 더 빈번하게 이루어지고 있는바, 농촌지역 등 낙후지역뿐 아니라 소규모 도시지역에서도 주민주도형 도시개발이 가능한 구조가 마련된다면 적극적으로 활용될 수 있을 것이다.

　모든 도시계획을 주민이 주도하는 것은 현실성이 떨어질 수밖에 없다. 그러나 주민이 주도하고자 하는 의지와 현실적인 여건이 부합하는 지역에서는 보다 지역 적합성 있는 도시계획이 추진될 수 있도록 주민주도형 도시계획에 대한 구체적인 법령이 필요한 것이다. 주민주도형 도시계획에 대한 정확한 정의 규정, 주민주도형 도시계획의 주체에 대한 규정, 주민주도형 도시계획의 형태에 대한 규정, 정부의 협조 의무에 대한 규정, 주민주도형 도시계획을 위한 요건 및 허가 규정 등이 마련된다면 타지역에서도 충분히 주민주도형 도시계획에 대한 논의가 시작될 수 있을 것이다.

광명·시흥 특별관리지역과 3기 신도시 정책과의 조화를 위한 후속조치

　현재 '대도시권 주택 공급 확대를 위한 신규 공공택지 추진계획', 일명 3기 신도시는 사업개요와 대토보상을 골자로 한 기본적인 방안만이 발표되어 있고, 지구지정과 지구계획 등은 앞으로 추진될 예정이다.

　현재 3기 신도시의 기본적인 방향은 기존의 광명·시흥 특별관리지역에 대한 법제와 다소 충돌하는 양상을 보이지만, 추후 진행될 지구계획 등에서 기존 법제와의 조화를 고려하여 구체적 방향을 수정한다면 양립 불가능한 것도 아닐 것이다.

특히 취락지역에 보장된 주민주도형 환지개발에 대해서는 국민권익위원회도 그 권한을 인정한 바 있으므로 정부 또한 이를 완전히 도외시해서는 안 될 것이다. 그렇다면 가장 현실적인 방법은 기존의 법규를 수정하는 것이 아닌, 앞으로 구체적으로 법규화될 추진계획을 현 상황에 맞게 마련하는 것이다.

원칙적으로 법의 효력여부를 따질 때 신법이 구법보다 우선한다는 대원칙이 존재한다. 그러나 광명·시흥 도시계획에 있어서는 현재 구법은 존재하되 '신'법은 존재하지 않는다고 판단되며, 지금 기존의 법규상 보장된 주민들의 권리를 존중하며 조화롭게 도시계획을 추진할 수 있는 마지막 갈림길에 서 있는 것이나 다름없다.

결론

모든 법의 상위법은 헌법이다. 그러나 지금 광명·시흥 특별관리지역에서는 주민들의 헌법적 권리인 재산권이 공공연하게 침해당하고 있다. 공익을 위한 이익형량을 고려한다 하더라도 주민들이 재산권을 오랜 기간 침해당했다는 사실과 국가로부터 누차 주어진 법적 신뢰를 고려한다면 사익이 과도하게 침해당했음은 주지의 사실이다. 행정법의 가장 기본이라 할 수 있는 행정기본법에서는 신뢰보호의 원칙을 규정하고 있지만, 특별관리지역의 주민들은 그들의 법적 신뢰를 보호받지 못하였다.

또한 광명·시흥 특별관리지역은 우리나라 도시계획법령의 한계가 여실히 드러난 사례이다. 국가주도의 일방적인 도시개발만이 주를 이루는 환경에서 오랜 기간 재산권을 제한받아온 지역적 특수성을 기반으로 특별법과 국토교통부 고시로 주민주도형 도시계획을 규정하였으나, 구체적인 권리의무 규정의 부재로 인하여 난항을 겪는 지점이 생길 수밖에 없는 것이다. 이러한 법령의 흠결을 인정하고 다각도로 대안을 강구하여 광명·시흥 특별관리지역의 개발 및 새로운 도시계획의 패러다임에 대한 사회적 논의를 이어가야 할 것이다.

주(註)

1. 「공공주택건설 등에 관한 특별법」제12조제2항 및 같은 법 시행령 제10조제3항에 따라 지정 고시된 광명·시흥 특별관리지역에 대하여 같은 법 제6조의2제4항에 따라 국토교통부장관이 수립한 관리계획
2. 법적인 효력은 없으나 LH와 광명시가 광명·시흥 공공주택지구를 해제하고 다시 특별관리지역으로 지정(2015. 4. 30.)하기 이전인 2015년 말경에 시행한 "환지스쿨" 주민 설명회 자료에 따르면, 우선해제취락을 1로 정하고 이 기준선을 2배로 더 확장한 형태의 경계
3. LH가 사업시행자가 되어 환지개발을 추진하거나 주민이 직접 만든 조합이 주가 되어 환지개발을 추진하는 방식

2

도시계획 7 어젠다
7 Agenda for Urban Planning

| 선형과 블록형 도시 복합체, 새로운 도시 구조
Linear and block-type city complexes, the skeleton of a new city
파비오 다카로, 김희옥 | (번역)현명석

| 생산과 도시
Production and the city
다니엘 바예 | (번역)현명석

| 상업, 소비 그리고 도시
홍성용

| 교육 문화 블록
Education and culture blocks
파비오 다카로, 김상길 | (번역)현명석

| 복지, 커뮤니티, 의료환경
권순정, 박혜선

| 사람중심 교통계획 및 스마트 교통·스마트 모빌리티 시스템
강진구

| 기후, 환경 계획
- 기후위기시대, 건강한 탄소중립도시
노윤석

선형과 블록형 도시 복합체, 새로운 도시 구조

파비오 다카로 | 고려대 건축학과 교수
Fabio Dacarro | 치치노(ChiChiNo) 공동대표

김희옥 | ㈜에이텍건축사사무소 공동대표
건축사

(번역) **현명석**

블록형 도시와 선형 도시: 두 가지 역사적 패러다임

19세기 블록형 도시: 도시 조직의 "공학화"

직교 격자 배치가 특징인 도시 조직의 기원은 기원전 5세기까지 거슬러 올라간다. 고대 그리스에서 밀레토스 출신 히포다무스(기원전 498~408)가 개발한 격자형 도시는 이후 모든 고대 로마 도시의 기반이 됐으며, 심지어 몇몇 중세 도시에서도 그 사례를 찾을 수 있다. 격자 체계가 적용된 사례는 예컨대 르네상스 "이상" 도시, 17세기 도시 계획, 18세기와 19세기 미국 도시 등 근대 이후에도 종종 찾을 수 있다.

19세기에 이르러 비로소 직교 격자는 바르셀로나, 베를린, 밀라노 등 여러 주요 유럽 도시의 기본 계획 체계로 활용됐다. [그림 1] 19세기는 직교 격자가 도시 계획이라는 새로운 학문 분야에서 "과학적으로" 연구되기 시작한 때이기도 하다. 당시 도시 계획가들이 미래의 도시 건설과 그 자원의 사회, 경제적 활용을 규제하기 위해 채택하고 다듬은 도구는 다름 아닌 "마스터플랜"이었다. 과거와 달리 당대의 직교 격자 체계에서 독특했던 요소는 "블록" 건축 유형이었다. 블록 유형은 네 개의 가로로 엄격히 규정되는 한편 한두 개의 중정을 공유하는 건물의 집합을 말한다. 19세기 블록은 대부분 집합주거 건물로 이뤄졌다. 채광과 환기를 위해 고안된 중정은 결국 도시에서 중요한 교류의 공간으로 자리 잡았다. 오늘날에도 여전히 볼 수 있는 블록과 [르코르뷔지에가 "가로-복도(rue-corridor)"라고 불렀던] 가로 사이 긴밀한 조응은 19세기 당시 형성된 대다수 유럽 도시 영역의 중요한 특징이다.

Linear and block-type city complexes, the skeleton of a new city

Block-type and linear-type city: two historical paradigms

The block-type city in the 19th century: "engineerization" of the urban fabric.

The urban fabric characterized by an orthogonal layout is an ancient prototype dating back to the fifth century BC. Developed in Greece by Hippodamus of Miletus (498 ~ 408 BC), it was later adopted in every Roman urban foundation, with some examples even in the late Middle Ages. The system has had several applications in modern history: from Renaissance "ideal" cities to seventeenth-century planning, up to its adoption in the American cities of the eighteenth and nineteenth centuries.

[그림 1] 베를린, 밀라노, 바르셀로나 항공사진.
[Fig. 1] Berlin, Milan, and Barcelona's aerial view
(Source: Google Earth)

근대 이후 이런 직교 격자 체계가 유심히 살펴야 했던 문제 가운데 하나는 바로 대중교통 체계의 급속한 성장과 발달이었다. 예컨대 마차, 그리고 곧이어 등장한 트램이나 자동차와 같은 교통수단을 활용한 대중교통 체계 말이다. 실제로 도시계획에서 지역과 지역 사이 빠른 교통은 도로구획이나 이동방향 설계에서 핵심 요소가 됐다. 그러나 당연하게도, 새로운 교통수단의 등장이 시민의 보행을 통한 이동을 없애진 못했다. 따라서 계획가들의 주요 관심사 가운데 하나는 자연스레 보행 경로를 가로막는 방해 요소가 될 수밖에 없는 도시 블록의 적정 크기, 곧 원활한 교통 체계와 보행 가능성이라는 두 가지 조건을 모두 만족하는 최적화된 도시 블록의 크기를 찾는 일이었다.

이 문제에 가장 처음 몰두했던 도시인 바르셀로나에서 규정한 블록 크기는 113.3x113.3m였다.[그림 2] 1862년과 1880년 사이 베를린의 도시계획가들은 50x100m가 최적의 블록 크기라는 데 합의했다. 1862년 호브레히트(Hobrecht)의 베를린 계획안에서 50x100m 블록의 모습을 확인할 수 있다.[그림 3] 이 블록 크기는 이후 19세기 계획 이론과 실무에서 표준으로 자리 잡았다. 예컨대 1889년 베루토(Beruto)의 밀라노 계획안에서 또한 50x100m 블록이 사용됐다.[그림 4]

20세기 선형 도시: 원칙

아르투로 소리아 이 마타(Arturo Soria y Mata, 1844~1920)는 19세기에 그의 계획안 "선형 도시(La Ciudad Lineal)"를 통해 선형 도시 개념을 완성했다.[그림 5] 이 계획안은 근대 산업 도시의 확장을 규제하기 위한 것이었다. 소리아 이 마타의 모형을 따랐다면 도시는 길게 확장하는 선형 주변부를 따라 성장했을 것이며, 결국 이런 방식으로 다른 기존 도시와 연결됐을 것이다. 이렇게 선형의 폭을 그대로 유지한 채 길이 방향으로 도시가 확장했을 경우, 도시 체계의 중심부나 척추와 외곽 사이에는 합리적 거리 두기와 연결이 가능했을 것이다. 이런 방식은 높은 가치의 기능들이 집중된 도심과 그렇지 못한 주변부가 분리된 19세기 전통 도시 모형을 넘어설 수 있었을 것이다. 소리아 이 마타의 계획안은 도시 레이아웃을 도심에서 외곽까지 놓이는 선형의 여러 "띠(band)"로 구성됐으며, 이들 띠는 각각 철도, 경공업 시설과 관련 과학기술 및 교육 시설, 사회 및 보육 시설을 포함하는 주거단지, 공원, 농업 시설 등의 프로그램을 담았다.

소리아 이 마타의 도시 모형은 이후 러시아 계획가 니콜라이 알렉산드로비치 밀류틴(Nikolay Alexandrovich Milyutin, 1889~1942)이 1920년대 신생 소비에트 연방을 위해 제안한 다

In the nineteenth century, the orthogonal grid became the primary planning system of the major European cities (Barcelona, Berlin, Milan, among others, Fig.1). It was then that its characteristics were studied "scientifically" by the newborn discipline of urban planning. The tool that city planners elaborated on and adopted to regulate the city's future construction, economy, and social use was the master plan. An element that distinguishes the modern orthogonal grid from that of the past is the block building type: a set of buildings that share one or more courtyards and are strictly delimited by four streets. The nineteenth-century block, in particular, is composed of apartment buildings. The courtyard, mainly conceived as a source of light and ventilation, eventually became a significant socialization space. Even today, the close correspondence between blocks and streets (defined by Le Corbusier as "rue corridor") characterizes the nineteenth-century districts of most European cities.

Among the issues that the orthogonal grid of the modern era had to take into account were the rapid growth and development of private and public transportation systems (carriages, and later trams, and cars). The fast communication between one part of the city and another became, in fact, a crucial element for the design of road sections and directions of travel. The availability of new means of transportation, however, did not eliminate the pedestrian traffic. Therefore, one of the planners' main concerns was studying the optimal size of the block (a natural barrier to walking routes) to match transportation needs with the comfortable walkability of the city.

Barcelona, the first town which focused on this issue, adopted a 113.3x113.3 meter block (Fig.2). In Berlin, between 1862 (Hobrecht-Plan, Fig. 3) and 1880, urban planners agreed on an optimal size of 50x100 meters. This size became somehow a standard in nineteenth-century planning theory and practice. Milan, for example, adopted a 50x100 block in 1889 (Beruto-Plan, Fig. 4).

The linear-type city in the 20th century: principles.

The "linear city" concept was elaborated in the nineteenth century by Arturo Soria y Mata (1844-1920) through his project "La Ciudad Lineal" (The Linear City,

양한 도시 계획안에서 채택, 적용됐다. [그림 6] 선형 도시 모형은 르코르뷔지에를 비롯한 여러 근대 건축가와 이론가에게 영향을 끼쳤을 것이다.

두 가지 유형의 조합으로 나타나는 현대 사례 연구

선형 도시 모형은 지나치게 급진적인 탈-중심을 제안했다는 이유로 비판받았으며, 오랫동안 폐기된 채로 남았다. 그러나 최근 몇 년 동안 이런 선형 프로토타입을 다시 생

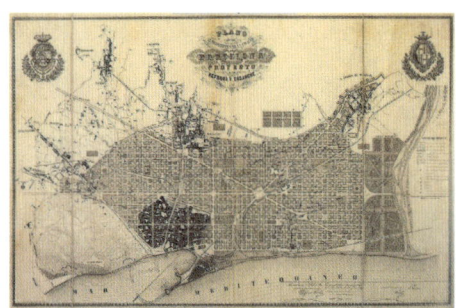 

[그림 2] 세르다의 바르셀로나 계획안(1860).
블록 크기 113.3x113.3m. 평균 가로 폭 20m, 건물 높이 16~20m.
[Fig. 2] Barcelona, Plan Cerda' (1860).
Block size: 113,3x113,3m; average Street width: 20m; building height: 16~20m
(Source: https://commons.wikimedia.org/wiki/File:PlaCerda1859b.jpg + Google Earth)

[그림 4] 베루토의 밀라노 계획 최종안(1889).
블록 크기 50x100m.
[Fig. 4] Beruto Plan, final version(1889).
Block size: 50x100m.
(Source: https://en.wikipedia.org/wiki/File:Milano_-_Piano_Beruto_(definitivo).jpg + Google Earth)

1882. Fig. 5). The project was intended to regulate the expansion of modern industrial cities. According to Soria y Mata's model, towns would have been expanded through an extended linear periphery, eventually connecting the existing cities. The development along the length, keeping the width contained, would have maintained a reasonable distance/connection between the core/spine of the urban system and the outskirts. This would have overcome the traditional nineteenth-century urban model, distinguished into a city center where the most prestigious functions were allocated and a periphery. The project arranged the urban layout into "bands", from the center to the outskirts: a band for railway lines, a light industries band with related scientific, technical, and educational institutes, a residential band, including social institutions and children facilities, a park zone, and an agricultural zone.

[그림 3] 호브레히트(Hobrecht)의 베를린 계획안(1862).
블록 크기 50x100m.(위에서 아래로) 수정 계획안(1880),
항공사진(2015), 분석도.

[Fig. 3] Hobrecht Plan (1862).
Block size: 50 x 100m. From top to bottom: Revised Plan, 1880;
aerial photo 2015; analytical map
(Source: https://doi.org/10.1080/02665433.2017.1408484)

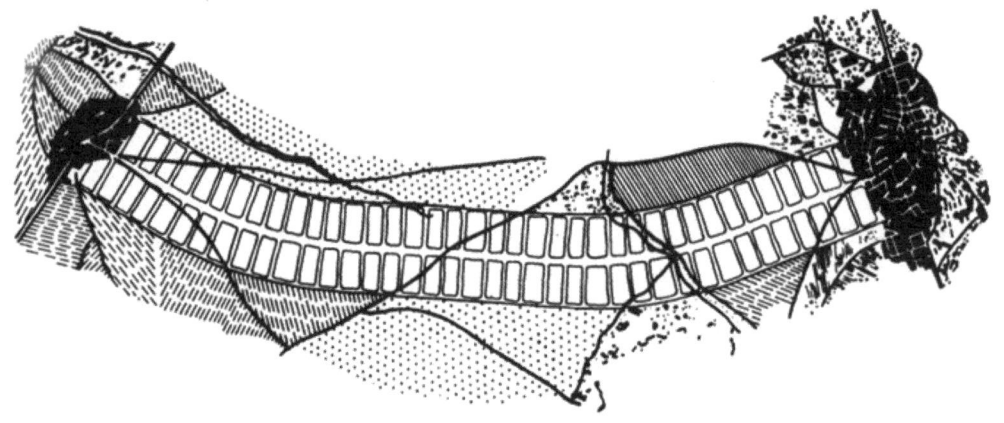

[그림 5] 아르투로 소리아 이 마타, 선형 도시(1882)
[Fig. 5] Arturo Soria y Mata, La Ciudad Lineal (1882)
(Source: http://www.has-architectuur.nl/res/paper%5Bjds12%5D.pdf)

각하고자 하는 움직임을 곳곳에서 볼 수 있으며, 특히 이 프로토타입이 지닌 지속 가능한 사회를 향한 잠재력이 높이 평가받고 있다. 실제로 현대 도시를 자동차 없는 환경으로 다시 생각하고자 하는 경향이 힘을 얻고 있다. 선형 도시가 제안하는 중심과 외곽의 긴밀한 연결이나 마치 척추와 같은 대중교통 체계는 "걸을 수 있는(walkable)" 보행자 친화 도시 환경을 구축하기 위한 흥미로운 해결책이 될 수 있다.

> 선형 도시에서 가장 핵심 교통 네트워크는 (…) 오히려 선적이기보다 점적이다. 열차는 오직 역에서만 정차할 수 있으며 자동차는 오직 정해진 곳에서만 출발할 수 있는 까닭이다. 그러나 보행 또는 천천히 움직이는 다른 이동 수단을 통해 선형은 비로소 구체화될 수 있다.
> - 쇠데르홀름(Söderholm, 2016).

최근 유럽의 도시 계획안에서는 선형 레이아웃을 통해 기존 환경을 통합하고 그 밀도를 높이려는 시도가 활발하다.[그림 7, 8, 9, 10] 이런 계획안에서 일반적으로 중심축은 녹지와 상업 시설로 채워진다. 주목할 점은 이들 계획안에서 선형 모형이 블록 유형과 결합된다는 것이다. 이런 현대적 블록 유형은 19세기 블록 유형을 재해석하고 발전시킨 것으로, 과거에 비해 규모가 더 커졌으며 중정은 더 여유롭다. 가로와 건물을 직접 맞닿도록 하는 블록 중심의 계획은 2차 세계대전 이후 건설된 대부분의 도시 영역에서 사라진 현상이었다. 도시계획의 관점에서 보자면, 블록 유형의 현대적 재해석은 이런 가로와 건물의 직접적 관계를 복원한다. 사회적 관점에서 보자면, 블록 레이아웃은 공동의 활동을 위해 공간을 공유하는 주민 공동체 형성을 촉진하고자 한다.

Soryay Mata's model was adopted and applied by the Russian planner Nikolay Alexandrovich Milyutin (1889-1942) in the 1920s' projects for the newborn Soviet Union. (Fig.6) The linear city model would have influenced several modernist architects and theorists, among which Le Corbusier.

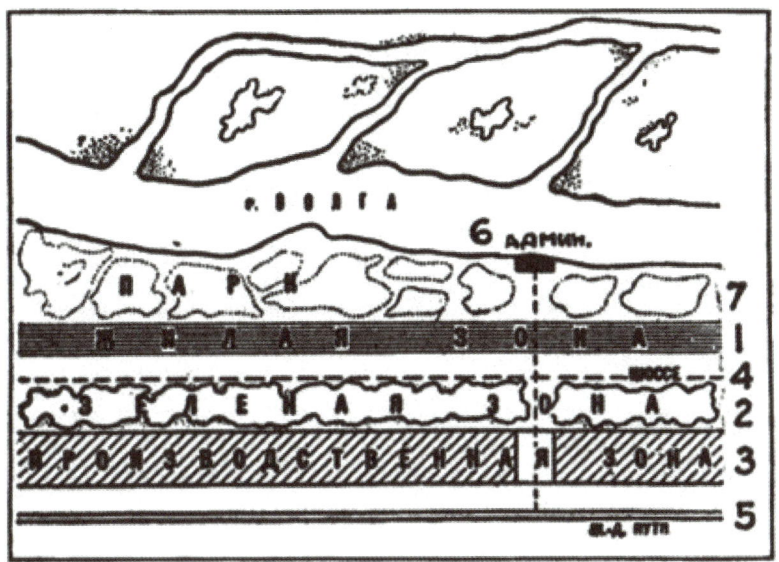

[그림 6] N. A. 밀류틴, 선형 스탈린그라드(1931).
1) 주거 지구, 2) 녹지, 3) 상업 지구, 4) 고속도로, 5) 철도, 6) 행정 지구, 7) 공원

[Fig. 6] N.A. Milyutin, Linear Stalingrad (1931):
1) Residential zone, 2) Green zone, 3) Industrial zone, 4) Highway, 5) Railway, 6) Administration, 7) Recreational park
(Source: http://www.has-architectuur.nl/res/paper%5Bjds12%5D.pdf)

The combination of the two types in contemporary case-studies

The linear city model was subsequently criticized and abandoned for a long time for proposing too radical decentralization; however, there has been a reconsideration of this prototype in recent years, especially appreciating its potential in social sustainability. Modern towns are, in fact, rethinking themselves as car-free environments, and the linear city, with its close relationship between center and outskirts, and its public transportation spine, provides an interesting solution for pedestrian-friendly ("walkable") urban environments.

[그림 7] 헬싱키, 대로화 종합 계획안(2014~16).
[Fig. 7] Helsinki, Boulevardization comprehensive plan (2014~2016)
(Source: http://www.diva-portal.se/smash/get/diva2:940388/FULLTEXT01.pdf)

[그림 8] 헬싱키, 대로화 종합 계획안(2014~16).
[Fig. 8] Helsinki, Boulevardization comprehensive plan (2014~2016)
(Source: http://elinamoisio.fi/2014/11/20/yleiskaavassa-on-ideaa/ + https://urbanfinland.com/2014/10/21/city-of-boulevards-or-city-of-malls-urban-transport-infrastructure-retrofits-are-changing-the-urban-landscape-in-helsinki-and-tampere/
+ https://taloforum.fi/viewtopic.php?t=1167&start=60)

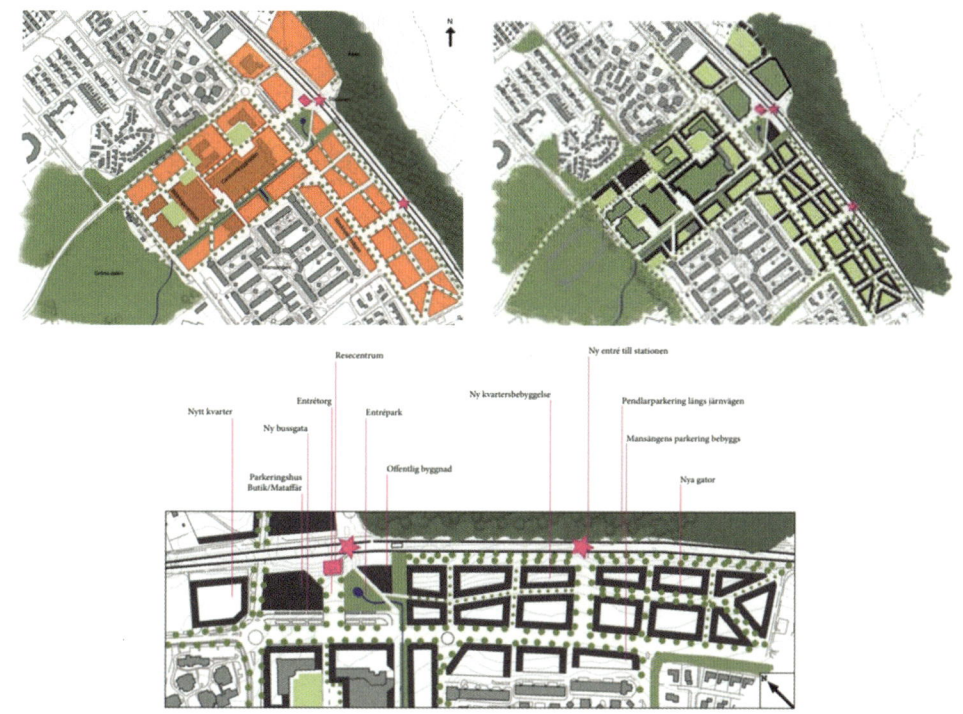

[그림 9] 스웨덴 발스타, "도시에서 도시로"(2012).

[Fig. 9] Bålsta(Sweden), "Från tätort till stad"(2012)

(Source: https://www.habo.se/download/18.2c7825bc14d6740c45ded21/1432027419247/H%C3%A5_Planprogram_0306WEBB.pdf)

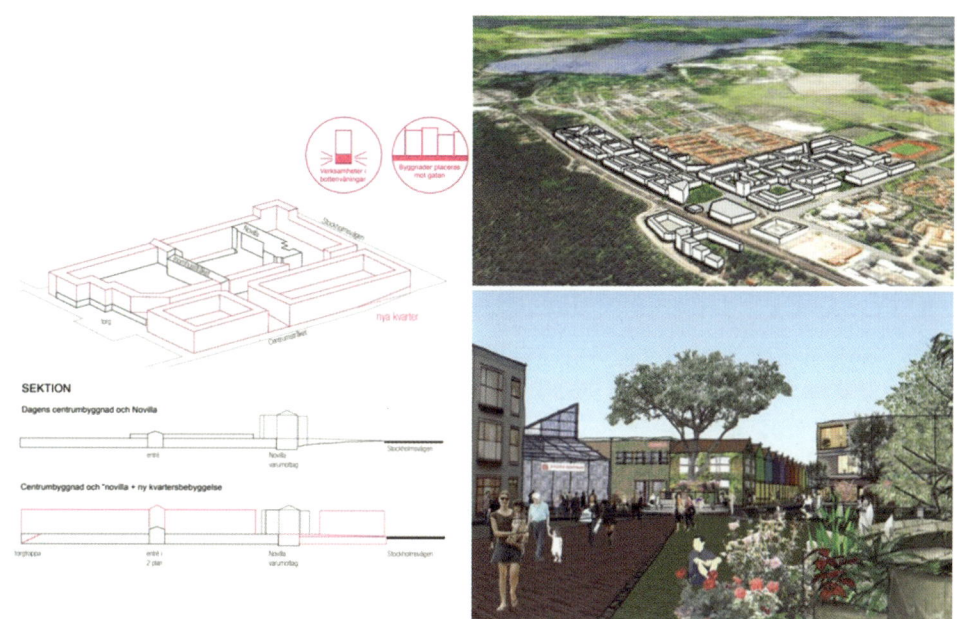

[그림 10] 스웨덴 발스타, "도시에서 도시로"(2012).

[Fig. 10] Bålsta(Sweden), "Från tätort till stad"(2012)

(Source: https://www.habo.se/download/18.2c7825bc14d6740c45ded21/1432027419247/H%C3%A5_Planprogram_0306WEBB.pdf)

현대 연구: 선형 도시공원과 "슈퍼 블록"

"걸을 수 있는" 선형 공원

최근 대부분의 선형 도시 재생 프로젝트는 마치 척추처럼 형성된 선형 녹지를 중심으로 저속의 가벼운 대중교통 수단이 녹지를 가로지르는 배치로 나타난다.[그림 11, 12, 13, 14] 대다수 사례에서 계획안 중심에 놓이는 선형 도시공원은 트램이나 도로와 같은 기존 기반시설을 활성화한다. 이런 계획안은 더 "온건한" 접근, 예컨대 단순히 지상층을 재배치하는 방식으로 발전될 수 있고, 기반시설을 여러 층에 걸쳐 더하는 구조적으로 더 복잡한 개입을 통해서도 발전될 수 있다. 어떤 접근 방식이든 선형 공원은 도시에 다양한 여가, 스포츠, 문화 활동을 위한 생물 다양성(biodiversity)의 공간을 제공하고자 한다. 이런 모든 제안의 공통점은 "자동차를 위해" 개발된 다양한 도시 영역을 "걸을 수 있는(walkable)" 녹지 축으로 재조직하는 것이며, 도시를 보행으로 연결하고자 하는 것이다.

"슈퍼 블록"

바르셀로나에서 실행한 슈퍼 블록(Super Block)은 바르셀로나시에서 공무원으로 활동한 건축가 살바도르 뢰다(Salvador Rueda)가 제안한 새로운 교통시스템을 담는 도시체계로서 '보행중심의 가로 공간' 계획의 한 사례이다. 이 도시는 걸을 수 있는 도시(Walkable City)의 공간구조에 대한 특별한 예이며, 바르셀로나의 기존 도시의 가로를 가감 없이 원래의 상태를 그대로 유지한 상태에서 새롭게 정비한 것이다. 바르셀로나는 도시의 공용공간의 80%를 도로로 사용하고 있다. 그럼에도 바르셀로나는 이미 1980년대부터 최악의 교통 마비의 상황을 맞이하였으며, 정체된 차량이 내뿜는 이산화탄소로 인해 도시가 매연으로 가득 찬 전형적인 자동차 중심도시였다. 그러한 환경에서도 해마다 관광객은 늘어나서 유럽의 가장 대표적인 관광도시 중 한 도시가 되었으며, 인구와 도시의 산업이 확장되어 가고 있었으므로 시 정부는 도시의 교통환경을 재편하는 데 관심과 노력을 기울여 왔다. 무엇보다도 차량을 줄이기 위한 방안으로 모빌리티 방식을 바꾸는 것, 즉 차량 중심의 도시를 보행 중심의 도시로 재편하는 것을 검토하였고, 이를 위해서 도로의 전용률을 낮추는 것을 먼저 검토하였다. 결과적으로 바르셀로나의 자동차 도로의 길이는 912㎞, 면적은 1,484ha이지만 슈퍼 블록을 도입하게 되면 자동차 도로 길이는 355㎞, 면적은 815ha로 줄어들게 되었다.

> "The very important transport network of linear cities [...] makes them more nodal than linear, since trains only stop at stations and cars can only leave at designated places. On foot and by other slowly moving vehicles the linearity can, though, be realized."
> - Dennis Söderholm, Rural Densification and the Linear City a Thought Experiment, 2016.

Recent European urban plans have thus proposed integration and densification of existing environments through a linear layout (Fig. 7~10) . In these proposals, in general, the central axis is green and commercial. Significantly, in these projects, the linear model has been combined with the block type. Such contemporary blocks reinterpret and develop the nineteenth-century ones, as they are larger and with generous courtyards. From an urban planning point of view, the blocks have the function of reconstituting the direct road/building relationship, which was lost in most of the urban portions built after World War II. From a social point of view, the block's layout aims to stimulate the formation of communities of residents who share spaces for common activities.

Contemporary research: linear urban parks and "Superblocks."

Linear, "walkable" parks.

Recent linear urban regeneration projects have proposed layouts centered on a green spine, crossed by light public transportation. (Fig. 11~14) In many cases, the linear urban park at the center of the project revitalizes an existing infrastructure such as a tram or road line. The project can be developed according to a "soft" approach, limiting itself to the re-arrangement of the ground level, or through a more structurally complex intervention, which provides several infrastructural levels. In both cases, the linear park aims to provide the city with a sequence of varied and biodiverse spaces intended for various activities (leisure, sports, culture, etc.). The common denominator of these proposals is creating a walkable green axis that connects different city areas "for cars."

[그림 11] 아이트 어버니즘 앤 랜드스케이프와 더블린 시의회, 성 제임스 선형 공원.
주요 구성 요소: a) 나무 숲, 초원, 고정 조경 요소와 잔디밭과 놀이 공간 등 다양한 조경을 포함하는 경로,
b) 일련의 스포츠, 놀이 구역, c) 지역 사회 텃밭 부지, d) 더 밝은 가로등을 갖춘 개선된 자전거 도로와 보행로.

[Fig. 11] Dublin, St. James' Linear Park, Ait Urbanism & Landscape for Dublin City Council
Main objectives: a) A variety of landscapes along the route including tree groves, meadows, hard landscaping and
informal lawns and play areas,
b) A series of active sport and play zones, c) Opportunities for community gardens and allotments,
d) Improved cycle paths and walking routes with better public lighting
(Source: https://libertiesdublin.ie/st-jamess-linear-park/(the link is broken now))

[그림 12] 성 제임스 선형 공원 상세, 더블린.

[Fig. 12] Dublin, St. James' Linear Park, detail
(Source: https://libertiesdublin.ie/st-jamess-linear-park/ (the link is broken now))

[그림 13] 웨스트 에이트, 바르셀로나의 사그레라 선형 공원.
[Fig. 13] Barcelona, Segrera Linear Park, West 8
(Source: http://www.barcelonasagrera.com/wp-content/uploads/2015/04/1271.pdf)

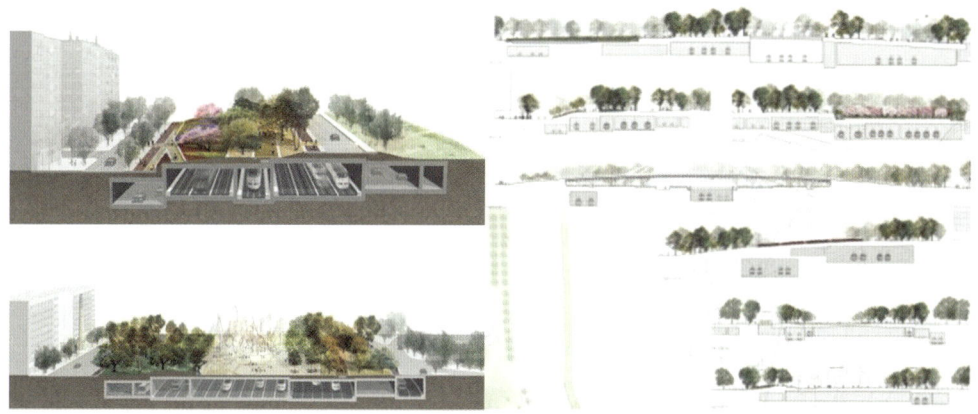

[그림 14] 사그레라 선형 공원 상세
[Fig.14] Barcelona, Segrera Linear Park, detail
(Source: http://www.barcelonasagrera.com/wp-content/uploads/2015/04/1271.pdf)

바르셀로나는 113 x 113m로 구성된 전형적인 블록형 도시로, 슈퍼 블록은 이 블록 9개를 한 단위로 묶어 도로 체계를 재편하는 것이다. 약 400x400m 정도 크기의 블록을 한 단위로 블록의 외부 도로는 기존 차량 동선을 유지하고, 블록 내부 4개의 도로는 꼭 필요한 생활 서비스, 응급차량 등과 거주민 차량만 진입하도록 하며, 진입한 차량은 목적 공간에서 블록 내부를 관통하는 것이 아니라 가장 가까운 외곽도로로 벗어나도록 하는 방식이다. 그 외 일반차량은 진입을 제한하고, 내부 차량은 속도를 최대한 낮추어(10㎞/h) 차량과 보행이 공유하는 도로는 보도와 4차선 넓이의 도로가 1차선만 남고 넓은 옥외공간으로 바뀌게 된다. 1차선의 차선도 선형을 곡선으로 조정하고, 바닥 마감을 최대한 느린 속도로 다닐 수 있도록 바꿨다. 이러한 새로운 교통체계를 통해서 블록 내의 전체 도로 공간의 70%를 보행자 중심의 공원과 같은 옥외 공간으로 구성했다. 이러한 획기적인 교통시스템의 변경에 대해서 바르셀로나시 당국과 일부 교통 전문가들은 심각한 교통 체증을 예상하였으며, 이를 극복하기 위해서는 별도의 교통시스템의 도입이 요청될 것으로 예측한 바 있으나 정작 슈퍼 블록이 완성되어 새로운 교통시스템이 시행되면서 대중교통은 오히려 차량속도가 빨라졌으며, 전체적인 교통 흐름은 개선되었다. 버스의 대기시간도 15~30분에서 4~5분으로 줄어들면서 순환이 빨라짐으로 이용객도 늘어났다 한다. 이러한 현상은 슈퍼 블록으로 진입되는 도로가 각 변마다 2개소의 교차로가 없어져 블록당 8개의 교차로가 없어져 신호 대기가 극단적으로 짧아졌으며, 새로운 교통체계에서 운행차량의 숫자가 줄어든 것에 기인한 것으로 보고 있다. [그림 15]

슈퍼 블록은 자동차 도로가 줄어들어 차량을 줄이고 보행을 위한 도로의 폭만을 넓힌 것이 아니라 공공 옥외공간을 확보하여 옥외활동 프로그램을 담는다는 것이 중요하다. [그림 16]에서 보듯이 확보된 옥외공간은 안전한 보행로가 됨은 물론 놀이터, 야외공연장, 카페, 작은 벤치가 있는 쉼터, 만남의 장소, 작은 운동장, 운동기구가 있는 활동 공간 등 다양한 옥외 활동 프로그램을 담을 수 있는 공간이 되었다.

> 슈퍼 블록 프로젝트에서 제기된 가장 흥미로운 질문은 자동차를 어떤 지역으로 밀어내는 것이 아니라 다음에 일어날 일, 즉 새로 자유로워진 공간이 무엇이 될 것인가와 그러한 공간의 전체 네트워크가 될 수 있는 것이다.   - 데이빗 로버트

슈퍼 블록 모빌리티의 변화는 자전거 사용 방식의 변화를 동반한다. 슈퍼 블록이 외곽에서 일반차량과 동행하여 질주하는 자전거는 도로의 일부를 자전거 전용 도로로 사용하며, 슈퍼 블록 내부의 도로는 보행 전용으로 사용하는 블록과 차량과 보행이 교차해서 사용하는 경우에 따라 자전거의 속도를 규정하여 보행과 병행하도록 규정하고 있다.

"Superblocks"

The "Superblocks" plan for Barcelona, proposed by the former civil servant and architect Salvador Rueda, is an urban reform project operated through reordering of city blocks and renewal of transportation system. The plan, since its implementation, has become an inspiring reference for making a "pedestrian-friendly" and "walkable city." The "Superblocks" employs strategic reassembly of the famous Cerda blocks, while preserving the existing infrastructure – that is, no streets or roads are added nor substracted. Despite the fact that the streets and roads in Barcelona occupy nearly eighty percent of all urban public spaces, the city's traffic congestion has grown worse and has become a prevailing problem since the 1980s. Barcelona was a car-oriented city, full of carbon dioxide emitted from stagnant vehicles caught in traffic. In addition, the persistent increase in the number of tourists visiting Barcelona has made the city one of Europe's most recognized tourist attractions. With booming tourism, Barcelona's population increased and its industry expanded. The city government, in attempting to resolve the issues at hand, has since worked on viable strategies to revamp the city's transportation system. The priority was to reduce the number of cars operating inside the city by transforming the primary method of mobility – that is, to reconfigure the car-oriented city into a truly walkable city. And to do this, it was necessary to lower the overall rate of roads and streets exploited by cars. The "Superblocks" plan, in the end, helped to reduce the total length of the vehicular streets in Barcelona from 912 km to 355 km; as well as their total area from 1,484ha to 815ha.

The urban form of Barcelona is based on an orthogonal layout composed of typical Cerda blocks, each 113m by 113m. Nine such blocks are bound to compose a larger single "superblock," approximately 400m by 400 m. While all vehicles are allowed to operate on the perimeter roads at the outer rims of the superblock, the four straight roads that crisscross inward are exclusively reserved for essential service, emergency, and the local residents' vehicles. Any vehicle that enters the superblock to arrives at and leave its object location must exit the block by routing to its nearest perimeter road. A ten-kilometer-per-hour limit is enforced on all inner roads, which are designed to be shared by slower pedestrian circulation. Only one of the four lanes is reserved for cars, and the vacant three-lane space is available for pedestrian outdoor activities. Through simple paving,

SUPERBLOCKS MODEL

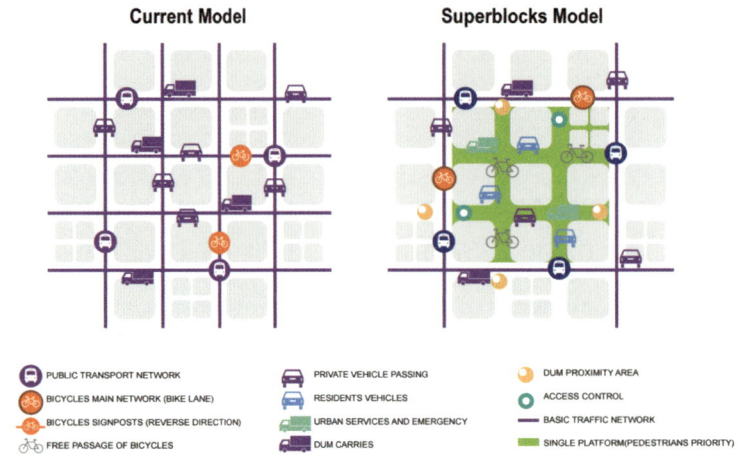

[그림 15] 바르셀로나 슈퍼 블록 교통 체계 다이어그램 (다이어그램 재작성: 김희옥)

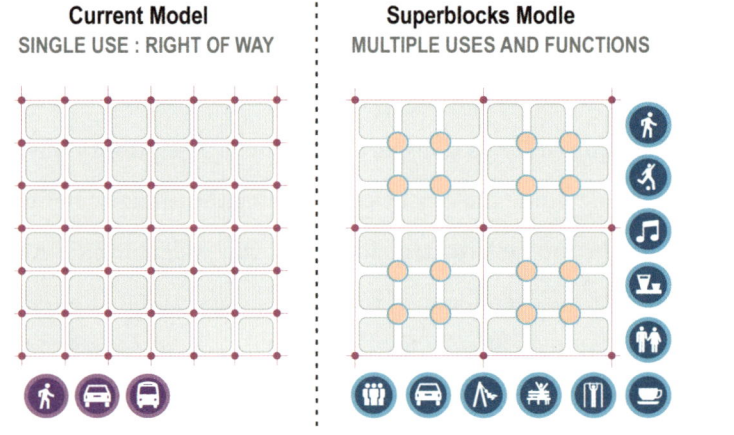

[그림 16] 슈퍼 블록의 도로 이용 프로그램의 변화 (재작성: 김희옥)

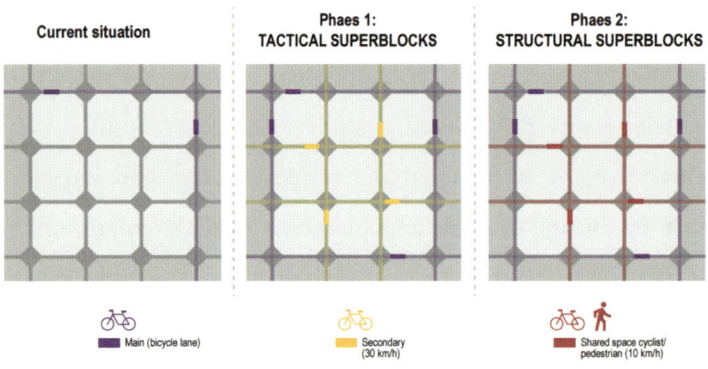

[그림 17] 슈퍼 블록의 자전거 속도 다이어그램 (재작성: 김희옥)

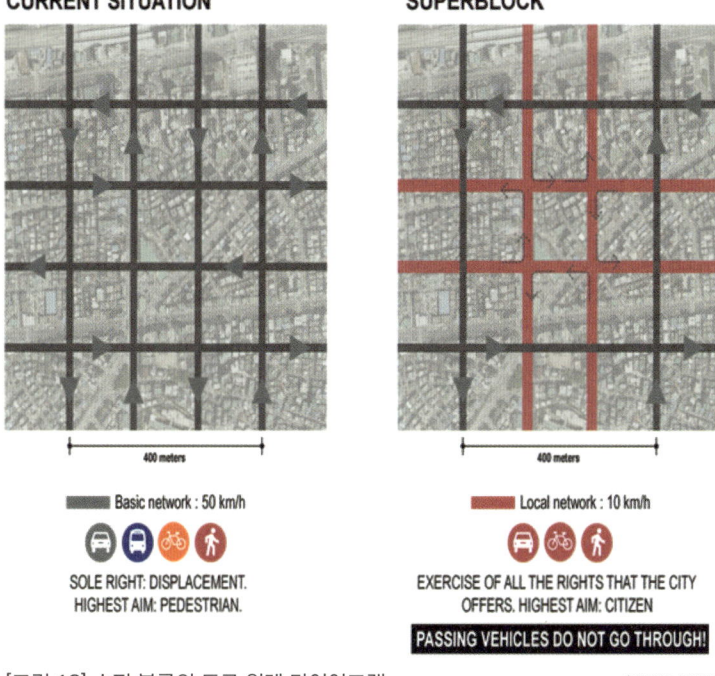

[그림 18] 슈퍼 블록의 도로 위계 다이어그램 (재작성: 김희욱)

the vehicular lanes are reshaped as curving forms, imposing slower movement of cars. By implementing this innovative transportation system, seventy percent of all street-and-road area inside the superblock is now utilized as urban parks, reserved for various outdoor activities. The city authorities and several transportation experts predicted that traffic congestion would worsen after application of this radical plan; and that the city would need additional transportation means. On the contrary, the new plan actually accelerated the overall speed of public transportation; and improved traffic flow across the entire city. The average waiting time for buses reduced from fifteen to thirty minutes to four to five minutes, which also brought increase in the citizens' overall bus usage. This seems to be attributed to the fact that the eight access points along the outer rims of each superblock, two on each side, are no longer four-way intersections. As such, the average signal waiting time has decreased significantly within the city, as well as the actual number of operating cars.(Fig. 15)

The significance of the plan lies not only in that it reduces vehicular traffic and maximizes the urban area for pedestrian use; but also in that it offers opportunities for

슈퍼 블록의 또 하나 장점은 도시의 소음이 줄어든 것이다. 차량이 다니는 도로는 소음 레벨이 65db 이상으로 허용치를 넘어간다. 사람이 2m 거리에서 대화한다면 65db 이상에서는 큰소리로 소통해야 한다. 슈퍼 블록 안에서는 차량 이동이 줄어들면서 소음 공해가 낮아져 크지 않은 목소리로 편안한 대화가 가능해진다. 이러한 모든 변화와 조정은 도시의 옥외공간을 차량이 아닌 사람들이 사용하도록 하는 목표를 위한 것이다. 이처럼 환경이 좋아진 바르셀로나의 슈퍼 블록 내의 옥외공간은 어떻게 사용할 것인가? 이 주제에 대한 연구로 슈퍼 블록 제창자인 살바도르 뢰다는 다음의 5가지 시민의 권리로 정의하였다.

시민이 도시에 살 때 가져야 할 5가지의 권리
1. 교환
2. 레크리에이션, 놀이
3. 문화와 지식
4. 이동성
5. 표현과 참여

그리고 살바도르 뢰다는 이 5가지의 권리를 어떤 방법으로 구현할 것인가를 바르셀로나 건축대학의 학생들과 함께 실험해보았다. 학생들을 세 그룹으로 나누고 한 그룹은 옥외공간으로 바뀐 도로에서 '레크리에이션과 놀이'를 주제로 어떤 활동이 가능한지를 창조적으로 제시하도록 하였으며, 두 번째 그룹에서는 '문화와 지식'을 주제로 제시하도록 하였으며, 마지막 그룹에는 '표현과 참여'를 주제로 제시하도록 하였다. 마지막 그룹에서 제시한 한 예를 소

[그림 19] 슈퍼 블록 가로에서의 활동 (사진: 김희옥, 박혜선)

vibrant outdoor activities. As seen in Figure 16, the newly-obtained outdoor area not only brings safer environment for citizens traveling on foot; but also provides room for various outdoor programs and activities – such as small and large playgrounds, cafes, shelters with street furniture, meeting spots, and spaces for street performance or workout with exercise equipment.

> The most exciting question raised by the superblocks project is not how to push cars out of an area, but what happens next – what becomes of the newly liberated space, and what might become of a whole network of such spaces.   - David Roberts

The changes in mobility brought by the plan are accompanied by the changes in how bicycles operated within the city. While some lanes on the perimeter roads of the superblocks are reserved exclusively for bicycles, the inner roads concerning bicycle use are regulated case by case. While some blocks and their inner roads are reserved exclusively for pedestrians, some are reserved for alternate usage between pedestrians and bicycles, and some allow their parallel use under a certain speed limit.

Another advantage of super blocks is the reduced noise in the city. The road driving the vehicle has a noise level of 65db or higher, exceeding the allowable level. If a person talks at a distance of 2m or more, he or she should communicate loudly at 65db or more. In the super block, as vehicle movement decreases, noise pollution decreases, enabling comfortable conversation with a small voice. All of these changes and adjustments are aimed at making the outdoor space of the city used by people other than vehicles. How will you use the outdoor space in Barcelona's super block, where the environment has improved? As a study on this topic, Salvador Röda, the creator of the super block, defined the following five citizens' rights.

Five rights that citizens should have when living in a city.
1. Exchange.
2. Recreation, play.
3. Culture and knowledge.
4. Mobility.
5. Expressions and participation.

개하면, 이 그룹은 도로의 교차로 부분에 바르셀로나 의회 의사당의 좌석 배치를 그대로 옮겨 그리고 각 칸에 의자를 배치하였다. 그리고 주민을 초대하여 각자 옥외 공원으로 바뀐 도로를 어떻게 사용할 것인지 토론하도록 하였다. 당연히 전혀 예측할 수 없었던 풍성한 논의가 일어났고, 시민의 참여가 얼마나 값진 경험이며 얼마나 필요한 활동인지 주민들이 확실하게 느끼는 기회가 되었다. 이러한 과정은 살바도르 뢰다의 지도로 이루어진 것이며, 그의 설명에서 큰 자부심을 가지고 있음을 알 수 있었다.

광명·시흥 특별관리지역의 도시구조

광명·시흥 특별관리지역의 계획은 위에서 설명한 경험(선형형, 블록형, 도시공원 및 슈퍼 블록의 해석)을 활용하여 현장의 특성과 미래 신도시의 사회경제적 맥락에 맞게 재해석하고 있다.

밴드 시티

광명·시흥 특별관리지역의 지형은 동서 폭 1.5~2㎞, 남북 길이 9㎞의 좁고 긴 대지의 형태로 광명시 쪽의 구름산과 시흥시 쪽의 양지산이 동서에서 가로막고 있고 중앙에는 목감천이 흐르고 있는 전형적인 배산임수 형상이다. 이러한 지형을 반영하는 이 지역의 도시적 특성은 남북으로 길게 이어지는 선형도시의 형태와 동서 양쪽에 위치한 산과 자연환경이 도시 중심으로 영향을 미치며, 목감천과 연계되어 전원도시적 특성을 갖는다. 양쪽 산으로부터 이어지는 생태 거점은 지역에 따라 매우 다른 양상으로 형성되어 있으며, 물이 흐르는 소하천을 이루기도 하고 수목이 매운 건강하고 풍성하게 자라 1등급의 지오톱 생태를 구성하기도 한다. 아마도 이 지역에서 사람들이 살아가기 이전에는 양쪽 산은 자연스럽게 하나의 생태계로 연결되어 있었을 것이다. 이러한 인식에서 동서의 산에서 발생되는 주요 생태 거점은 촘촘하게 동서로 연결한다. 그러므로 도시의 동서 그린을 연결하는 다양한 방식의 선형 공원이 남북의 축을 따라 밴드 형태로 드러난다. 즉, 구름산과 양지산의 주요 생태 거점들이 밴드를 통해서 목감천으로 연결되며, 경우에 따라서는 브릿지로 반대편 생태 거점까지 연결이 확장되어 실질적인 생태 연결 방안이 제시된다.

이러한 선형공원은 도시구조에서 첫 번째 밴드를 이루며, 학교를 포함하는 문화시설이 두 번째 밴드를 형성한다. 학교를 사회의 문화시설과 통합하여 선형공원을 따라 집중 배치함으로써 하나의 밴드가 이루어지는 것이다. 이러한 배치를 통해서 학교시설을 시민이 공유하며,

And Salvador Rueda showed an experimental attempt with students at Barcelona's University of Architecture on how to implement these five rights. The students were divided into three groups, and one group was asked to creatively present what activities were possible under the theme of Recreation and Play on the road changed into outdoor spaces, while the second group was asked to present Culture and Knowledge, and the last group was presented with the theme of Expression and Participation. To introduce an example presented in the last group, the group still moved the seating arrangement of the Barcelona Parliament Building at the intersection of the road and placed chairs in each compartment. In addition, residents were invited to discuss how to use the road that turned into an outdoor park. Naturally, there was a rich discussion that was completely unpredictable, and it was an opportunity for residents to clearly feel how valuable the participation of citizens was and how necessary activities were. This process was led by Salvador Rueda, and it can be seen that he has great pride in his explanation.

The urban structure of Gwangmyeong

The plan for Gwangmyeong takes advantage of the experiences described above (linear type, block type, and their interpretation in terms of urban park and superblock) and reinterprets and adapts them to the site's characteristics and the socio-economic context of the future new town.

Band City

The topography of the Gwangmyeong Siheung Special Management Area is 1.5km to 2km wide from east to west and 9km long from north to south, with Yangjisan Mountain in Siheung-si and Gureumsan Mountain in Gwangmyeong-si blocking from east to west, and Mokgamcheon Stream flowing in the center. It is a typical shape with a mountain in the back and water in the front. The urban characteristics of this area reflecting this topography are the shape of a linear city that extends north and south, and the mountains and natural environment located in both east and west affect the city center, and have rural characteristics in connection with Mokgamcheon Stream. The

학생들은 시민을 위한 수준 높은 시설들을 경험함으로써 수준 높은 문화, 체육 교육을 체험할 수 있는 기회를 가지게 된다. 그리고 이러한 통합과 연결은 학교와 지역사회의 공동체가 같이 작동하는 공동체적 사회활동을 학창 시절부터 경험하게 하고자 하는 교육의 목표를 달성할 방안이 될 수 있다. 특별히 학교의 운동장과 연접한 선형공원 등의 옥외공간은 서로 밀접하게 연계되어 이 지역의 옥외활동 범위를 극대화하는 수단이 된다.

세 번째 밴드는 주거단지로 이루어진다. 도시 내의 주거단지는 더 이상 대형 단지 형태로 이루어진 단일의 주거단지가 아니라 소형으로 분할되고, 대부분의 블록이 도시 가로에 직접 면함으로써 주거단지가 도시와 분리되는 '도시의 섬'이 되지 않도록 한다. 이러한 접근으로 주거단지는 자연스럽게 밴드를 형성하며 구름산과 양지산에서 시작해서 목감천으로 향하는 가로들에 접한 연도형 주거형식으로 드러난다. 이러한 주거단지의 형태는 우리나라의 신도시를 포함하는 대부분의 아파트 단지와는 극단적으로 구분되는 새로운 주거형식이다. 그간 단지형 주거형식이 가진 수많은 폐해를 극복하고 도시와 주거단지가 하나로 연결되는 활기찬 도시를 향하는 기본이 된다.

상업시설들은 밴드를 따라서 잘게 나뉘어 도시 전체로 분포되도록 하며, 문화시설과 생활인프라 시설들과 연계되

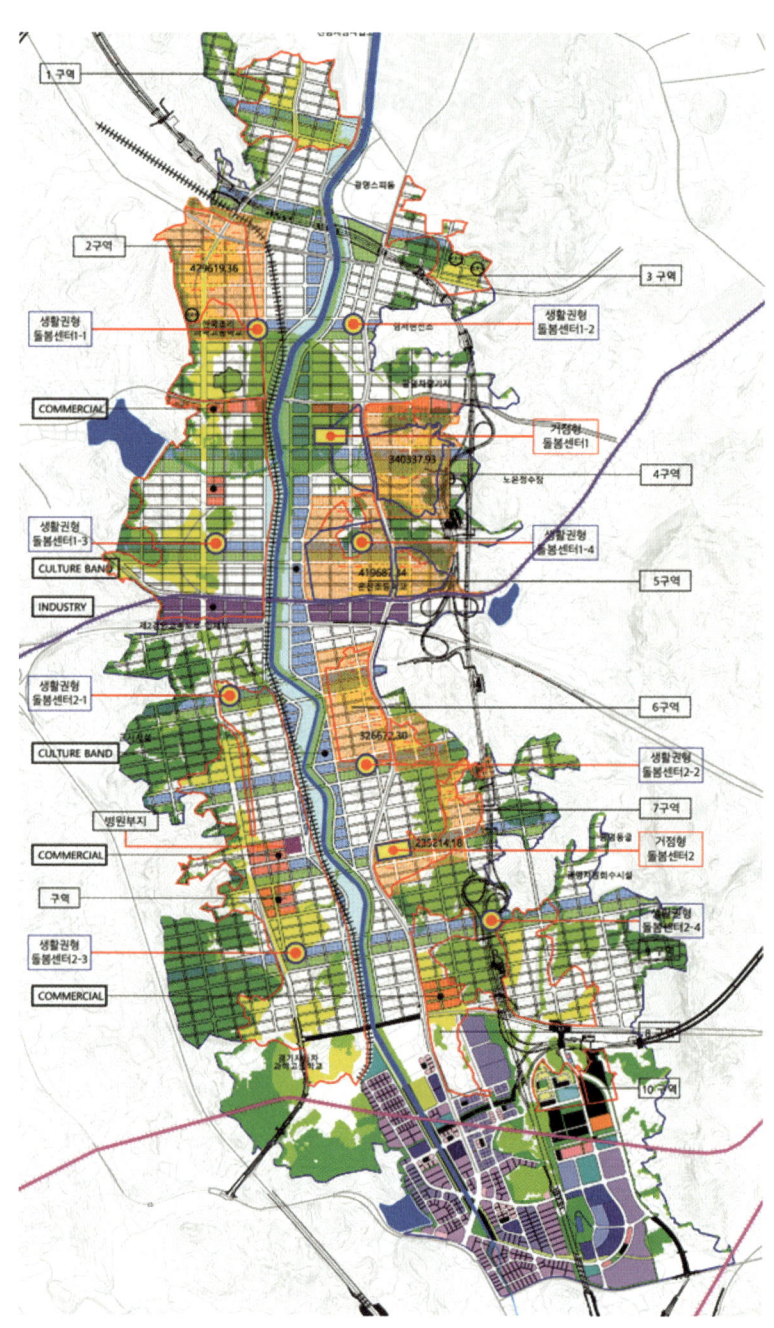

[그림 20] 밴드 시티 마스터플랜 (작성: 김상길, 에이텍건축)

ecological bases from both mountains are formed in very different patterns depending on the region, and form a small river with water flowing, and trees grow spicy and healthy and abundant to form a first-class geotop ecology. Perhaps before people lived in this area, both mountains were naturally connected to one ecosystem. In this perception, the main ecological bases arising from mountains in the east and west are closely connected east and west. Therefore, various types of linear parks connecting the east-west greens of the city are revealed in the form of bands along the north-south axis. In other words, the main ecological bases of Gureumsan Mountain and Yangjisan Mountain are connected to Mokgamcheon Stream through a band, and in some cases, the connection is extended to the ecological base opposite to the bridge, suggesting a practical ecological connection plan.

These linear parks form the first band in the urban structure, and cultural facilities including schools form the second band. A band is formed by integrating and arranging schools with cultural facilities in society and intensively arranging them along linear parks. Through this arrangement, citizens share school facilities, while students experience high-quality facilities for citizens, giving them an opportunity to experience high-quality cultural and physical education. And this integration and connection can achieve the goal of allowing schools to experience community social activities in which communities in the community work together from school days. In particular, outdoor spaces such as linear parks adjacent to the school's playground are closely linked to each other to maximize the scope of outdoor activities in this area.

At the third time, the band consists of a residential complex. Residential complexes in cities are no longer single residential complexes in the form of large complexes, but are divided into small sizes, and most blocks face the city street, preventing the residential complex from becoming an "island of cities" separated from the city. With this approach, the residential complex naturally forms a band, and the year-type residential style is revealed in contact with the streets starting from Gureumsan Mountain and Yangjisan Mountain and heading to Mokgamcheon Stream. This type of residential complex is a new type of housing that is extremely distinct from most apartment complexes including new cities in Korea. It is the basis for a vibrant city where the city and residential complexes connect to one after overcoming the numerous harmful effects of the complex housing type.

어 거주자들이 도시를 보행으로 연결할 수 있게 해 준다. 물론 도시철도역과 주요 교통거점에는 중심상업지역이 형성되며, 이 상업지역의 상업시설들은 가로를 따라 확산하여 자연스럽게 새로운 상업밴드를 형성하게 된다. 이외에도 도시 자족시설로 제공되는 아파트형 공장이나 창고시설들은 고속도로변의 주거환경이 비교적 열악한 지역에 배치되도록 하되 근무자들이 상주하는 시설의 경우에는 거주 성능을 확보할 수 있는 위치를 제공한다.

이러한 주요 생태거점들이 밴드로 연결되는 선형공원에 따라 도시구조가 밴드 형태를 띠게 되었으며, 이러한 형태적 특성을 따라서 이 도시의 명칭도 밴드 시티가 되었다. 밴드 시티의 선형공원은 이 장 첫 부분의 선형공원에 대한 설명에서 등장하는 유럽의 선형공원의 연결방식과는 달리 공원의 선형을 따라 '저속의 가벼운 교통체계'로서 트램이 공원을 따라 동서로 연결되는 것이 아니라 그 지각 방향인 남북을 따라 연결하는 방식으로, 트램은 주거밴드와 상업밴드, 문화밴드 그리고 선형공원을 횡단으로 연결하는 동선체계로서 매우 풍성한 도시적 경관을 경험하게 된다. 이러한 경관적 풍부함이 밴드 시티의 특징이다. 학교 가는 길과 각 밴드를 횡단하는 보행로는 스케일을 가급적 줄여서 보행을 통한 이동을 권장한다. 보행가능도시(walkable city)는 단순히 보행로를 연결해서 이루어지는 것이 아니라 도시 구조 자체가 보행에 안전하고 편리한 형식을 갖추고 있어야 하며, 보행의 이유를 제공하여야 실현될 수 있다. 공원과 문화시설, 상점가와 카페, 식당, 도서관 등의 생활인프라 시설들이 보행으로 연결될 수 있는 가까운 거리에 있고 보행 환경이 경관적으로 풍성한 보행도시가 될 것이다.

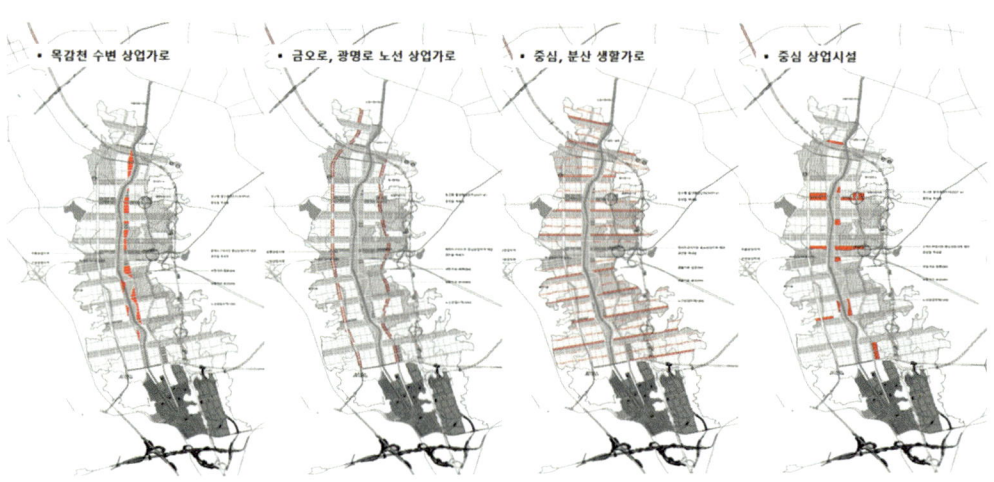

[그림 21] 상업시설 배치 다이어그램 (작성: 홍성용)

Commercial facilities are divided into small pieces along the band and distributed throughout the city, and are linked to cultural facilities and living infrastructure facilities to provide reasons for residents to connect the city by walking. Of course, a central commercial area is formed at urban railway stations and major transportation bases, and commercial facilities in this commercial area naturally form a new commercial band by spreading the streets separately. In addition, apartment-type factories and warehouse facilities provided as urban self-sufficient facilities are placed in areas with relatively poor residential environments along the highway, but in the case of facilities where workers reside, they provide a location to secure residential performance.

The urban structure was band-shaped according to the linear park where these major ecological bases were connected by bands, and the name of the city became band city following these morphological characteristics. Band City's linear park, unlike the European linear park connection method in the first part of this chapter, is a "low-speed light transportation system" in which trams are not connected east-west along the park, but along its crust, north-south, experiences a very rich urban landscape. This landscape abundance is a characteristic of band city. The road to school and the walkway across each band are recommended to be moved through walking by reducing the scale as much as possible. A walkable city is not simply formed by connecting pedestrian paths, but the city structure itself must have a safe and convenient format for walking, and walking must provide a reason for it to be realized. The ultimate walking city will be a city where living infrastructure facilities such as parks, cultural facilities, shopping districts, cafes, restaurants, and libraries can be connected by walking and where the walking environment is landscape-rich.

City skyline

The skyline of Band City reflects the flow of topography from Gureumsan Mountain and Yangjisan Mountain to Mokgamcheon Stream, which are formed east-west. In addition, the skyline connecting the north and south feels quite different about the city's crossing gaze, that is, the interstate road passing through the city is a skyline

도시의 스카이라인

밴드 시티의 스카이라인은 동서로 형성된 구름산과 양지산으로부터 목감천으로 이어지는 지형의 흐름을 반영한다. 또한 남북으로 이어지는 스카이라인은 도시를 횡단하는 시선에 대해서 상당히 다른 느낌이 드는데, 남북을 연결하는 동선, 즉 도시를 통과하는 주간선도로는 비교적 속도가 빠른 차량에 의해서 인식되는 스카이라인이라면 동서를 연결하는 동선은 주로 보행과 트램 등 저속의 동선에서 바라보는 스카이라인이 될 것이다. 그러므로 동서로는 밴드 시티 선형도시의 형태가 스카이라인에 반영되며, 비교적 보행자에게 안정감과 편안함을 제공한다면, 남북으로는 구름산과 양지산 자락에는 고층 타워를 배치하여 밀도를 높이고 목감천 주변은 가능한 한 건물의 높이를 낮춰 밀도를 낮춤으로써 비교적 변화가 많이 있는 스카이라인을 가지게 된다.

대안 1)은 동서의 산자락에 고층 빌딩을 배치하고 목감천 주변으로는 낮은 블록형 빌딩이 배치된 계획이다. 이 계획안은 천변에 배치된 낮은 빌딩은 비교적 질서정연한 배열을 통해 잘 정돈된 도시 질서를 인식하게 하며, 산자락으로 다가갈수록 고층 건물들은 불규칙한 배열을 갖게 된다. 이는 건축법상의 인동 간격이나 채광창 방향에 대한 이격거리 규정을 반영한 결과이기도 하며, 상대적으로 높은 밀도의 외부공간을 불규칙하게 해 산세에 대응해 자연스러운 경관을 이룰 수 있도록 한 것이다.

대안 2)는 산자락에 고층 건물을 좀 더 집중적으로 배치하여 밀도를 높이는 것을 목표로 한다. 시흥시 쪽의 건축밀도를 광명시 쪽의 밀도와 맞추는 것을 지향하며, 이러한 작업을 통해서 목감천에서 좌우의 경관에 균형을 추구한다.

대안 3)은 고층 건물군의 일부가 도심으로 연결되어 내려오는 안이다. 밴드 시티의 밴드의 느낌을 형태적으로 잘 느낄 수 있는 안으로, 도시의 건축 프로그램에서 보다 다양하게 혼재하는 것을 지향한다. 고층이 도심으로 내려온다고 해도 일정 규칙 안에서 고층 건물이 배열되게 함으로써 정연한 도시 질서는 최대한 유지하는 것을 목표로 한다.

recognized by relatively fast vehicles, and the east and west will be a skyline viewed mainly from low-speed movements such as walking and tram. Therefore, if the linear city of band city is reflected in the skyline in the east and west, and relatively provides stability and comfort to pedestrians, high-rise towers are placed at the foot of Gureumsan Mountain and Yangjisan Mountain to increase density, while the area around Mokgamcheon Stream lowers the height.

Alternative 1) plans to place high-rise buildings at the foot of mountains in the east and west and low block-type buildings around Mokgamcheon Stream. This plan allows low buildings arranged along the riverside to recognize well-organized urban order through a relatively orderly arrangement, while high-rise buildings have irregular arrangements as they approach the foot of the mountain. This is also the result of reflecting the regulations on the distance between the east and the direction of the mining window under the Building Act, and a natural landscape is expected for the mountain by irregularly securing a relatively high density outer space. Alternative 2) aims to increase the density by more intensively arranging high-rise buildings at the foot of the mountain. It aims to align the architectural density of Siheung-city with that of Gwangmyeong-city, and through this work, it pursues balance between the left and right landscapes of Mokgamcheon Stream.

Alternative 3) is a plan in which some of the high-rise buildings are connected to the city center of the city. It aims to mix more diversely in the city's architectural programs as a way to feel the feeling of the band in the band city. Even if the high floor descends to the city center, the goal is to maintain the proper urban order as much as possible by allowing high-rise buildings to be arranged within certain rules.

[그림 22] 광명 특별관리지역 마스터플랜을 위한 스카이라인 검토 다이어그램 (작성: 다니엘 바예)

참고자료 Reference

- Bentlin Felix. Understanding the Hobrecht Plan. Origin, composition, and implementation of urban design elements in the Berlin expansion plan from 1862. *Planning Perspectives,* Vol. 33, 2018.
- Boriani M, Rossari A, Rozzi R. *La Milano del piano Beruto (1884-1889)*. Milan, 1992.
- Borsi K, Porter N, Nottingham M. The Typology of the Berlin Block: History, Continuity and Spatial Performance. *Athens Journal of Architecture*, Vol 2, 1.
- Doerr, Alexander. Behind Four Walls: Barcelona's Lost Utopia. Failed Architecture, Jan 2014 (https://failedarchitecture.com/behind-four-walls-barcelonas-lost-utopia/)
- Håbo Kommun. Planprogram för Bålsta centrum. 2012. (https://www.habo.se/download/18.2c7825bc14d6740c45ded21/1432027419247/H%C3%A5_Planprogram_0306WEBB.pdf)
- Söderholm, Dennis. Rural Densification and the Linear City, a Thought Experiment. Graduation Thesis. KTH Royal Institute of Technology, School of Architecture and the Built Environment. Stockholm, 2016. (http://www.diva-portal.org/smash/get/diva2:940388/FULLTEXT01.pdf)
- Timo, H. City of boulevards or city of malls urban transport infrastructure retrofits are changing the urban landscape in Helsinki and Tampere. Oct. 2014. (https://urbanfinland.com/2014/10/21/city-of-boulevards-or-city-of-malls-urban-transport-infrastructure-retrofits-are-changing-the-urban-landscape-in-helsinki-and-tampere/)
- Bliss, Laura. How to Build a New Park So Its Neighbors Benefit. Bloomberg City Lab, Oct. 2019. (https://www.bloomberg.com/news/articles/2019-09-11/how-to-build-a-new-park-so-its-neighbors-benefit)
- https://consultation.dublincity.ie/parks/st-jamess-linear-park-masterplan/
- http://www.barcelonasagrera.com/wp-content/uploads/2015/04/1271.pdf
- http://www.west8.com/projects/sagrera_linear_park/
- http://barcelonasagrera.com/wp-content/uploads/2019/05/QUADERN-IDIOMES-2019-2.pdf
- https://www.vox.com/energy-and-environment/2019/4/11/18273896/barcelona-spain-politics-superblocks
- http://www.iaacblog.com/programs/superblock-7-midterm-mapping-the-site/

생산과 도시

다니엘 바예 | 다니엘 바예 아키텍츠 대표

(번역)**현명석**

광명, 생산의 도시

광명은 서울 남쪽에 자리 잡은 교외 지역이다. 활용할 수 있는 넓은 땅과 좋은 교통 기반 시설을 갖춘 까닭에, 광명이 남서쪽으로 확장하는 서울과 수도권의 중요한 입지로 거론되는 것은 당연하다.

서울과 수도권의 중요한 확장 지역으로 곧 자리 잡을 광명의 미래 비전은 모든 시민의 일자리가 보장되는 건강한 포용의 도시, 교육과 주거의 기회가 그 안에서 주어지는 지속 가능한 도시가 되는 것이다. 새로운 광명은 시민에게 생애 주기 가운데 대부분의 삶이 별다른 이동 없이 도시 안에서 이뤄질 수 있는, 그래서 쓰레기 배출과 오염을 줄일 수 있는 "순환적 삶의 방식"을 제공하고자 한다.

새로운 비전을 구현하는 데 산업 활동의 역할은 결정적이다. 산업을 위해 도시 공간 구성을 재편함으로써, 다양한 직업군을 포용하는 사회 공동체를 도시 안에 만드는 일이 가능하다. 생산적 도시를 발전시키려면 노동 강도가 높은 산업과 서비스 산업을 병치하는 더 정교하고 복합적인 도시 경제 개념이 요구된다. 무엇보다도, 광명이 생산적 도시로서 성공하려면 이런 새로운 산업, 경제 활동과 다른 여가, 상업, 주거를 위한 영역을 결합할 수 있어야 한다.

생산과 삶의 공존을 위한 해법은 특히 창의적이어야 한다. 미래의 광명을 구성하는 도시 유형으로서 블록은 산업 기능과 다양한 다른 기능 사이 복합적 상호 작용을 촉발할 수 있는 건축 해법이 돼야 한다. 제조업과 일상을 결합하는 것은 물론이고, 산업 용도와 주거 용도가 함께할 수 있도록 정교하게 계획된 주택 공간 디자인을 위한 건축 해법을 반드시 제시해야 한다. 블록의 중심을 단순히 녹지가 아닌 도시 농장으로 활용하면 어떨까? 블록 상부는 여전히 주거 용도로 채우되, 지상층은 산업이나 상업 용도로 채우는 디자인은 어떨까?

미래 도시 광명의 공용 공간에서 도시산업을 시각적으로 드러냄으로써 생각하는 이와 만

Production and the city

Daniel Valle | Daniel Valle Architects

Gwangmyeong, the city of making

Gwangmyeong is a suburb on the southern part of Seoul. Because of the large availability of land and good transport infrastructure in place, this area becomes the natural extension of the city to the south west.

The vision for this future urban extension is of a sustainable, healthy and inclusive city where all its citizens can find work, educational and living opportunities within its boundaries. It is envisioned to provide a "circular way of life" where most of the life's cycles are minimized reducing movement and, in consequence, reducing waste and pollution.

Industrial activities will pay a critical role in the pursue of this vision. By creating a new spatial configuration for the industry, it is possible to create an inclusive society integrating large diversity of jobs within the city. Developing a productive city requires a more refined and complex idea of the urban economy where service industries can be placed next to labor-intense type of industries. Moreover, for the success of the productive city, the new industrial economy should be able to mingle with other uses such as leisure, commercial or residential areas.

There is a need to be especially creative in the solutions for this coexistence. The block -urban model for the future Gwangmyeong city- has to provide architectural solutions to allow complex interactions between industry and other uses. There is a need for innovative solutions to solve the challenges of bringing together living and manufacturing as well as a need for tailored housing design so that it can include industrial spaces. Shall

드는 이 사이를 연결하고 묶어준다. 미래 도시 경제는 도시 외곽에 배치된 대규모 산업 허브가 아닌, 도심 공용 공간과 연계된 다양한 소규모 산업 거점이 필요하다.

미래도시 광명과는 완전히 분리된 채로 도시 남쪽에 대규모 산업단지를 조성하는 계획이 현재 진행 중이다. 안타깝게도 이런 방식의 개발 계획은 광명의 전반적 비전에 맞지 않는다.

[그림 1] 아키텍처 워크룸 브뤼셀(Architecture Workroom Brussels), 도시 복합성
[Fig. 1] Architecture Workroom Brussels. Urban complexity.
(Source: Online lecture at www.clicknl.nl, "LEZING KRISTIAAN BORRET: The Productive City")

[그림 2] 광명의 기존 농업 및 공업 도시 조직
[Fig. 2] Gwangmyeong. Existing farm and industrial tissue
(Source: Google Earth)

the center of the block be used for urban farming rather than simply greening? Or, can we design the first floor of the block for commercial and industrial use while still having residential on the upper floors?

In the future city of Gwangmyeong, urban industry is visible in the public space acting as a connector or anchor between thinkers and makers. In opposition to large industrial hubs on the outskirts of urban areas, the urban economy of the future needed small industrial initiatives that can relate to the public space in the heart of the city.

Currently, there is a plan to locate a large industrial zone on the southern region of Gwangmyeong, completely detached from the future city. This type of initiative is against the overall vision of the city. Despite this, it is still possible to propose a large number of urban strategies to incorporate micro-industrial activities within the heart of the urban tissue putting the existing industries at the core of this strategies. Gwangmyeong is not virgin land but rather the opposite, it is a land traditionally labored by local communities. The existing industry is critical to the survival of those communities and therefore, it is essential that the new city integrates this productive tissue. The land is currently occupied by farms and small industrial buildings usually organized in clusters. Multiple business operates in the area, mostly in the manufacturing, logistics or agricultural sector and in many cases are small and medium scale economies. These clusters of industry, because of their polluting nature, are isolated from other urban activities such as commercial or residential uses. Noise, smell and hazardous disposals emanate from many of the industrial buildings making difficult the integration with other activities. The nature of their activity also seems aggressive to the surrounding natural environment reflected in the absence of natural areas within their boundaries.

Existing agricultural activity reflects methods of the past, utilizing extensive areas of land and visually polluting the landscape with vinyl sheets and low-cost buildings.

그런데도, 기존 지역 산업을 중심에 놓은 채 도시 조직에서 활발히 일어나는 미시 산업 활동을 다양하게 결합하는 도시 계획 전략을 제안하는 일이 여전히 가능하다. 현재 광명을 이루는 대부분의 땅은 단순한 미개발지가 아니며, 오히려 지역 공동체가 주도해 꾸준히 전통적으로 일궈온 경우가 많다. 지역 공동체의 생존에 있어 현존하는 산업은 매우 중요하다. 따라서 기존 도시산업을 새로운 도시 조직으로 병합하는 일은 꼭 필요하다. 현재는 대부분의 땅을 작은 농업용 건물이나 산업용 건물이 작은 군집을 이루며 점유하고 있다. 이곳에서는 대개 중소 규모 제조업, 물류업, 농업과 같은 다양한 지역 사업이 운영 중이다. 이런 산업용 건물 군집은 공해의 원인인 탓에, 상업이나 주거 시설과 같은 다른 도시 시설과 격리돼 있다. 많은 산업용 건물에서 발생하는 소음, 냄새, 유해 폐기물 등 때문에 산업 시설은 다른 도시 활동과 결합하기 어렵다. 건물 군집의 경계엔 자연이 사라졌으며, 이는 기존 산업 활동이 주변 자연환경에 좋지 못한 영향을 끼치고 있다는 사실을 보여주는 듯하다. 이곳의 농업 활동은 대체로 넓은 면적의 땅을 경작하는 재래식 농법을 따르는데, 그 탓에 값싸게 지은 건물과 비닐하우스 경관이 시각적 공해가 된 지 오래다.

[그림 3] 광명의 기존 농업 및 공업 도시 조직
[Fig. 3] Gwangmyeong. Existing farm and industrial tissue
(Source: Daniel Valle)

이들 산업용 건물 군집의 시설은 대부분 철골이나 조립식 샌드위치 패널 등 값싼 재료로 소박하게 지어졌으며, 외관만 봐서는 눈에 띄는 질서나 위계가 없는 것처럼 보인다. 이들이 담고 있는 프로그램 대부분을 새로운 마스터플랜의 "도시형 블록" 내부로 끌어들여 재배치할 필요가 있다. 도시에서 산업 건축물이 성공적으로 작동하기 위해서는 도로와 바로 연결될 수 있는 진입로, 적재와 하역을 위한 충분한 공간, 양호한 환기 시설, 높은 내부 층고 등이 필수다. 앞으로 제안할 광명 마스터플랜은 도시의 미래 비전에 부합하는 형태로 바꾸기 어려운 기존 산업 지역도 충분히 포용할 수 있도록 계획됐다. 기존 산업 지역의 변형을 어렵게 만드는

The industrial constructions built in these clusters are modest and cheaply built -mostly with steel structure and sandwich panels- with no apparent order nor hierarchy. Many of them will need to be relocated within the new Master Plan, integrating them within the architecture of the "urban block". For businesses to successfully operate in the new city it is essential to have direct access to roads, enough space for loading and unloading, good ventilation and high ceilings in their interiors. The future Master Plan for Gwangmyeong has also the capacity to incorporate existing industrial areas that won't be able to transform themselves into the future vision of the city. Multiple reasons can make this transformation complex and therefore, in these cases, the existing industrial clusters will remain unalterable considering them "exceptions" to the general urban tissue. In these cases, a natural buffer zone can be inserted between the new city and the existing industry -more polluting.

Among all industries, agriculture is an important asset to be preserved and deserves special mention as it currently occupies large extensions of land. The new Master Plan for the city needs to preserve enough space to relocate these farms while at the same time encouraging for a transformation into smarter and more efficient ways to farm. Incentives to farmers must be given so that they can transform their crops into smart farms built integrated in the city center's buildings. The new urban block of the future city of Gwangmyeong will provide most of the spaces for this new agricultural industry integrating them with other forms of industry, commercial and residential uses. Buildings will be designed with green houses on the roof tops or at the central spaces of the block for intensive and smart farming. The same block will provide spaces for logistics and innovation complementary to the pure production of agriculture. The farm will have the potential to become the center of the community, inviting neighbors and small business (restaurants, cafes, etc) to participate in the production of food. Agriculture should remain a critical part of the future of Gwangmyeong, in a new version adapted to modern times, providing a mixture of low and high skill jobs serving both the local and foreign communities.

The vision for the new Gwangmyeong city must be inclusive, open to future generations while at the same time incorporating the local communities that occupied this land for generations.

요인은 다양하다. 이런 경우, 기존 지역은 별다른 변화 없이 그대로 유지되며, 도시 조직 일반에 대해 "예외적" 상황으로 남을 것이다. 공해를 발생시킬 수 있는 기존 산업 지역과 새로운 도시 사이에 자연 녹지의 완충 공간을 끼워 넣는 것도 가능하다.

모든 산업 중에서도 농업은 보존해야 할 중요한 자산이다. 또한 현재 가장 넓은 면적의 땅에서 이뤄지는 산업 활동인 까닭에, 더 특별한 주의를 기울여야 한다. 새로운 도시 마스터플랜은 이런 농업 시설을 보존하고 재배치할 수 있는 충분한 공간을 확보해야 한다. 또한 동시에 더 효율적이고 똑똑한 방식으로 그 농업 생산을 바꿀 수 있도록 장려하고 유도하는 계획과 시설이 필요하다. 농민에게는 전통적 논밭을 도심 건물의 스마트팜으로 통합할 수 있도록 충분한 인센티브를 줘야 한다. 미래 도시 광명의 새로운 도시형 블록은 이런 새로운 농업을 위한 공간 대부분을 제공할 것이며, 농업과 다른 산업, 그리고 상업과 주거를 결합할 것이다. 옥상이나 블록 중심 공간에 집약적 스마트팜 경영이 가능한 그린하우스를 갖춘 건물을 디자인할 것이다. 이들 블록에는 농업 생산을 지원하는 관리와 혁신을 위한 공간도 마련될 것이다. 스마트팜은 이웃과 식당, 카페 등의 소상공업이 모여 함께 식량 생산에 참여하는 지역 공동체의 중심이 될 수도 있다. 농업은 광명의 미래 산업에서 여전히 중요한 산업으로 남아야 한다. 이를 위해 광명의 농업은 현대에 걸맞은 방식으로, 지역 및 광역 공동체의 비숙련 및 숙련 노동력이 공존할 수 있는 방식으로 진화해야 한다.

새로운 도시 광명의 비전은 포용적이어야 한다. 지난 여러 세대에 걸쳐 이 땅을 점유했던 지역 공동체를 결합하는 동시에, 다가오는 미래 세대에게 열려 있어야 한다.

생산성과 삶의 역사적 관계와 배경

과거 우리는 도시를 우리 삶을 영위하고 일하는 데 매력적인 장소로 만들기 위해 도시 밖으로 산업 시설을 몰아냈다. 생산을 위한 도시 영역은 변두리나 저임금 국가로 밀려나 점점 사라졌으며, 도시는 생산 없는 삶과 소비만 남은 장소가 됐다.

19세기 말 유럽 도시에는 많은 산업 시설이 건설됐다. 이들 시설은 주변에 거주하는 주민의 건강에 크고 직접적인 악영향을 미쳤다. 이들 시설은 주민이 들이쉬는 공기와 마시는 물과 먹을 것을 재배하는 토양을 오염시켰다. 환경오염에 더해, 산업 시설의 낙후된 기반 시설 탓에 도시 질병은 더 많아졌다. 도시의 삶은 점점 더 위험해졌고, 사망률은 점점 더 높아졌다.

세월이 흘러 산업 시설은 주거지역에 크게 노출되지 않는 지역으로 물러나 밀집해 재배치됐다. 그런데도, 많은 산업 시설이 여전히 도시 경계 안쪽 변두리에 남았던 게 사실이다. 그 입지는 오염된 공기가 부유층 주거지역에 도달하지 못하도록 바람의 방향을 고려해 전략적

Background and historical relation between the productive and the living

In our attempt to make the city an appealing place to live and work, we have driven industry out of the city. Productive areas are disappearing to the outskirts of the city or to low-wage countries, which means the city has become a place of living and consumption without any production.

During the end of the 19th century a great number of industries were built in the European cities. These industries had great impact in the immediate health of the population living around them. They were polluting air, water and soil, the same one that was used to drink, breath or grow food. In addition to the focus of pollution from the factories, an underdeveloped facilities' infrastructure contributed to the rise of diseases and illnesses in the city. Urban life became increasingly dangerous and had a large toll on the death numbers.

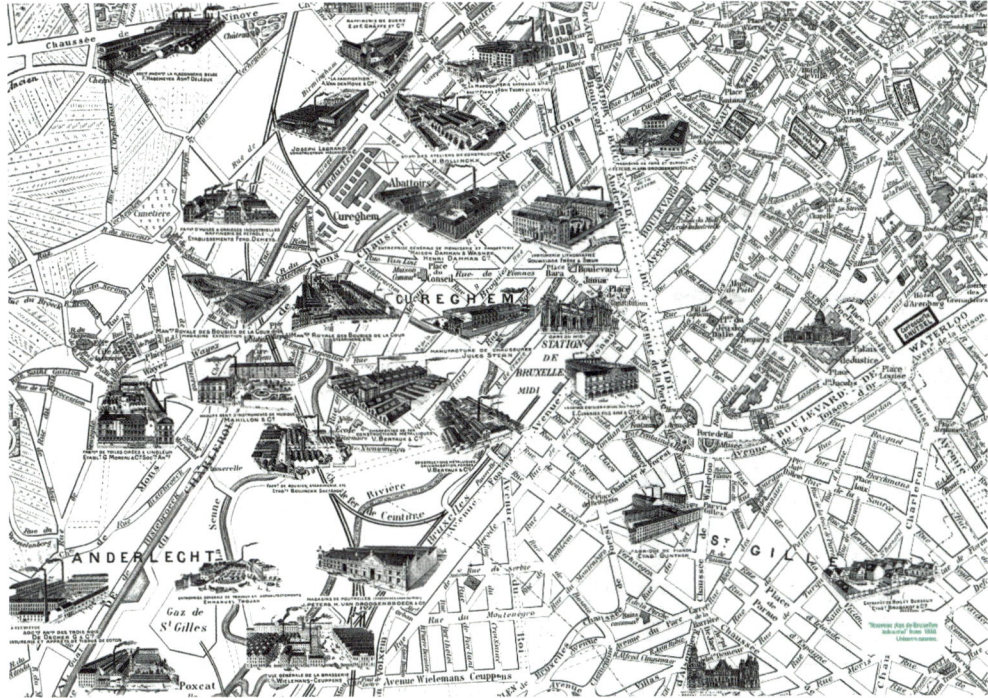

[그림 4] 브뤼셀의 산업 시설을 표시한 지도, 1910년
[Fig. 4] Map of industry in Brussels. 1910.(Unknown source)

으로 정해졌다. 시민의 건강을 위협했던 산업 시설의 폐해는 그 절대량이 확실히 줄었으나, 상대적 불평등의 문제는 여전히 심각했다.

세계화 초기 단계에서 운송 기반 시설의 고도화와 물류 역량의 가파른 성장은 산업 공정을 저임금 국가로 옮길 수 있는 가능성을 비로소 현실로 만들었다. 이런 새로운 전망에 따라 산업 시설을 도시 밖으로 옮기려는 시도는 가속화됐다. 심지어 탈-도시를 넘어 세계 어느 곳이든 값싼 노동력을 찾아 아예 다른 지역이나 국가로 산업 시설을 이전하는 일이 일반화됐다. 이런 현상은 수십 년 동안 지속됐으며, 도시에서 산업 활동의 흔적은 지워졌다.

산업 시설은 도시와 거리를 둔 채 재배치됐지만, 그것이 환경에 미치는 영향은 현재에도 여전히 느껴진다. 도시 밖으로 이전한 산업 단지와 도시 내부를 연결하는 고속도로의 경제적 모형은 엄청난 교통 체증과 환경오염을 가져올 수밖에 없다. 게다가 생산력을 저임금 국가에 미루고 의존함으로써 정작 지역 생산물은 가격 경쟁력을 잃게 됐다.

지금이 바로 도시에서 시민이 일할 수 있는 공간을 만드는 방법론을 급진적으로 다르게 생각해야 할 시점이다. 지난 수십 년 동안 도시의 제조업 관련 시설보다 주택이나 업무 시설을 우선시한 까닭에, 산업 시설과 연계된 노동 시장은 도시 변두리로 밀려날 수밖에 없었다. 모두가 지식 경제나 창조적 3차, 4차 산업에 종사할 수는 없다. 그런데도 오늘날 고용 문화는 다양성이 사라진 채 획일화됐다. 산업 분야 사이 격차를 좁히는 한편, 도시를 고립된 환경으로 인식하지 않는 일이 중요하다. 도시는 더 큰 경제 광역과 체계의 일부다. 지식과 혁

 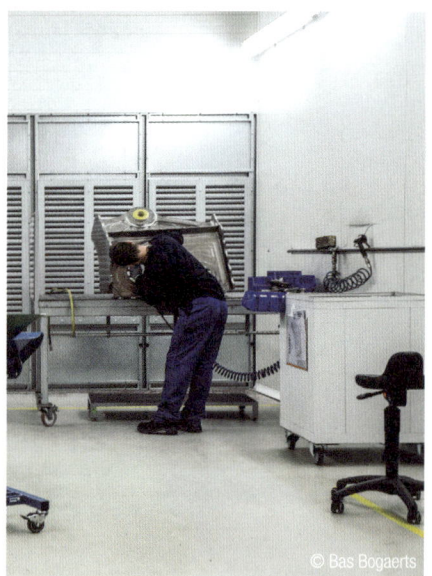

[그림 5] 브뤼셀의 시멘트 생산 공장

[Fig. 5] Cement production factory in Brussels.

(Source: Guide published for exhibition "A Good City Has Industry" at BOZAR Center for Fine Arts. Brussels)

In time, industry has been relocated and concentrated to avoid a large exposure with the residential areas though still located within the boundaries of the city. The location was strategically defined depending on the predominant wind directions so that the polluted air wouldn't reach the areas where the wealthier were located. The health repercussion of industrial sites was aminorated though clearly with great inequalities.

During the early steps of globalization, the possibility to relocate industrial processes to low wage countries became a reality thanks to a more sophisticated transport infrastructure and growing logistic capabilities. This new prospect accelerated the relocation of many industries out of the city, in many cases even out of the region looking for low-wage areas anywhere around the world. This process has taken place for decades producing a keeping the cities empty of any sign of industrial activity.

Though the industry has been relocated far from the city, the environmental effects still can be felt. This economic model of motorways and industrial parks far from the city creates huge traffic jams and pollute the environment. Moreover, we make ourselves dependent on low-wage countries by pushing production there, which means local production can no longer compete with the low prices.

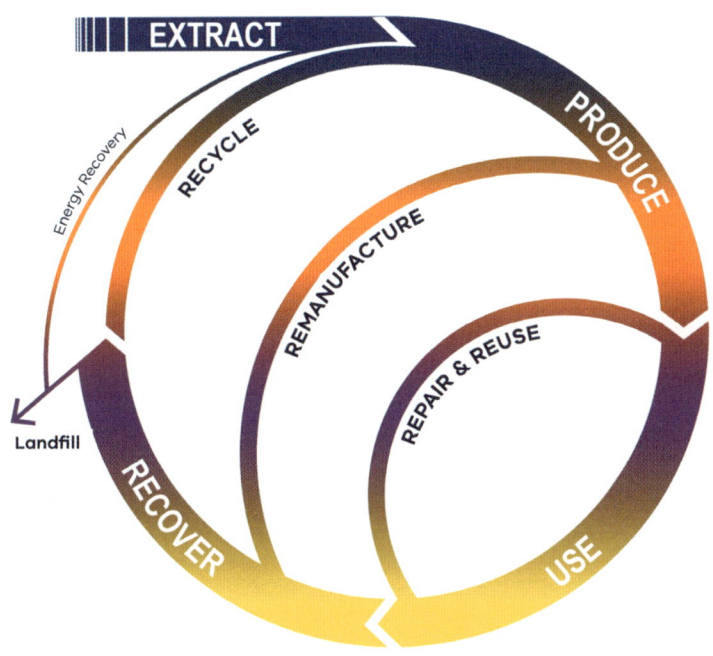

[그림 6] 순환경제 모델
[Fig. 6] Circular economy model
(Source: Daniel Valle Architects)

신과 생산을 연결하는 제조업을 도시로 다시 끌어들이기 위해 생산력 있는 경제 활동을 전략적으로 도시 속으로 가져와 뿌리내려야 한다. 활발한 지역 생산력과 높은 고용률은 메트로폴리스 경제에 이로운 일이 될 것이다.

전통적 생산 경제의 바탕은 원자재 가공이었다. 이런 구(舊) 산업의 경우, 공장 입지는 대체로 주요 교통 허브 위치에 따라 정해지게 마련이다. 반면 최근에는 폐기물이 원자재가 되는 새로운 순환 경제를 향한 전환이 이뤄지고 있다. 새로운 순환 경제 논리에 따라 도시는 산업 활동을 위한 매우 매력적인 장소로 바뀌고 있다. 순환 경제는 재활용 가능성과 짧은 생산 주기를 우선시하며, 더 짧고 지속 가능한 일련의 생산 공정에 적합한 입지를 모색한다.

제조업이 선진국에서 쇠퇴했다는 것은 사실이 아니다. 오히려 새로운 도시 제조업의 장(章)이 열렸다고 봐야 할 것이다. 제조업은 비록 느리긴 하지만 꾸준히 도시를 더 혁신적이고 더 지속 가능하고 더 포용적이고 더 유연하게 만든다. 순환 경제를 향한 높은 관심, 깨끗한 집약 기술, 복합 용도를 장려하는 진보된 건축 법규, 사회 불평등 해소를 향한 높아진 시민 의식 등은 최근 두드러진 세계적 현상이다. 이에 발맞춰 21세기 도시 경제에서 제조업이 차지하는 중요한 위상이 새삼스레 확인되고 있다.

도시 제조업, 도시와 산업의 새로운 관계
생각 대 실천: 브뤼셀 사례 연구

오늘날까지도 대부분의 유럽 도시에서 옛 산업 지구는 상업과 업무 시설이 포함된 주거지역으로 재개발됐으며, 생산 경제 활동은 도시에서 점점 더 멀리 떨어진 곳으로 밀려났다. 반면 브뤼셀 권역은 다른 전략을 취하고 있다. 브뤼셀의 도시 계획에서 산업은 매우 중요한 인자로 자리 잡았다. 브뤼셀에서는 현재의 도시에 미래의 경제를 뿌리내리려는 시도가 활발하다.

브뤼셀과 플란데런 지역은 탈-산업 도시에서 생산 도시를 향해 전환을 꾀하고 있다. 도시 조직에 생산을 뿌리내리려는 수많은 다양한 작업이 시작됐으며 진행 중이다. 이들 작업 가운데 일부는 다양한 관계 당국의 주도로 이뤄지기도 하고, 일부는 민간 영역의 다양한 조직이나 시민이 주체가 되어 아래에서 위를 향한 상향식으로 제안, 발전되기도 한다. 이들 작업은 유럽 전역에 걸쳐 영감을 줄 수 있는 선구적인 것으로 주목할 만하다.

브뤼셀은 생산의 도시로 발전하기에 다른 유럽 도시보다 유리한 측면이 있다. 브뤼셀 운하 지구 주변에는 여전히 많은 공업 지역과 옛 공업 지역이 남아 있다. 센(Senne) 강 운하 지구는

Today there is a need for a radically different view on how we make space for work in the city. Because we have prioritized housing and offices over the manufacturing economy for decades, the labour market connected to industry has been driven from the city to the periphery. The current focus is on a monoculture of employment, while not everyone is able to work in the knowledge economy or in the creative or tertiary sector. It is important to close the gap between sectors and no longer view the city as an isolated environment, but as part of a much greater economic region and system. The productive economy needs to be strategically anchored reintroducing the manufacturing industry in the city: a manufacturing that provides a link between knowledge, innovation and production. The metropolitan region benefits from an economy that focuses on local production and employment.

Traditional production economy is based on the processing of raw materials. For those industries, the choice of location depends on the along main transportation hubs. In the transition of a new logic of circular economies where waste becomes the new raw material, the city becomes very attractive place for industrial activity. The new economy is looking for shorter and more sustainable chains where recycling and short production cycles are the predominant.

Manufacturing is not in decay in developed cities, on the contrary, it is at the opening of a new chapter. Though slowly, urban manufacturing is helping cities to be more innovative, circular, inclusive and resilient. Recently, with increasing interest in the circular economy, with cleaner and more compact technology, with more progressive building codes for mixed use and with increasing awareness of the impacts of social inequality, cities across the world are realizing that manufacturing has an important place in the 21st century urban economy.

Urban manufacturing, a new relationship between city and industry. Thinkers vs Makers: a case study on Brussels.

Still to these days, most European cities convert their former industrial urban areas into residential districts with shops and offices, and push productive activities ever further away from the city. Brussels-Capital Region has opted for a different strategy: industry

오늘날 브뤼셀을 두 개의 도시, 곧 사무직 종사자나 생각하는 이의 도시와 생산직 종사자나 만드는 이의 도시로 나눴다. 이런 문제를 인식한 시 당국은 브뤼셀을 지식 산업과 제조업이 공존하는 포용의 도시로 만들기 위한 경제 계획안에 몰두하고 있다. 고도로 숙련된 기술직과 비(非) 숙련 노동자의 일자리가 같은 지역에 공존하며 더불어 일하고 살 수 있는 도시 말이다.

보존과 재활용에 가치를 두는 전략적 선택은 도시 경제를 오히려 더 역동적으로 만든다. 많은 디자이너가 옛 제철 공장 단지에 주거 시설과 공공 공간을 더함으로써 도시 경제에 활력을 불어넣고자 하는 다양한 프로젝트를 진행하고 있다. 옛 공장은 새로운 공작(fabrication) 기술을 배우거나 적용할 수 있는 공방이나 실험실로 바뀔 것이다. 이런 기획은 이른바 "회색 경제"와 더불어 바람직한 시너지 효과를 얻을 수 있다. 예컨대 자동차 개조 업체에서 부품 생산은 언제나 자체적으로 이뤄지기 마련인데, 이렇듯 자체 주문 생산을 해야 하는 업종과 삼차원 인쇄, 절삭, 가공 업종을 가까이 놓아 이들 사이 활발한 상호 작용과 발전을 기대할 수 있다.

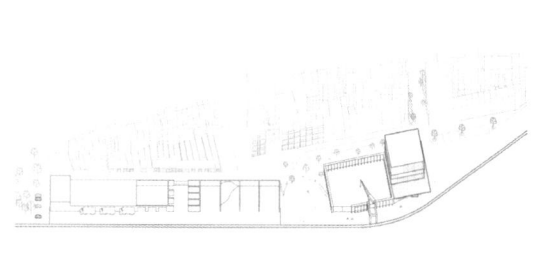

Design research team: SPACE-LAB.BE

[그림 8] 디자인 연구팀, 스페이스-랩.베에(SPACE-LAB.BE)
[Fig. 8] Design research team SPACE-LAB.BE
(Source: Guide published for exhibition "A Good City Has Industry" at BOZAR Center for Fine Arts, Brussels)

운하 남쪽 끝 비에스테브룩(Biestebroeck) 부두에는 건설 자재를 사고파는 대규모 도매상이 있다. 도매상은 사업 확장에 대한 대가로 브뤼셀시에 기꺼이 자신의 땅을 내줄 의향이 있다. 이렇게 새롭게 확보되는 땅에는 커뮤니티센터를 포함한 공원이 개발될 것이고, 비숙련 노동자를 위한 교육 시설과 제조업 관련 스타트업 기업을 육성하는 인큐베이터 기능 또한 포함될 것이다. 무엇보다도, 포용과 생산의 도시를 지향한다는 원칙을 유지하는 것이 중요하다.

새로운 도시 경제를 창출하려면 실제로 제조 작업이 가능한 공간이 확보돼야 함은 당연하다. 보통 이런 작업에는 상대적으로 더 크고 높고 넓은 공간이 필요하다. 개별 조건에 맞춰 설계된 집을 통해 도시 공간을 채우는 것이 오늘날 도시 구축의 일반 논리인데, 이렇게 만들어진 집에서 실제로 생산 작업 공간 확보를 기대하긴 쉽지 않다. 설계 논리의 선후 관계를 뒤집어 생각할 필요가 있다. 오히려 작업 공간을 먼저 설계한 후 삶이나 고용을 위한 공간

is afforded a prominent position in the urban project, looking to anchor the economy of tomorrow in the city of today.

Brussels and Flanders are already embarking on the transition from a post-industrial city to a productive city: lots of projects have also been launched that anchor production in the urban fabric. Some are set up at the initiative of the different authorities, others grow from bottom-up; from organizations, private actors or citizens' initiatives. It is pioneering work that could serve as inspiration for Europe as a whole.

Brussels has a significant advantage compared to other European cities as it still remains a large number of industry and former industrial area available specially around the Canal Zone, an area of the Senne river that currently divides the city two areas

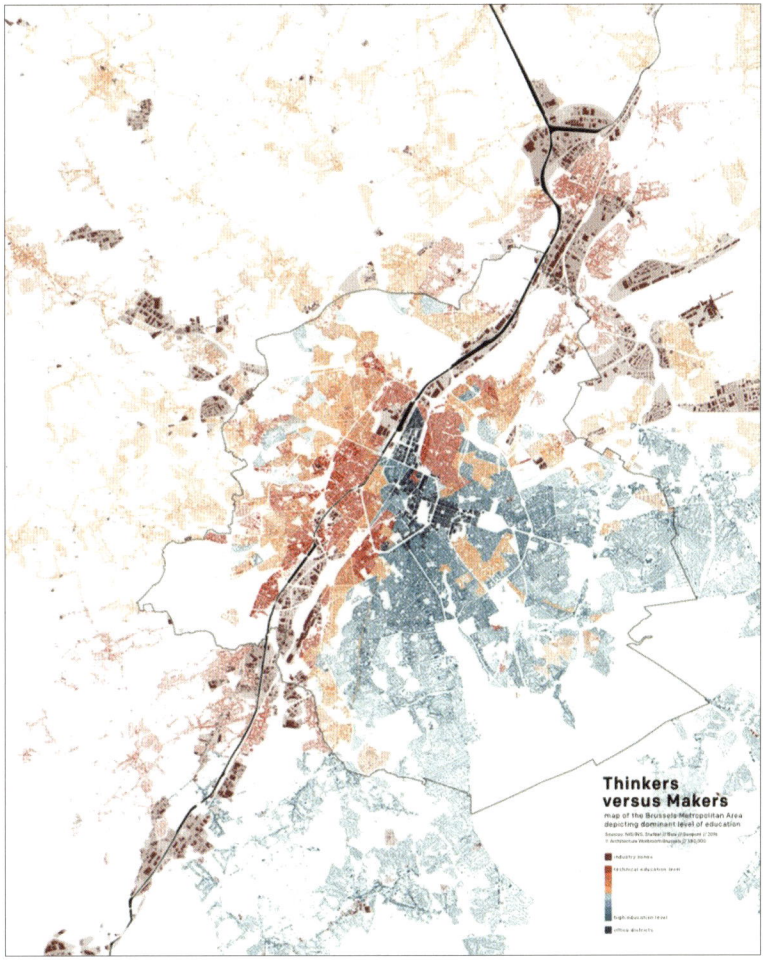

[그림 6] 브뤼셀의 생각하는 이의 도시와 만드는 이의 도시
[Fig. 7] Thinkers versus Makers in the city of Brussels.
(Source: Guide published for exhibition "A Good City Has Industry" at BOZAR Center for Fine Arts. Brussels)

을 뒷순위로 설계하는 방식으로 말이다. 도시 환경 공업 지구(ZEMU, Industrial Zone in Urban Environment) 프로젝트의 경우, 개발업자는 지상층에 생산 기능을 우선 배치한다는 조건을 충족해야만 비로소 주택 개발을 할 수 있다. 브뤼셀시 당국은 도시 환경 공업 지구에서 지식산업 위주의 사무소 기능과 주거 기능만을 결합한 비교적 약한 형태의 복합 용도 개발이 일어나지 않도록 모든 관련 프로젝트를 꾸준히 모니터링한다. 다양한 디자이너가 크고 높은 대형 물류 시설에서 중규모 공방에 이르기까지 다양한 형식과 규모의 공간을 설계, 제안하고 있다. 이들 새로운 프로젝트는 주민과 생산직 노동자와 기업가가 더불어 할 수 있는 공동 공간을 제공하며, 제조업이 시민의 일상에서 중요하게 자리 잡도록 기여한다.

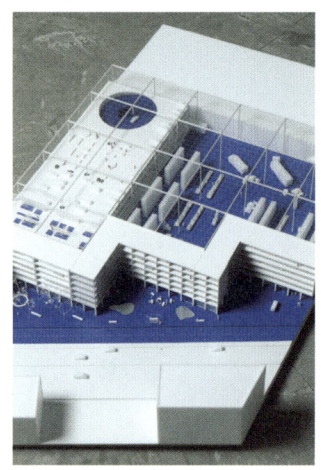 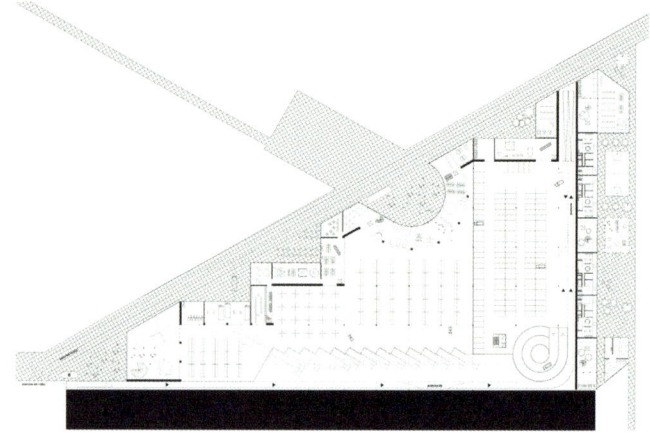

Plusoffice architects WRKSHP collectif

[그림 9] 디자인 연구팀, 플러스오피스 아키텍츠/콜렉티프 워크숍(plusoffice architects/collectif WRKSHP)
[Fig. 9] Design research team plusoffice architects WRKSHP collectif
(Source: Guide published for exhibition "A Good City Has Industry" at BOZAR Center for Fine Arts. Brussels)

주거와 산업을 결합하는 새로운 건축 작법이 필요하다. 브뤼셀 남동쪽에서는 시로 진입하는 E411 고속도로와 도시 경계가 만난다. 이곳은 브뤼셀을 드나드는 많은 통근자의 환승 지점이며, 도시 물류 산업의 근거지이기도 하다. 최근 많은 디자이너가 이곳에 대규모의 다양한 혁신적 복합 용도 건축 계획안을 제안하고 있다. 예컨대, 주로 산업 용도로 활용될 12m 높이의 건물에는 트럭이 수시로 들어오고 나갈 수 있는 독립된 진입로를 마련했고, 창고형 건물 한쪽에는 4층 높이 집합 주택을 결합했다. 갈지자형 구성을 통해 건물은 공용 공간과 연결되며 집합 주택으로서 외관을 갖춘다. 주민들은 제조업 공장 시설과 분리된 측면에서 차량을 활용해 건물로 진입할 수 있다.

according to skills: the city of makers versus the city of thinkers. The city of Brussels is making efforts to plan an economy that is inclusive focused on knowledge and the manufacturing industry, with jobs for both the highly skilled and low-skilled mixed in the same territory.

By strategically choosing for conservation and re-use, the city can strengthen the urban and economic dynamics. Designers are enhancing these dynamics by adding housing and public space in the areas of the former ironworks. This will be converted into a Fab Lab and training center for new technologies allowing new synergies grow with the so-called "grey economies": for example, car tuning business always produce their own parts. With a rich 3D printing and 3D cutting facilities next to the tuning business, both can mutually reinforce.

The quay along the canal in Biestebroek is home of a large wholesaler of construction materials. He is willing to give land back to the city in return to an expansion of his business. The new available space will be turned into a park with a community center, one that is an incubator for start-ups in the manufacturing industry where low-skilled people can be trained. It is fundamental to keep the premise of an inclusive and productive city.

But to create a new urban economy it is important to have space capable to include manufacturing activities. In many instances, these productive activities require bigger, taller and wider spaces than usually available. The current logic to fill urban space is through custom designed homes, they seldom have room for real production. So, it is important to reverse the logic by designing first the workspace and secondly making room for the living and employment. In the ZEMU projects (Industrial Zone in Urban Environment) developers may build houses there on the condition that the ground floor houses predominantly productive activities. The city of Brussels is monitoring the ZEMUs to avoid weak attempts of mixed living and office space for intellectual production. Designers are designing spaces of all shapes and sizes, from large, tall logistic halls to medium-sized workshops. These new buildings provide central communal space for residents, makers and entrepreneurs giving the manufacturing industry a prominent position in the daily life of people.

Combining housing with industry asks for new architectural compositions. In the southeast of Brussels is where the E411 motorway plunges into the city. This is a transfer point for commuters coming in and out of Brussels. It is also a logistical site for suppliers

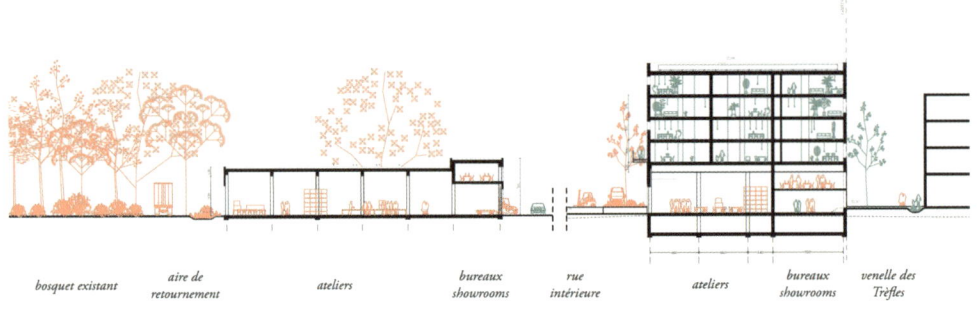

[그림 10] 단면. 노바시티(NovaCity), 브뤼셀(안더레흐트), 벨기에

[Fig. 10] Section building. NovaCity. Brussels (Anderlecht), Belgium

(Source: https://www.citydev.brussels/nl/projects/novacity-0)

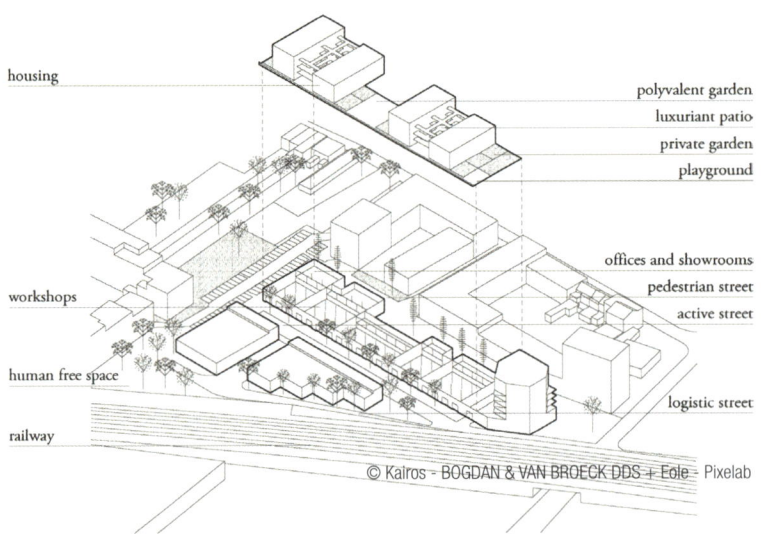

[그림 11] 노바시티(NovaCity), 브뤼셀(안더레흐트), 벨기에

[Fig. 11] NovaCity. Brussels (Anderlecht), Belgium

(Source: https://www.citydev.brussels/nl/projects/novacity-0)

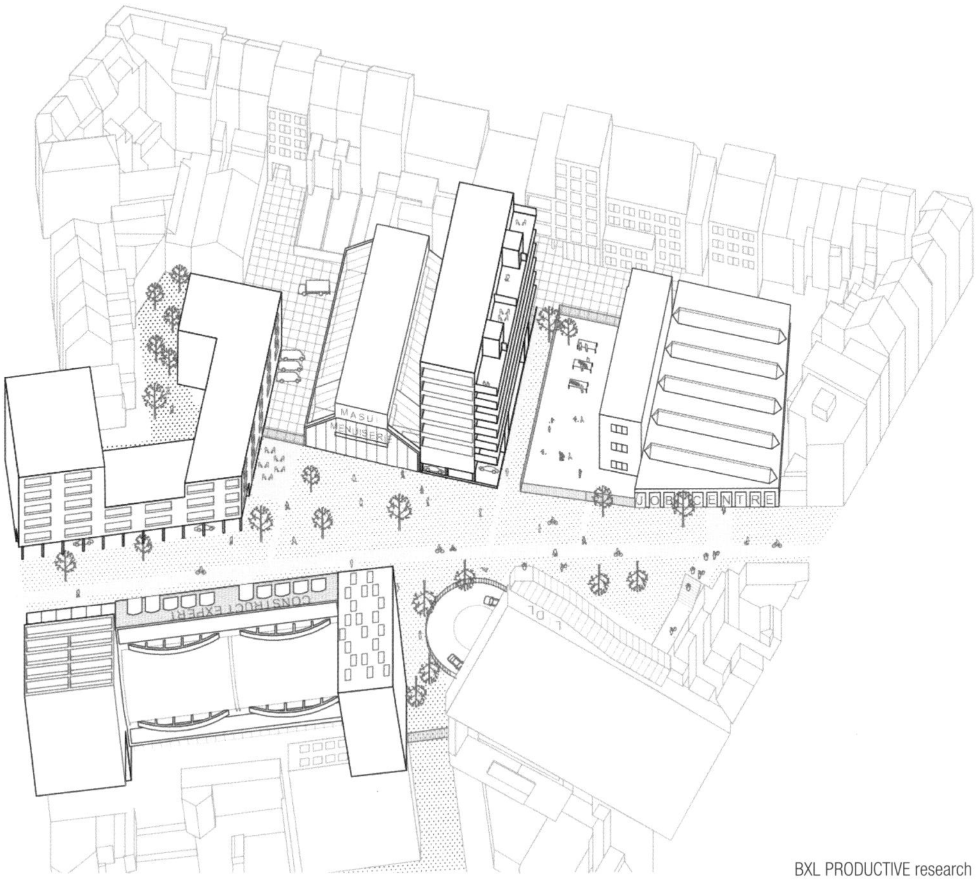

BXL PRODUCTIVE research

BXL PRODUCTIVE research

도시산업이 성공하려면 그 모습이 가시적으로 드러나야 한다. 도시의 중요한 위치에 산업을 유치하는 한편, 생산과 노동의 생기 넘치는 모습을 일상적 동네와 가로의 풍경으로 다시 끌어들여야 한다. 이로써 제조업을 비롯한 다양한 업역의 생산직 노동자는 자기 일에 다시 자부심을 느낄 수 있을 것이다. 베르고테독(Vergotedok) 지역은 생각하는 이와 만드는 이의 충돌을 상징적으로 보여주는 곳이다. 주거와 사무 시설을 담은 타워 앞 항구에는 시멘트 공장을 비롯한 중공업 시설이 여전히 운영 중이다. 이들 주거, 사무 지역과 중공업 지역 사이에 새로운 공장형 타워 또는 수직 공장이 곧 건설될 예정이다. 새롭게 지어질 타워의 생산 과정은 도시 공용 공간을 향해 시각적으로 전시된다. 그 의도는 생산 과정 자체를 기념비화해 생산직 노동자의 자부심을 일깨우고 회복하는 것이다.

마쉬 샤르베크(Masui Schaarbeek) 지역에 있는 센(Senne) 강의 옛 수로 자리에는 산업 기반 시설의 후면을 따라 새로운 공원이 들어설 예정이다. 이 프로젝트는 일상의 삶과 제조업을 함께 엮을 기회를 제공할 것이다. 생산 제조 활동은 공원을 향해 새로운 파사드와 진입로를 얻음으로써 가시성을 확보하는 한편, 지역 사회와 활발히 교류할 수 있게 된다. 공원에는 새로운 학교가 계획돼 개교를 기다리고 있다. 이 학교에서는 제조업 관련 교육이 이뤄질 것이다. 학교는 또한 주변 산업 전반에 관한 전시장의 역할도 하게 된다. 학교 주변에 입지한 제조업체는 학교 시설의 공방과 기계를 얼마든지 활용할 수 있고, 이들 업체에서 발생하는 폐기물은 학교 교육 과정에서 재활용되는 선순환을 이룬다.

집약적 연구에 따르면 브뤼셀의 자원 처리 방식은 단순한 선형을 따라 이뤄진다. 많은 양의 원자재를 트럭 운송을 통해 도시 안으로 들인 후, 그 폐기물 또한 마찬가지로 트럭 운송을 통해 도시 밖으로 내보내는 방식이다. 이것은 많은 양의 원자재와 에너지가 낭비되는 모형으로, 시 당국이 폐기물을 제조업 원자재로 다시 활용하는 다양한 방안을 고민하도록 하는 계기가 됐다. 브뤼셀은 재활용 기반 산업을 도시 곳곳에 전략적으로 유치해 도시 메타볼리즘을 새롭게 정의하고자 한다.

지속 가능한 도시 모형을 세우는 데 운하 프로젝트(Canal Project)의 역할은 매우 중요하다. 이 프로젝트에서는 운하를 트럭 운송의 기반인 도로에 대한 효과적 대안으로, 그리고 도시 내 재활용과 순환 경제의 새로운 중추로 제시했다.

참고자료 Reference

- A Good City Has Industry. Atelier Brussels
- Productive City. Europan 14 Theme. https://europan-europe.eu
- Cities of Making (COM). https://cityofmaking.com
- The Productive City. https://bma.brussels/en/something-productive/

to the city. Designers are proposing an innovative mixed use building of large proportions. The 12m height building is mostly used for industrial purposes with an independent road that gives access to the building and where trucks are usually arriving and departing. On one side of the warehouse-type building a 4 story housing project is embedded. The zig-zagged configuration allows for public space to connect with the building and to create a residential appearance to the building. Towards this side, residents can access with their cars independently from the manufacturing side.

Urban industry also needs to be visible in order to success. By giving industrial activities a prominent location in the city and reintroducing them in the street-scape of our neighborhoods, industry and manufacturers will regain a sense of pride in their work. The Vergotedok neighbor symbolizes the clash between thinkers and makers. Heavy industry still is present in the port including a cement factory just in front of residential and office towers. Just between both areas a new productive-tower or vertical factory is going to be built soon. This tower makes production visible from the public space and celebrates industry restoring pride to manufacturing.

In Masui Schaarbeek area, a new park is planned in the former watercourse of the Zenne just along the rear of the industrial infrastructure. This project will offer opportunities to anchor manufacturing with daily life. These productive activities will acquire a new façade and access to the park giving them visibility and interaction with the district. A new school is planned to open in the park to give courses and thus act as a showroom for surrounding businesses. Ateliers and machinery are available to businesses while the school is able to use waste materials form the surrounding businesses.

Intensive research reveals that Brussels handles its resources in a linear way with a large amount of them entering the city by trucks and later leaving Brussels in the form of waste by tracks as well. There are large amount of raw materials and energy wasted in this model which makes the city think on new industries that uses waste as their own primary material. Inserting these industries in strategic locations it could be possible to the metabolism of the city.

The Canal Project plays an important role in this sustainable model offering the canal as an alternative transportation to roads and trucks as well as a new backbone for recycling and circular economy in the city.

상업, 소비 그리고 도시

홍성용 | 건축사사무소 엔씨에스랩(NCS Lab) 대표
| 건축공학박사, 건축사

21세기 도시의 상업활동, 그리고 소비

　　21세기 도시는 이념적 호불호를 떠나서 분명히 상업적 활동을 에너지원으로 해서 성장하고 지속해 가고 있다. 상업활동은 기업 간 거래, 기업과 개별 소비자 거래, 그리고 개인 간의 거래 모두 포함된다. 도시는 상업활동을 위해서 공간을 제공하고 있다.
　　상업활동은 도시뿐만 아니라 21세기 인류가 살아가는 모든 환경과 삶 자체를 지배하고 있다. 도시는 이런 상업활동의 매개공간으로 생산지이면서 동시에 유통하고 거래하는 소비 공간이다. 소비 과정은 매우 다양하고, 광범위하다. 도시구조의 상당 부분이 이런 상업활동을 근간으로 구성되며, 소비는 도시를 활력 있게 만드는 무형의 핵심요소다.
　　정보통신 혁명은 초고도 생산성과 물류 혁명을 이루었고, 거래 과정에 대한 시공간적 단계를 단축했다. 특히 2020년 코로나 전염병은 이런 흐름을 가속화 시켜 인간의 삶 자체를 변화시키고 있다. 소비는 이런 변화를 이끌어내는 핵심 요소로 삶의 패턴을 바꿀 뿐만 아니라 도시 구조까지 자극하고 있다. 여기에서 변화하고 있는 가족과 개인의 개념과 연동해서 도시와 건축은 예측 불가의 출발선에 놓여서 변신을 준비하고 있다.
　　물리적 거리와 필수 생활용품의 구매양식, 거래 방식의 변화, 시간에 대한 개인화와 다양성 등은 산업혁명 이후 진화되어온 분업화와 기능 중심의 도시 공간 구조와 건축이 더 이상 유용하지 않을 것을 예측하고 있다.
　　오히려 산업혁명 이전의 생활 반경 중심의 각종 행위가 가능해지고, 소비와 거래의 공간 범위가 축소될 것이다. 시간에 대한 개인적 다양성은 집과 놀이터, 업무 공간을 근접화 또는 일체화할 것이며, 다용도로 사용돼야 해서 사적 공간은 오히려 확장될 가능성이 커지고 있다.
　　생존을 위한 필수 소비 행위부터, 유흥적 소비나 취미를 위한 소비 등으로 파생된 각종 거래 공간들은 상업적 가치와 내용의 비중 이상으로 다양하게 등장하고, 개인 간 물물거래 역시

중고를 대상으로 벌어지고 있다.

    이런 사회현상 전반의 변화는 건축의 구성과 프로그램에 대한 단순화가 아닌 변화에 대응하는 탄력적 가능성을 확보하길 요구하고 있고, 도시 역시 마찬가지다. 이런 흐름에서 우리 도시가 지향하고 가져야 할 도시 전반의 흐름에 대해 고찰해야 하며 이번 광명 시민주도 도시 개발에 적극 반영한 부분이기도 하다.

사회 경제적 환경 변화

    미국의 경우[1]를 보면 2008년 금융위기 이후 대기업의 경제적 회복력은 약 4년 정도 소요된 반면, 소규모 기업(근린 상업)은 두 배의 시간이 걸렸다. 이를 코로나로 대비하면 경제적 영향이 훨씬 강력하기 때문에 소규모 기업의 회복력 예측이 매우 어렵다. 특히 세계 각국의 위기 극복을 위한 양적 완화 또는 팽창 정책은 대기업 체제에 약효를 발휘하는 반면 전통적인 상업 분야인 소규모 기업들은 혜택이 없다.

    더구나 코로나는 전염병이기 때문에 비대면 경제활동을 활성화시키고 있다. 이는 전통적인 대면 접촉으로 파생되는 다양한 거래, 경제적 상황과 판이하게 다른 상황이다. 비대면 경제는 대규모 대응체제를 갖춘 기업들에는 오히려 유리하지만, 유통과 박리다매의 양적 대응을 하지 못하는 중소기업, 특히 근린 상업에 해당되는 소규모 상업분야는 파괴당하고 있는 상황이다. 소규모 기업(근린 상업)은 회복은커녕 아예 시장 퇴출의 우려도 있다.

    소규모 기업(근린 상업) 또는 자영업의 소멸은 중산층 붕괴와도 연결되며, 도시 구조와 건축에 있어서도 공동화 현상을 증폭시키는 요인이다. 공동화로 인한 문제는 치안 및 도시 생활 생태계 자체를 파괴하기 때문이다. 따라서 공동화를 방지하거나 새로운 대안이 절실한 상황이고, 도시와 건축적 대안 마련도 동시에 진행되어야 한다.

코로나 전염병으로 인한 대면 거래 위축

    코로나19 전염으로 인한 물리적 거래 자체가 위협받고 있다. 극단적 상황의 경우는 도시 봉쇄, 또는 지역 봉쇄로 나타나며 통행금지와 같은 전시에 준하는 정책 집행이 이뤄지고 있다. 우리나라의 경우 개인 방재 및 물리적 거리 두기를 통해서 봉쇄 조치보다 낮은 레벨로 대응하고 있으나, 이 또한 전염병 이전의 활력 수준에 현저히 미치지 못하고 있다. 백신이 개발되고, 치료제가 나온다고 하지만 개발 시간 지연 및 변이 바이러스의 계속된 발병으로 코로나 이전으로 돌아가기 어렵다는 평가가 나온다. 결국 우리는 전염병이 일상화된 새로운 생활 패턴에 익숙해져야 하며, 경제 활동 및 생활 방식 대전환을 할 수밖에 없는 상황이다.

전염병은 개인 간 또는 집단 간 물리적 거래를 크게 위축시키고 있다. 이는 단순한 인적 거래 또는 관계의 분리 이상의 여러 가지 상황과 사회 경제적 패러다임 변화를 야기한다. 즉, 유사 이래 진행되어 온 진보 또는 진화, 아니면 변화의 연속성 안에 존재했던 정치·경제·사회 전 분야의 축적된 20세기까지 성과를 전면 재구성 또는 재검토 해야 하는 상황이다. 이는 성경의 바빌론 탑이 무너져 문화가 분화되고, 민족이 분화되고, 언어가 분화되었던 변화에 버금가는 상황이다.

만남으로 시작되는 인간의 행위 모든 것을 전통적 행동 패턴에서 한발 물러나서 재해석, 또는 재구성해야 하는 것이다. 이른바 비대면 사회로 재구성해야 하는 것으로 도시 공간에 대한 새로운 변화와 개조, 또는 패러다임 변화를 고민하고 제안해야 한다.

이미 사회는 온라인 중심과 거래과정 단축 등 극도의 생산성 향상을 가져오는 4차 산업혁명 단계로 진입했고, 코로나 전염병은 이를 가속화시키고 있다.

도시 밀도의 이중적 현상과 상업적 모순

도시화는 생산성과 효율성을 극대화하면서 고밀도 구조로 진행되고 있다. 집적으로 인한 각종 도시 인프라 건설의 효율적 운영이 가능하기 때문이다. 고밀도 도시화는 환경에 대한 장단점 모두 가지고 있으나, 경제적 효율성 측면에선 장점이 크다.

고밀도 도시의 약점은 이번 코로나바이러스처럼 확산 속도가 빨라지면서 동시에 대응도 가능했다는 점이다. 이런 모순에도 불구하고 도시구조는 더욱 커지고 정교해지는 방향으로 가고 있다. 밀도 역시 적정성이 필요하다. 동시에 높이의 적정성이 필요한 것이다. 일정 높이 이상이 되면 시설 투자 및 각종 도시 인프라 구축에 투자 대비 효율이 오히려 떨어질 수 있기 때문이다. 전반적인 밀도를 유지하는 것이 이번 도시 계획의 제안이기도 하다.

도시 작동의 활성화 요인이 되는 상업적 활동은 이런 모순된 상황에서 여러 가지를 고민하게 만든다. 특히 소자본 상업활동에서 수익 기반 소매업을 주목할 수밖에 없다. 일반 시민들이 가장 많이 접촉하는 소매 공간은 도시의 사교적 기능을 동반하기 때문이다.

이동 제한은 사교적 기능의 소매업 공간의 위축을 가져오는데, 이는 도시 기능의 활력을 저해하는 요인이다. 당연히 사업을 지속하기 어려운 상황이 되며 도시 공간의 활력도를 떨어뜨린다.

이미 우리는 2019 ~ 2022년의 코로나 확산에 따라 소자본 중심 소매 공간들의 붕괴를 경험했다. 비대면의 활성화와 비례하면서 경쟁력 악화로 유지되기 힘든 것이다. 도시기능에 있어서 사교적 소매 공간인 카페, 레스토랑, 소상점, 숙박시설 등 사람들의 이동에 의존해서 운영되는 상업 공간들이 문을 닫았다. 도시의 황폐화가 눈으로 확인된 것이다. 전형적 도시 공동화현상이 만들어지며 이로 인한 부작용과 폐해가 생길 수밖에 없다.

소매 공간, 특히 사교적 상업 공간이 갖는 공간적 공공성을 확인하는 순간이며, 이들에 대한 또는 이런 유사 기능에 대한 공동체적 합의가 필요한 이유다.

즉, 저수익으로 유지될 수 있는 공간 체질을 제시할 필요가 있다. 어떤 면에서는 도시를 유지하기 위한 필수 기능이며 시설이기 때문이다. 환경의 극적 변화로 생존 불가능한 대면형 사교적 소매 공간들을 도시 공간의 필요 공공개념으로 대응할 필요가 있다.

이번 도시 계획 제안에 가로에 대한 소비적 소매 공간들을 공간적 필수 요소로 적극 제안하고 디자인했다. 보행의 범위 안에서 만날 수 있는 상업 공간을 제시하고, 저수익으로 유지 운영될 수 있도록 공간 공급량도 늘렸다. 대면 접근이 용이한 지층면의 상업 공간들은 이용 유지에 드는 임대료 산정을 높게 하는데, 공급을 확대해서 임대료 산정 기준을 낮추도록 했다. 중심성에 따른 높은 수익개념이 아닌, 적정 수익을 확보해도 상업활동이 가능하도록 배치한 것이다.

동시에 일반적 상업 공간은 적정 범위에 밀집시킴으로써 밀도에 대한 적정수익도 확보하리라 예상된다.

상업 영역 구성과 저수익 상업 공공지원
- 소규모 상업 공간에 대한 공공적 의미 필요

구분

우리나라 대부분 도시는 주거지역과 상업지역, 공업지역과 녹지 지역으로 구분되며 기업이나 상업행위는 건축물 용도에 따라 모두 가능하다. 상업 및 업무는 이에 따라 세부적 구분에 따라 허용범위와 용도가 지역지구에 따라 제한된다.

상업적 목적의 건축물은 다양한 상행위 및 업무기능을 하는 모든 건축물의 기능을 가지며, 거래 대상을 어떤 범위로 하느냐에 따라 구분할 수 있다. 특히 업무 중심, 주거지원의 근린생활 중심 등 지역의 특성, 규모, 주변 여건 등에 따라 성격과 방향을 결정한다.

상업적 기능은 업무중심, 대규모 상업중심, 소규모 상업중심, 자영업인 근린생활시설 중심으로 구분할 수 있으며, 거래 대상과 관계에 따라 사업 영역 범위를 확정하며 다음의 범위를 구분해 볼 수 있다.

지리적 영역 구분	특성	필요 요소
국제적 대상(International)	다국적 기업 또는 국내외를 대상으로 활동하는 사업 범위	교통 접근성, 편의성, 지리적 위치, 직주 근접성 등
국내 대상(Domestic)	국내 전국을 대상으로 하는 사업범위	
지방단위 대상(Regional)	행정 또는 지리적 범위를 정해서 하는 사업범위	
지역 대상(Local)	중소 도시 또는 구단위의 제한된 사업범위	
근린생활 대상(Neighborhood)	근린에 위치해서 일상적인 생활을 대상으로 하는 사업 범위	

소규모 상업기능에 대한 새로운 필요

자립 가능성이 낮으며, 대규모 투자가 불가능한 소규모 기업(근린상업)인 경우 대부분의 일자리 중 약 30%(미국의 경우)를 차지한다. 소규모 기업의 불안정한 자립적 환경으로 인해 고용안정 또는 복지개념으로 보고 정부(미국) 당국에서 다루고 있다. 식료품을 거래하는 소규모 소매점의 경우 EBITDA[2] 마진이 대체로 5% 미만이며, 일반적인 소매업체의 경우는 10% 미만 마진율을 확보하고 있다. 문제는 중소규모 기업 특히 소매중심의 근린 상업 업체들은 임대료와 같은 부동산, 고용비용에 대한 유연성과 협상력이 낮아서 고객 수요 변동성이 낮을 경우는 EBITDA 마진이 낮을 수밖에 없다. 코로나 전염병이 일시적으로 끝나지 않고 지속적으로 변이 바이러스를 만들어 내며 감기처럼 공존해야 하는 상황에서 경제적 수익률을 확보하는 것은 불가능하다. 낮은 이윤으로 운영 유지될 수밖에 없으며, 경제적 활동 시장의 상당수를 차지하고 있기 때문에 이에 대한 정부정책은 일종의 복지정책 시각에서 근린상업 활동을 대해야 한다. 이들이 폐업하고 경제활동을 전혀 하지 않는 것보다는 정부 지원이나 정책을 받아서라도 유지 운영되는 것이 국가 재정에 훨씬 도움이 되기 때문이다.

소규모 상업 및 근린 상업에 대해서 낮은 순이익(Low Margin)으로 일정 매출 이하, 개인의 영리 목적 공간이라 할지라도 공간의 성격상 공공적 특성을 확보한 경우는 정책적으로 재정 보전 또는 지원하는 정책이 필요한 이유이기도 하다.

패러다임 변화와 대안

재택근무 활성화 및 대안 프로그램 필요

4차산업혁명으로 인한 고효율 고생산성 사회는 코로나 전염병 유행이 가속화한 비대면 활동을 증가시켰다. 물리적 이동이 줄어든 상황에서 상당수 공공기관이나 기업들이 재택근무를 통한 비대면 업무를 가능하게 했다. 학업진행과 같은 행위도 비대면 수업으로, 교사들 역시 재택근무로 원격 강의가 가능하게 했다. 이동이 줄어든 재택근무 활성화는 건축

과 도시에 새로운 변화를 만들어 낸다.[3]

- 대형 사무소의 축소
- 개인 단위 공간의 확대 및 개인 사무실 수요 증가 (인간은 사회적 동물로 고립보다는 최소한의 관계 공간이 필요하다. 이는 업무에 있어서도 마찬가지다.)
- 초고밀도에서 중저밀도 도심 공간 확산
- 밀도가 낮아짐에 따라 상대적 저수익 상업 공간 구성(이용자 축소에 따른 소매점/ 카페/ 술집/ 식당 등)

그럼에도 불구하고 밀도의 효율성과 경제성, 생산성은 대체 불가능으로 중심 CBD규모가 축소되고 변형이 되더라도 계속 CBD는 존재할 수밖에 없다. 다만 직주근접형 CBD로 일종의 압축도시(Compact City) 형태로 남을 것이다.

패러다임 변화와 상업(업무) 공간적 대응

효율과 생산성이 초고도화로 이동하는 환경에서 도시구조는 재편될 수밖에 없다. 초고도화되며 공간을 자극하는 요인들을 살펴보면 다음과 같다. 각종 무인 서비스화에 의한 생산성 극대화, 온라인과 비대면 경제 활동의 증가는 대면관계로 유지되는 경제적 배경인 자영업의 붕괴로 이어진다. 이로 인한 저자본, 저숙련, 저 생산성 종사자들에 대한 사회 경제적 안전망 필요, 동시에 경제활동력이 낮은 고연령층의 증가 역시 이에 대한 사회공간적인 측면에서도 고려되어야 한다. 즉, 국가 차원의 경제적 보조뿐만 아니라 자생적 경제 활동을 지원하고 만들어야 한다.

도시에서 상업 공간을 고려할 때 최소한의 수익 공간을 마련하고 프로그램을 새롭게 구성해서 최소한의 자립적 경제 기반 환경을 만들어 제공할 필요가 있다.

인구구조나 사회적 변화로 저출산으로 인한 아동 가족 개념 약화, 고령화로 인한 배리어프리 시설 요구 급증, SOHO 개념의 허브 공간 요구 필요, 온라인 서비스 확장으로 개인의 유휴시간 증가 등은 기능의 효율성에 의해 구분된 기존 도시와 다른 공간 구성을 요구한다. 상업 기능을 담당하는 상업 공간 역시 이런 생활 사이클 안에서 하나의 활동으로 계획될 필요가 있다.

지역 지구 분리가 아닌 하이브리드 조닝이 필요하다. 이러한 하이브리드 조닝에서 업종 및 업역, 주거 프로그램들이 공존하게 된다.

도시의 기능별 분화 약화 - 다핵도시화

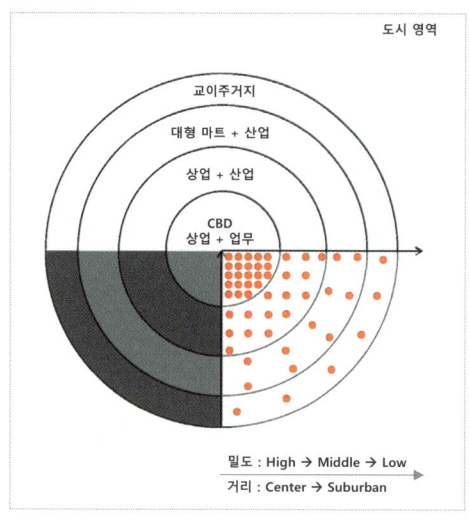

- 기능 중심의 모더니즘 도시
: 도시의 CORE로서 CBD로 구성되며, 중심과 교외로 분화되어 있다. CBD를 중심으로 집중화 되어 있어서 효율과 생산성이 극대화 되어 있다. 각각의 영역은 기능별로 분화된다. 이로 인해 일정 규모 이상으로 확장될 경우 이동 시간이 지체되거나 이용도에 따라 토지 가격이 급등할 수 있는 요인이다.
: 기능별 분화는 이용 시간대에 따라 공간 이용률도 달라져서 최정점과 최저점의 이용률 차이가 커진다. 공간 효율 역시 정점에 대비한 저점의 차이가 커서 변수 발생 시 비효율적 공간운영이 된다.

- 다핵도시
: 도시의 CORE로서 CBD가 존재하지만, 기능별로 분화된 작은 CBD로 분산되어 있다. 토지가격 역시 다핵으로 분화된 만큼 비교적 균질화를 형성하면서 경제성을 확보한다.
: 각각의 지역 중심은 재택 근무 지역 허브나 소지역 중심으로 계속 분화될 수 있고, 도시민의 시간과 공간 이용이 효율적 운영이 가능해진다. 이로 인한 유휴시간의 증가는 도시 공간에서 새로운 여가 공간을 요구하는 요인이다.
: 사교적 소비공간의 증대는 도시공간 이용의 시간 효율성과 유휴 증가로 발생하며, 적정 단위의 공원과 유휴공간, 소비공간, 상업 공간, 공공공간 등으로 구성될 수 있다.

거대 중심 집중적인 도심 밀도는 약화되지만, 복합기능을 처리할 수 있는 변형된 직주개념의 CBD는 유효 → 다핵도시화, 15min City (또는 30min City)

Just in time 개념의 도시 구조 : 언제, 어디서나, 누구나 즉시 일하고 쉬고 만나고 놀 수 있는 구조화. 일종의 유비쿼터스 체제의 도시 구조

※ Online Social network 또는 메타버스 사회로 전환은 비대면과 전통적 거래를 극복함으로써 기존 도시의 필수적 과정을 위해 이동하지 않아도 된다. 이에 따라 전통적 도시 공간을 이용하는 9-5 업무와 출퇴근의 개념이 흐려져 도시 공간에 대한 새로운 재편과 정책, 제도가 요구된다.

도시의 상업(업무)공간의 변화

보행이 중심되는 도시로 전환되며, 가로를 중심으로 직주근접 또는 직주일체형 도시를 지향한다.

본 연구의 주제가 되는 도시의 특성상 상업(업무) 영역의 마케팅 대상은 지엽적 시장일 수밖에 없다. 이에 따라 지역(Local), 근린 생활 범위(Neighborhood)를 대상으로 하며 물류 및 유통 기능으로 제한적 위치에 지방단위 대상(Regional)으로 할 수 있다.

상업(업무)공간의 새로운 구분

- 수변 상업 가로 : 유휴 시간을 즐기는 레저 기능 포함
- 노선 상업 가로 : 업무 및 소규모 상업 행위가 이루어지는 가로
- 생활 상업 가로 : 중산층 유지를 위한 저수익 근린상업시설, 도시의 공공적 기능을 가진 사교적 소비공간(카페 등), 공공 지원 시설이나 센터 배치가 가능한 가로
- 중심 상업 시설 : 호텔 또는 오프라인 유통 시설, 인구를 바탕으로 하는 각종 업무집적 시설의 필요. 인근 도시와 연계된 상업(업무) 시설의 집중 배치 지역

유휴 시간 활동을 위한 도시 공간 구성 필요

도로율이 높은 직주일체형, 직주근접형 도시 구성은 다양한 연령층이 도시 공간을 다양한 시간대에 이용할 수 있도록 배치 구성한다.

감성적 도시 기능이 부각되며, 보행권 안에 공원, 도서관, 카페, 공유 오피스, 중소규모 상업 및 업무시설 등이 배치되어야 하며, 지루함이 없는 친환경 보행가로를 형성해야 한다.

수변공간, 보행가로의 공원화, 자전거 및 보행로와 차도의 여유, 가로변 시설의 입면 디자인, 각종 스트리트 퍼니처 등을 제안한다.

노선 상업지역 (작성: 홍성용)

- 노선 상업지역 : 선형으로 구성된 도시의 교통망은 척추처럼 구성되며 이는 도시의 경관을 읽는 주 동선이 된다. 따라서 노선 상업지역은 도시를 경험하는 사람들에게 다양한 기능과 인식의 장치로 디자인되어야 한다.

생활가로(근린생활시설) - 집중
생활가로(근린생활시설) - 분산 (작성: 홍성용)

- 생활가로는 노선 상업지역을 횡으로 연결하는 풍부한 도시 생태계를 구성하는 모세혈관처럼 구성된다. 시장경제의 도시에서 생활가로는 상황에 따라 경쟁력이 필요한데, 통행량 등과 관계있는 번잡도와 관련이 있다.
- 생활가로를 구성하는 시설, 즉 근린생활시설을 자립형과 지원형으로 구성해서 유지해야 할 필요가 있다.

수변 상업지역   (작성: 홍성용)

- 수변 상업 지역, 즉 수변가로는 보행 중심의 가로로 구성되며, 도시의 경험과 감성을 극대화하는 이미지 요소다. 적절한 사교적 소비공간(카페와 같은 사람들의 만남이 이루어지는 소비 공간)은 보행가로 경험을 극대화하는 장치가 될 수 있으며 도시 활력을 증폭시키는 장치이기도 하다.

중심 상업지역   (작성: 홍성용)

- 중심 상업지역 : 가로 중심의 도시에서도 자급자족의 기능을 담당하는 주요 기능이 있어야 하며, 이는 중심 상업지역 내 업무시설과 각종 지역거점형 상업 공간의 필요성이 요구되는 이유다. 공공시설이나 업무기능이 중점적으로 구성될 수 있으며, 코로나 이후의 전염병 시대에 거점형 업무시설들의 클러스터가 가능한 지역으로 개발될 필요도 있다.

- 유통 및 쇼핑센터 : 온라인마켓으로 생필품들을 구매하고 배달받는 소비 상황에서도 거점이 되어야 할 유통 및 쇼핑센터의 역할은 필요하다. 특히 농수산물 중심의 신선상품 중심의 유통 및 쇼핑센터는 여전히 유효한 도시형 공급시설이다.

유통상업지역(유통 및 쇼핑센터)　　(작성: 홍성용)

- 유통상업지역(물류단지) : 온라인 마켓 시장이 중심이 되어도, 물류 허브는 절대적으로 필요하다. 따라서 지역 내 온라인 배송을 책임져야 할 물류단지는 도시를 연결하는 광역교통망과 밀접하게 배치되어야 한다.

유통상업지역(물류단지)　　(작성: 홍성용)

– 창고형 할인 매장 단지 : 대규모 창고형 할인 매장들이 생필품 중심에서 특정 카테고리로 집합되며 운영될 수 있다. 특히 레저 등 유휴 시간과 관련 있거나 아웃도어 라이프와 관련 있는 새로운 카테고리 킬러 매장은 지속적으로 요구된다.

창고형 할인매장단지(코스트코, 데카트론) (작성: 홍성용)

주(註)

1. https://www.mckinsey.com/industries/public-and-social-sector/our-insights/us-small-business-recovery-after-the-covid-19-crisis 재인용 : André Dua, Deepa Mahajan, Lucienne Oyer, and Sree Ramaswamy , McKinsey & Company 20200707 기사

2. EBITDA는 '세전·이자지급 전 이익' 혹은 '법인세 이자 감가상각비 차감 전 영업이익'을 말한다. 즉, 이자비용(Interest), 세금(Tax), 감가상각비용(Depreciation & Amortization) 등을 빼기 전 순이익을 가리킨다.
   EBITDA는 이자비용을 이익에 포함하기 때문에 자기자본과 타인자본에 대한 기업의 실질이익창출 금액과, 현금지출이 없는 비용인 감가상각비를 비용에서 제외함에 따라 기업이 영업활동을 통해 벌어들이는 현금창출 능력을 보여준다. 따라서 EBITDA는 수익성을 나타내는 지표로, 기업의 실가치를 평가하는 중요한 기준으로 사용된다. 또 국가 간 또는 기업 간에 순이익이 상이하게 계산되는 요인(세제의 차이 등)을 제거한 후, 기업의 수익창출 능력을 비교할 수 있는 지표로도 널리 활용된다.
   [네이버 지식백과] EBITDA (시사상식사전, pmg 지식엔진연구소)

3. 경제학자 닉볼륨의 연구에 따르면 재택근무가 전체 근무일의 1/5 (21.3%)으로 유지될 것으로 예측하고 있다. 관련 기사 근거
   https://www.bloomberg.com/news/features/2021-05-14/the-post-pandemic-future-of-central-business-districts

교육 문화 블록

파비오 다카로 | 고려대 건축학과 교수
Fabio Dacarro | 치치노(ChiChiNo) 공동대표

김상길 | ㈜에이텍(ATEC) 건축사사무소 공동대표
| 건축사

(번역) **현명석**

개념과 문화적 배경

광명·시흥 특별관리지역은 공원과 녹지를 연결하는 그린 밴드, 교육 문화 블록이 있는 문화 밴드 등 밴드 시티형 도시 구조를 가지게 된다. 교육 문화 블록은 교육 시설과 문화시설을 블록 내에 집중 설치해서 하나의 밴드를 형성하는 블록이다. 이러한 시도는 두 가지의 중요한 의미를 내포하고 있는데, 첫째는 밴드 시티를 구성하는 도시의 구조에 관련한 것이며, 둘째는 교육시설과 문화시설을 모아 블록의 구성을 통해서 학교 시설과 사회 문화시설을 통합하려는 의도와 기존 학교 시설을 획기적으로 변경하기 위한 방법으로 기존의 전형적인 형태에서 탈피하여 창조적 교육 환경을 제공하려는 시도이다. 도시 구조로서 밴드 시티는 '선형과 블록형 도시 복합체, 새로운 도시 구조'의 장에서 설명한 '밴드 시티' 항목에서 자세히 설명하였다.

교육환경 변화에 대응할 수 있는 시설의 프로그램은 두 가지의 목표를 가지고 있다. 첫째, 교육환경을 바꾸고자 하는 이유는 우리 사회의 학생 교육에 대한 변화의 요구를 담고자 하는 것이며, 창조적 교육환경의 구축을 요청하는 새로운 시대적 요구에 적극적으로 호응하고자 함이다. 좀 더 구체적으로 정리하면, 기존의 전형적인 학교의 형태는 소위 산업화 시대의 대량생산과 효율성의 극대화를 위한 사회적 기준에 따른 물리적 환경이다. 규격화된 학교 시설과 통일된 교과제도를 그대로 반영한 것이다. 그러나 현시대는 획일적인 교과제도와 환경이 아니라 보다 창조적이며 다양성을 반영하는 환경을 지향하며, 지역적 문화적 특성을 반영하는 지역 맞춤형 학교가 요청되고 있는 것이다. 둘째, 학교는 더 이상 사회와 괴리되지 않고 긴밀하게 연결되어야 하며, 특히 학교의 시설 수준을 최대한 높이고 사회적 시설과의 통합과 연계를 통해서 누구나 쉽게 접근하고 사용할 수 있도록 하고자 함을 목표로 한다. 학교의 운동장과 사회의 체육시설을 같이 묶고 도서관과 공연장, 뮤지엄 갤러리를 학교와 운영하도록 하

Education and culture blocks

Concept and cultural background

The "Gwangmyeong and Siheung Special Management Area" masterplan defines the city structure as an aggregate of bands. Among such bands, the education and culture blocks bind with the parallel bands connecting parks and greenery to form the city's cultural bands. That is, the educational and cultural facilities concentrate within the same block, which then formulates the cultural band. This approach has two important implications. The first concerns the urban structure of the band city. The second concerns the intent of the project to integrate the school and socio-cultural programs by collocating both the educational and cultural facilities within a single block. It attempts to provide a creative educational environment, and rejects the current typical ways of planning. It thus aims to radically change the ways in which current school institutes operate. The band city as an urban structure was explained in detail in the previous chapter, "Linear and block-type city complexes, the skeleton of a new city."

The changes in facility use and program that aim to bring radical shift to the education environment target the following two objectives. The first objective is to actively respond to the pressing collective demand for a change in our education system, and also to respond to the demand of the new era that calls for a built environment that inspires creativity. To be more specific, the existing type-form of schools has been a direct materialization of the standardized school facitlites and uniform curriculum. It has been the byproduct of the fast-paced industrialization, mass-production, and the relevant social measures that aim to maximize efficiency. Our age, however, demands an environment that can cultivate

면 학생들에게는 학창 시절에 이미 최고 수준의 문화 예술을 충분히 경험하도록 할 수 있으며, 시설의 운영에 있어서는 늘 다양한 세대가 같이 향유하는 활기 있는 시설이 될 것이다.

교육 문화 블록은 학교와 주요 생활 인프라에 속하는 문화시설들, 즉 도서관과 전시, 공연장 등을 같이 배치하며, 교육 시설 중 운동장과 학생 도서관, 체육관, 식당 등을 사회와 공유하는 방안을 제안한다. 광명·시흥 특별관리지역에는 대략 32개 정도의 초·중·고등학교가 필요하다. 이 학교들을 인구의 비례에 따라 여러 교육 문화 블록에 분산 배치하며, 각 블록에는 가급적 서로 다른 거점 시설들을 배치하여 각 블록 간에도 서로 의존하고 공유할 기회를 제공하고자 한다. 즉, 공연이 강조된 블록과 도서관이 강화된 블록, 수영장이나 빙상장이 특별히 강화된 형태의 블록 등을 분산하고 도시 전체로 보면 풍성한 문화시설들을 상호 연계하여 학생들과 시민들이 공유하는 시스템을 마련하려는 것이다.

교육 문화를 위한 다기능 복합체: 일반 원칙

교육과 문화 시설의 상호 작용

계획안의 기본 원칙은 문화와 교육 기능을 함께 모아 복합 단지를 만드는 것이며, 이들 기능 사이 상호 교류가 가능한 연결 체계를 구축하는 것이다. 다양한 학년의 학교 복합 단지는 도시 전역에 걸쳐 골고루 분산 배치되며, 각 복합 단지는 도시 문화 시설(강당, 극장, 도서관 등)에 인접한다. 도시 문화 시설은 학생이 바로 접근, 사용할 수 있는 위치에 놓이며, 때로는 학교 시설의 일부가 되기도 한다. 실제로 학교 문화 프로그램은 도시 문화 시설 프로그램의 일부가 된다.

교육 시설의 공유

광명시의 이런 학교 복합 단지 설계 개념은 일본과 미국과 유럽 몇몇 나라를 포함해 세계 여러 지역에 이미 널리 적용되고 있는 최근 경향에서 비롯한다. 이 경향에 따르면, 학교 시설은 수업이 이뤄지지 않는 방과 후 시간에 이웃 주민이 활용할 수 있도록 공유된다. 예컨대 체육관, 도서관, 식당, 연구실 등 학교 복합 단지의 일부 시설을 학생이 사용하지 않는 시간에 이웃 주민에게 개방하는 것이다. 이런 까닭에, 신축 건물의 경우 처음 계획 단계부터

creativity and tolerate differences, rather than that imposes homogeneity. It calls for a region-specific school environement that can adapt and respond to its local characteristics and culture. The second objective is to no longer leave the school separated from its community, and to closely reconnect the two parties. It is to improve the qualities of school facilities to their maximum degree, allow for all communal members to access and utilize the facilities as needed, and socially mingle the different classes and generations. By binding together the school playground with the neighborhood workout facility, or by providing the students with the access to communal libraries, performance halls, museums, and galleries, we could offer the future generation with the best-in-class cultural and artistic experience. From the management side, the facilities would remain active throughout the day and seasons, and formulate a communal hub for diverse generations to merge and enjoy.

Our project for the education and culture blocks proposes to juxtapose the schools with the major cultural facilities – such as libraries and exhibition and performance halls –, which are primarily the properties of urban and communal infrastructure. It offers the ways in which the educational facilities – such as school playgrounds, libraries, gymnasiums, and cafeterias – can be shared with the neighboring communities. We estimate that approximately thirty two schools (elementary, middle, and high schools combined) will be in need for the city of Gwangmyeong and Siheung. The project proposes to distribute these schools in propotion to local population; and place at least one anchoring facility inside each education and culture block with the intent to instigate interdependency and sharing among different blocks. For example, a performing arts-oriented block and a library-oriented one or a block including a swimming pool and that including an ice rink would be scattered throughout the city with enough distance. This would inject the city as a whole with a rich network of cultural points, a system of commonality for all members of the community to share.

A multifunctional complex dedicated to culture and education: general principles

Culture and education interaction

The principle at the base of the project described below is the creation of

예컨대 공간의 가변성 또는 확장성이나 성인 체형을 고려한 치수 적용과 같은 몇몇 중요한 문제에 주의를 기울이며 설계가 이뤄져야 한다.

도시 영역 위 균등하고 "묽은" 확산

계획안에 적용한 기본 원칙은 문화 공간을 어느 한 곳에 집중 배치하지 않는 것이다. 문화 공간을 한곳에 집중 배치하는 것은 이미 폐기된 유럽 전통 도시의 전형적인 계획 개념, 다시 말해 가장 높은 가치의 기능이 집중된 도심 지역과 외곽 주거지역을 나누는 계획 개념을 반복하는 셈이다. 반면 우리 계획안에서는 앞서 언급한 대로 교육과 문화 시설의 상호작용을 위한 원칙에 따라 문화 시설을 잘게 나눠 학교 시설에 인접해 배치했다. 모든 문화 시설은 도시 영역 위에 균등하게 확산되며, 높은 밀도로 집중되기보다 모든 곳에 골고루, 묽게 퍼진다.

중심부와 주변부를 나누는 이분법의 문제를 밴드(band) 유형의 설계를 통해 피할 수 있다. 실제로 교육 문화 밴드는 도시 전역을 횡으로 가로지르며 배치되는데, 이들 밴드는 도시 외곽과 주거지역을 목감천에 따라 종으로 길게 형성된 도시 척추와 통합한다.

complexes that gather cultural and educational functions in a single place, thus creating an articulated system allowing mutual exchanges. The school complexes of different grades will be equally distributed throughout the city and adjacent to the town's cultural facilities (auditoriums, theaters, libraries, etc.). This will put the places for culture at the direct disposal of students, making them, in practice, part of the school facilities. Cultural programs dedicated especially to schools will integrate the everyday schedule of these spaces.

Shared education facilities

The concept of the school complexes designed for the city comes from a trend recently spread in different parts of the world, including Japan, the United States, and some European countries. According to this trend, school equipment should be shared, during non-school hours, with the neighborhood. Namely, parts of the school complexes such as gyms, libraries, cafeterias, and laboratories can be made available to the neighborhood residents when students do not use them. In the case of buildings built from scratch, the design is supposed to pay attention to some crucial issues, such as spacial flexibility and dimensional standards suitable for adults.

Equal distribution and "dilution" on the city territory.

The principle underlying the project is avoiding concentrating the cultural spaces in a single location. Such choice, in fact, would repropose the subdivision -typical of traditional European towns- between the city center, where the most valuable functions are located, and the residential belt, a concept today entirely abandoned. Instead, following the above-described principle of interaction between cultural and educational places, the cultural facilities have been fragmented and flanked to the schools, thus equally diluting them on the city domain. The problem of the center-periphery dichotomy has been further weakened through the band-type design. The educational/cultural bands, in fact, cross the entire transversal section of the urban layout unifying the more peripheral and residential zones with the spine along the river.

계획안

도시 계획

교육 문화 시설 계획에서 가장 먼저 한 일은 도시 거주 인구 대비 필요한 초·중·고등학교 개수를 추산하는 것이었다. 그 결과, 초등학교 16개교, 중학교 8개교, 고등학교 8개교, 모두 합쳐 32개의 학교가 필요한 것으로 파악됐다. [그림 1]

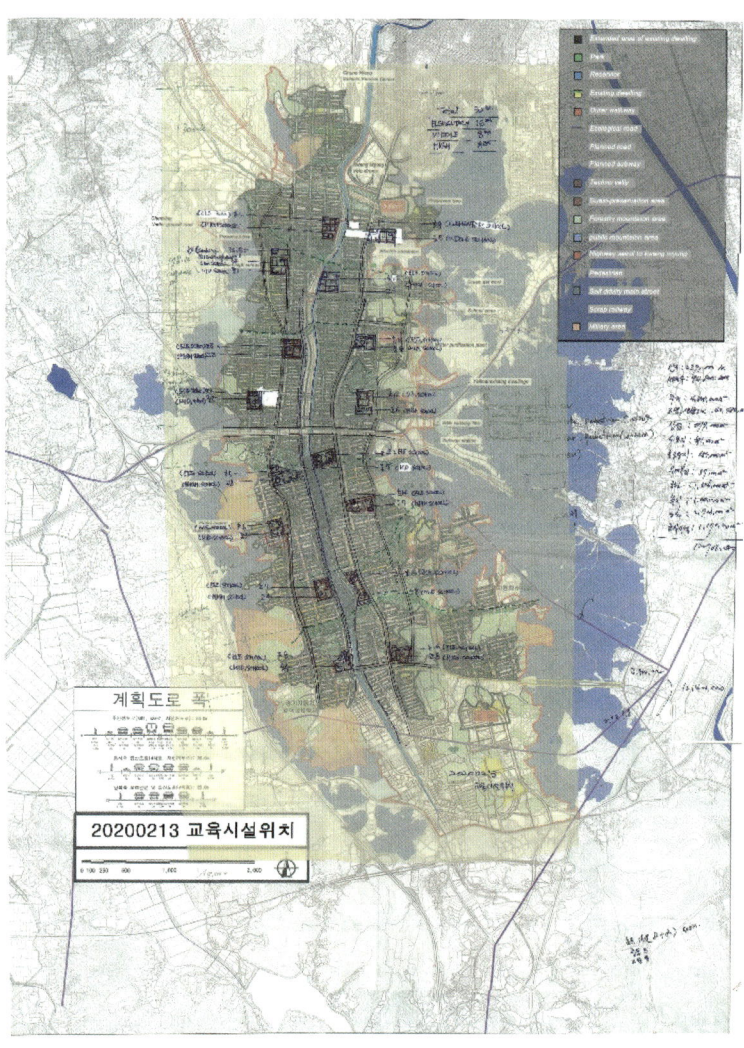

[그림 1] 학교 개수 추산과 배치 연구
[Fig. 1] Schools quantity / rough location study
(Source: Hee Ok Kim)

The project

Urban planning

The educational/cultural zones project started with identifying the necessary number of primary and secondary schools for the resident population. It was recognized that, in total, 32 schools are needed, among which 16 elementary, 8 middle, and 8 high schools (Fig.1).

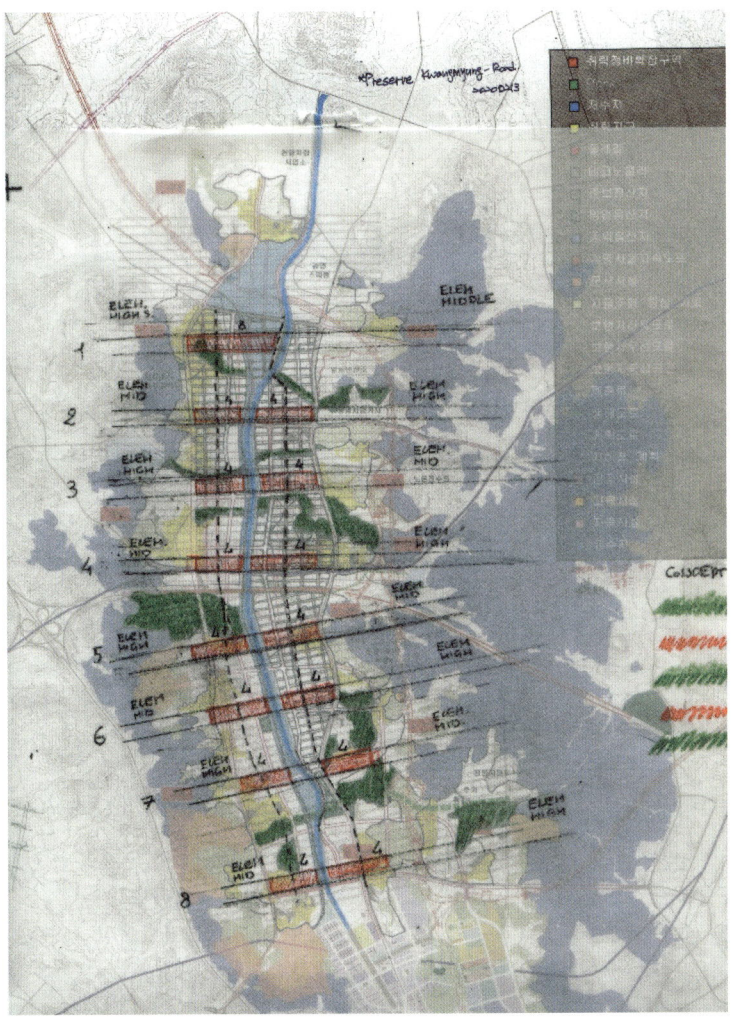

[그림 2] 학교 배치, 첫 번째 제안
[Fig. 2] Schools location, first proposal
(Source: Fabio Dacarro)

32개의 개별 학교를 다시 2개씩 묶어 2개의 건물과 기타 부속 시설로 이뤄진 16개의 단지로 나눴다. 이들 16개 단지는 도시 전역에 걸쳐 분산 배치된다.[그림 2] 각 학교 단지를 포함하는 띠는 도시 조직을 횡단하는 녹색 띠와 번갈아 배치되며, 도시의 레저 문화 공간 축을 따라 넓게 골고루 분포된다.[그림 3]

각 학교 복합 단지는 도시 조직을 이루는 기본 단위 블록 4 X 2개에 해당하는 형태와 면적을 갖는다.[그림 4]

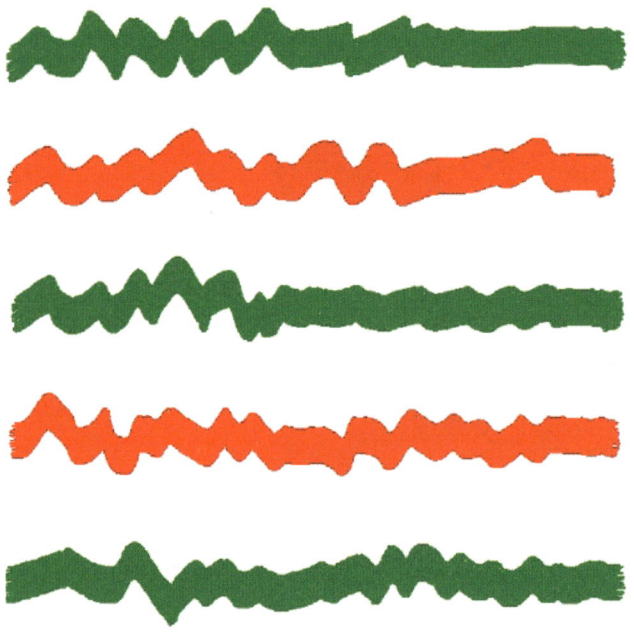

[그림 3] 학교 배치 개념도
[Fig. 3] Schools location concept diagram
(Source: Fabio Dacarro)

교육 복합체 프로토타입

교육 복합 단지를 형성하는 기본 건축 설계 원칙을 세우기 위해 다이어그램 형식의 프로토타입을 제안한다. 첫 번째 목표는 교육 복합 단지를 주거 블록 영역에 개방하는 것이다. 이를 위해 학교 건물과 중정을 번갈아 놓는 배치를 채택했다.[그림 5] 이로써 교육 복합 단지는 주거지 사이를 막는 장벽이 되지 않고, 주거지를 향해 번갈아 열린 형식을 띠게 된다.[그림 6]

The schools were then grouped into complexes composed of two buildings (plus facilities) and distributed throughout the territory (Fig.2). In particular, the bands were alternated to the green stripes that cross the city layout to achieve an even distribution along the city axis of recreational/cultural spaces (Fig.3).

The area made available for each school complex corresponded to 2 x 4 blocks of the city fabric (Fig.4).

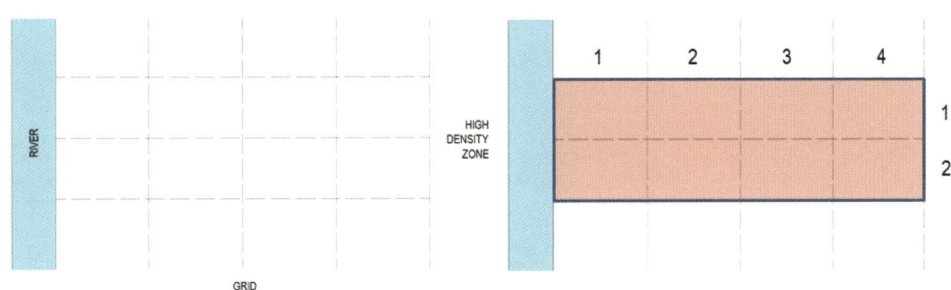

[그림 4] 학교 단지 면적

[Fig. 4] Area for school complexes
(Source: Fabio Dacarro)

The prototype for the educational complex

In the form of a diagram, a prototype was created to fix the basic architectural principles of the complex.' The first goal was to open it to the residential block areas. An alternating court layout was chosen for this purpose (Fig. 5). The complex, thus, does not act as a barrier between the residential areas but opens towards them alternatively (Fig. 6)

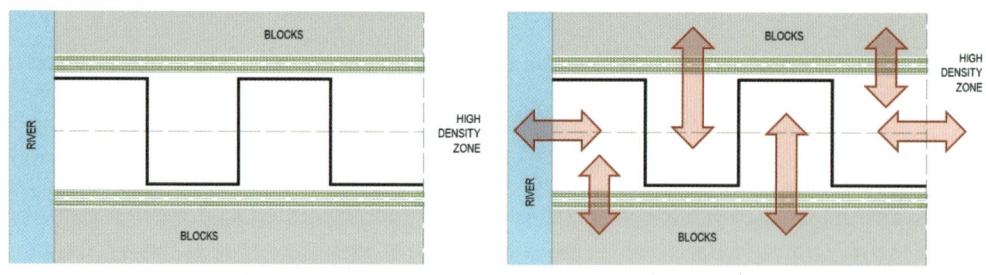

[그림 5] 학교 단지 프로토타입 다이어그램
[Fig. 5] Diagram for the school complex prototype
(Source: Fabio Dacarro)

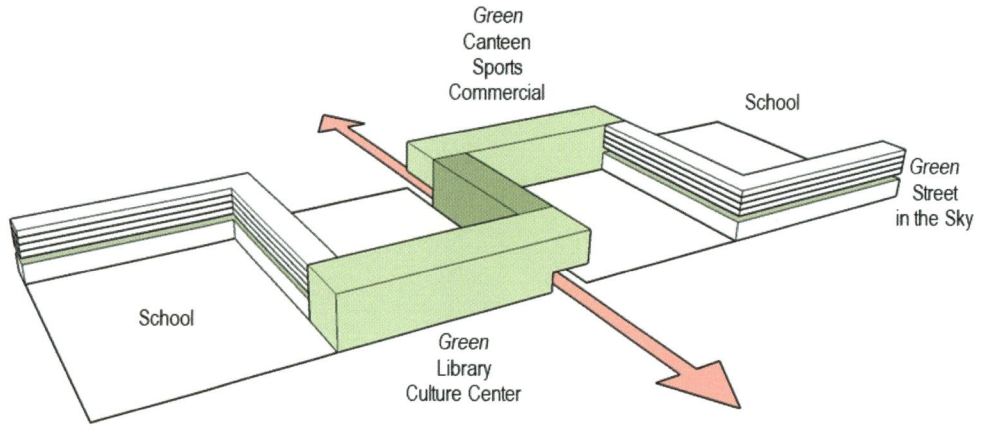

[그림 6] 학교 단지 매스
[Fig. 6] School complex massing
(Source: Fabio Dacarro)

 기능 구획은 두 개의 L자형 학교를 배치하는 방식으로 이뤄진다.[그림 7] 이 사례는 초등학교와 중학교를 결합한 것이다. 교실과 실험실은 다양한 학교 시설, 예컨대 체육관, 도서관, 식당과 매점, 학습 문화 센터 등을 통해 연결된다. 이런 학교 시설은 방과 후 시간에 이웃 주민이 활용할 수 있도록 개방된다.

 설계 의도는 이런 일군의 건물을 통합하고 연속적으로 만들고자 하는 것이다. 이런 의도에 따라 건물을 연결하는 복도는 넓고 개방된 형태로 중간층에 배치했다. 실제로는 반-공용의 "공중 가로"라 할 수 있는 복도는 학교 복합 단지 전역을 가로지르며 일종의 "녹지 길"이자, 학생과 주민의 여가 생활, 경작, 교육을 위한 도시숲, 도시 농장이기도 하다. 필요하다면, 교육 복합 단지는 가로 위를 가로질러 배치될 수도 있다.[그림 6]

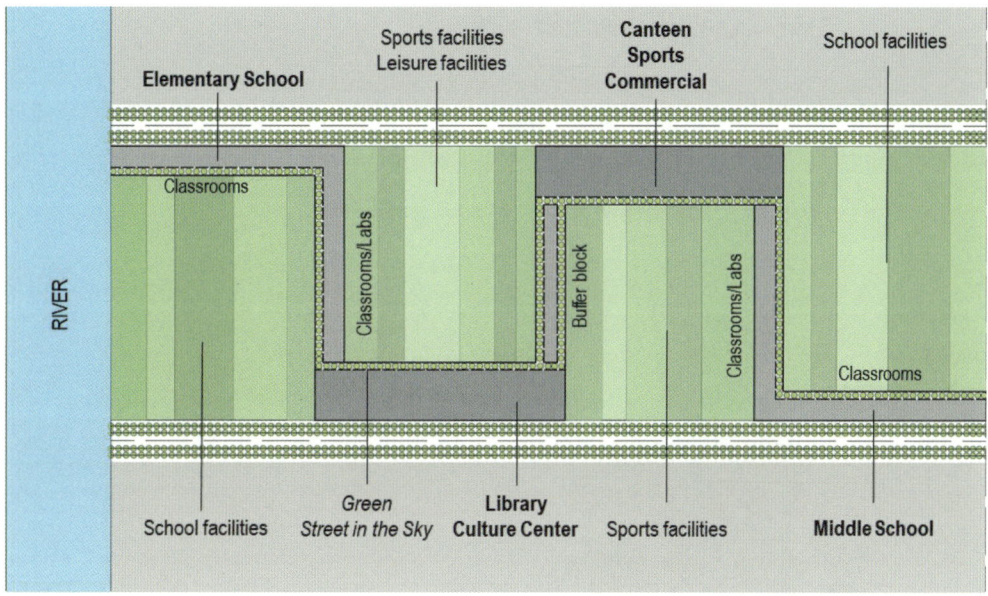

[그림 7] 기능
[Fig. 7] Functions
(Source: Fabio Dacarro)

The functional zoning (Fig. 7) shows two L-shaped schools (in this case, elementary and middle) with classrooms and laboratories connected through the school facilities (gym, library, canteen, study / cultural center, and commercial). The latter are available to the neighborhood during school closing times.

The design intends this group of buildings as integrated and continuous; therefore, a path between them was created as a wide, open corridor at the middle floor level. The corridor (which is actually a semi-public "street in the sky") runs along the entire complex, is intended as a "green road,": an urban forest and farm for recreation, cultivation, and education of students and neighborhood. The complex can also, if necessary, be crossed by streets (Fig. 6).

Application and integration with the culture complex

Finally, the educational complexes were arranged on the master plan of the city. The principle mentioned above of alternation with the green bands has guided the design: the complexes were allocated in the proximity of the greenery. Eight bands were thus identified (Fig. 8).

문화 복합체와의 통합과 적용

마지막으로, 교육 복합 단지를 도시 마스터플랜 위에 적용, 배치했다. 위에서 이미 언급한 교육 문화 밴드와 녹지 밴드를 번갈아 배치하는 원칙을 따랐으며, 결과적으로 녹지에 인접, 근접한 모두 8개의 교육 문화 밴드가 배치됐다. [그림 8]

[그림 8] 교육 복합 단지 배치 최종 제안
[Fig. 8] Final study for the location of education complexes
(Source: Fabio Dacarro)

선정된 대지 조건에 따라 블록은 두 가지 유형, 곧 3x2 또는 (2x2) + (1x2)로 유연하게 조정, 배치될 수 있다. [그림 9] 교육 복합 단지 프로토타입은 이처럼 다양한 조건에 맞춰 그 형식과 규모와 세부 배치가 조정됐다. [그림 10, 12] 결과적으로 복합 단지는 주거 블록을 향해 더 열린 형식을 띠게 됐으며, 가용 대지 면적의 절반만 차지하게 됐다. 이렇게 남은 대지는 공원으로 활용한다.

3 x 2 blocks   2+1 x 2 blocks

[그림 9] 선정된 대지에 적용된 교육 복합 단지 레이아웃 유형
[Fig. 9] Layout types of the areas selected for the allocation of the education complexes
(Source: Fabio Dacarro)

A study of the arrangement of the blocks in the selected areas highlighted the recurrence of two types of layout: one composed of 3x2 blocks and one comprising 2+1x2 blocks (Fig. 9)

The educational complex prototype has been adapted to these conditions, and its dimensions and layout updated (Fig. 10, 12). The final layout is even more open towards the residential blocks and occupies only half of the available area. The second half has been designated as a park.

The same principle was adopted for the cultural complex, placed beside the former according to the criteria illustrated in paragraph 2.1 (Fig. 11). Such complexes include cultural facilities serving the neighborhood but also extending their range to the whole population of the town.

앞에서 언급한 기준에 따라 문화 복합 단지는 교육 복합 단지에 인접해 배치했으며, 동일한 설계 원칙을 적용했다. [그림 11] 이런 복합 단지는 이웃 주민을 위한 문화 시설을 포함하며, 동시에 광범위한 도시 주민의 문화생활을 위해 활용될 수도 있다.

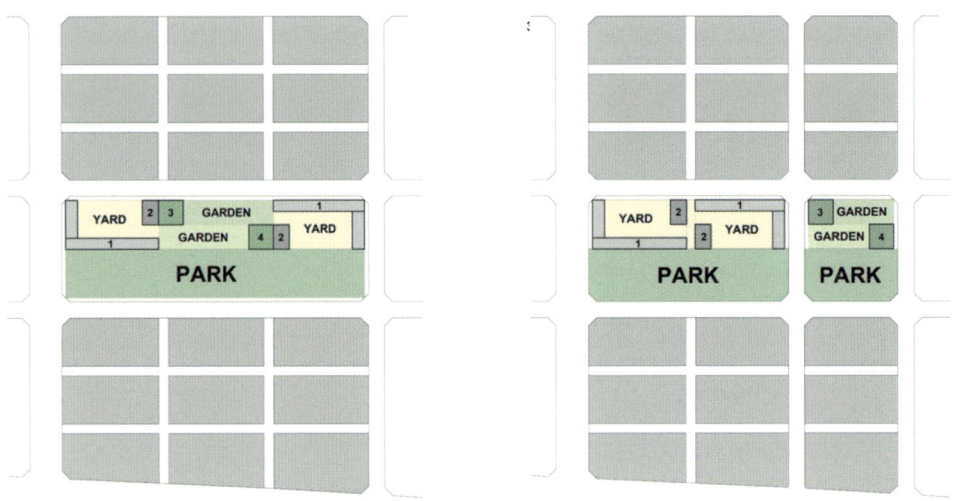

[그림 10] 레이아웃 유형에 따른 교육 복합 단지 프로토타입 조정
1) 학교, 2) 체육관, 3) 매점/식당/상업 시설, 4) 도서관/문화 센터(노인 시설).
[Fig. 10] Updating of the education complex prototype layout according to the layout types.
1) School, 2) Gym, 3) Canteen/Sports/Commercial, 4) Library/Cultural Center (Seniors Center)   (Source: Fabio Dacarro)

교육 문화 복합체의 핵심은 녹지와 건물을 결합하는 것이다. 학교와 문화 시설은 실제로 공원 녹지를 바라보는 한편, 자체적으로도 정원과 녹지를 확보한다.

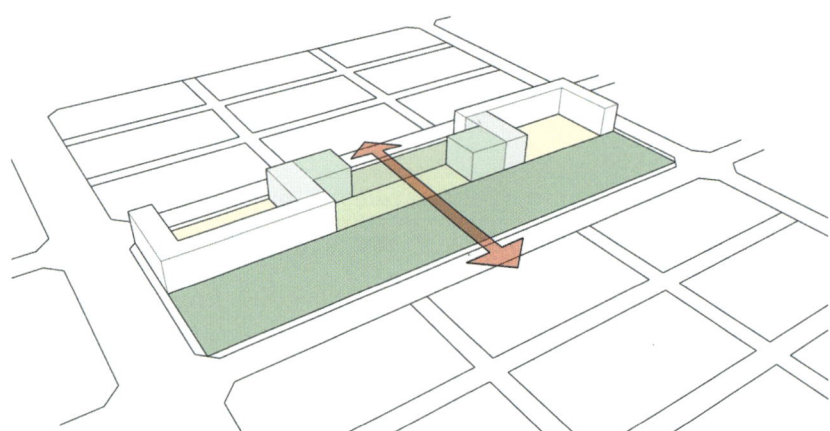

[그림 12] 교육 복합 단지 매스. 화살표는 주거 블록을 향한 개방성을 표현한 것
[Fig. 12] Education complex massing. The arrow symbolizes its openness towards the residential blocks
(Source: Fabio Dacarro)

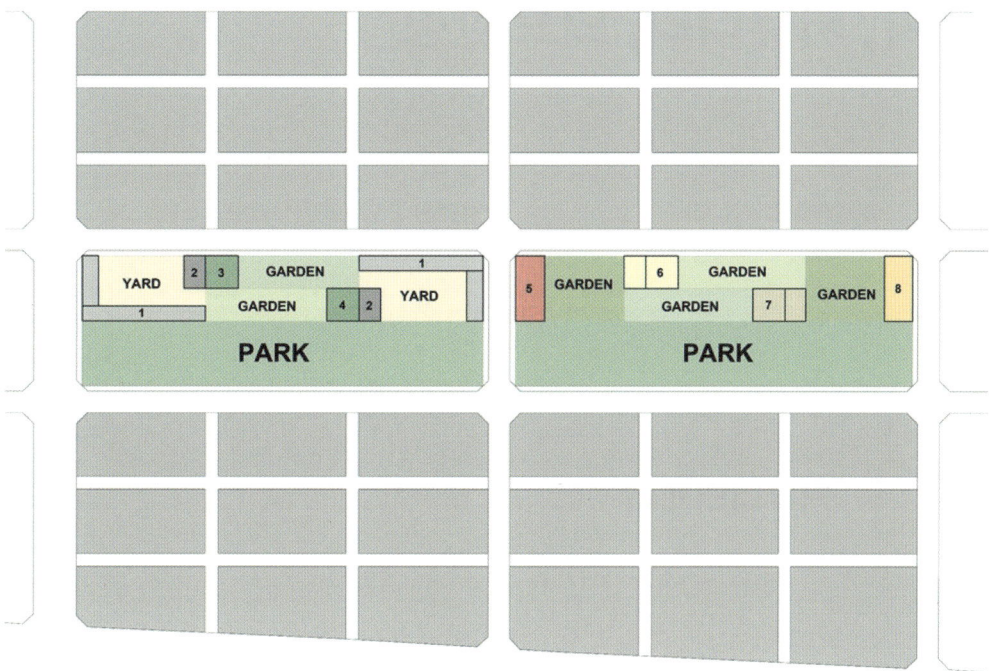

[그림 11] 교육 문화 복합 단지 레이아웃(3x2 블록 유형의 경우)
1) 학교, 2) 체육관, 3) 매점/식당/상업 시설, 4) 도서관/문화 센터(노인 시설), 5) 박물관/전시 시설,
6) 극장/공연장, 7) 영화관, 8) 갤러리/행사장.

[Fig. 11] Layout of the education/culture complex (in sample areas of 3 x 2 blocks).
1) School, 2) Gym, 3) Canteen/Sports/Commercial, 4) Library/Cultural Center (Seniors Center), 5) Museum/Exhibition space,
6) Theatre/Auditorium, 7) Cinema, 8) Gallery/Events Hall (the dimension of the cultural spaces are symbolic)
(Source: Fabio Dacarro)

The integration between green and buildings is the main feature of education and culture complexes. School and cultural facilities, in fact, while facing the park, have their own garden/green portion.

참고자료 Reference

- Dunn Danielle. *Making it Work: Designing Neighborhood Schools for the Entire Community*. Cornell University, Department of City and Regional Planning. Apr 2013.
  (http://s3.amazonaws.com/mildredwarner.org/attachments/000/000/460/original/838f24f77fac458f94acaaa124f4d8db)
- Municipality of Milan. Open Schools 2.0
  (https://www.comune.milano.it/aree-tematiche/scuola/progetti/scuole-aperte)

복지, 커뮤니티, 의료환경

권순정 | 아주대학교 건축학과 교수
건축사

박혜선 | 인하공업전문대학교 건축과 교수
건축사

커뮤니티케어

광명 특별관리지역 내 주민들에게 건강과 복지에 대한 서비스를 효과적이고 효율적으로 제공하기 위해서 의료, 복지, 커뮤니티 서비스를 연계, 통합하여 제공한다. 이것을 본 도시계획에서는 '커뮤니티케어(지역사회 통합돌봄)'로 정의한다. 커뮤니티케어는 주민들이 살던 곳(자기 집이나 그룹 홈 등)에서 개개인의 욕구에 맞는 서비스를 누리고 지역사회와 함께 어울려 살아갈 수 있도록 주거, 보건의료, 요양, 돌봄, 독립생활의 지원이 통합적으로 확보되는 지역주도형 사회 서비스 방식을 말한다.

본 도시계획의 기본 방향인 자연친화 도시, 안전하고 편리한 도시, 걸어서 생활이 가능한 보행도시, 더불어 사는 공동체 도시, 생산과 소비가 공존하는 자족 도시의 개념을 반영하여 의료 및 복지 서비스를 다양한 커뮤니티 서비스와 함께 제공하고, 건강한 일상을 누릴 수 있는 커뮤니티케어의 개념을 적극 추진한다.

커뮤니티케어를 효과적으로 구현하기 위해 우선 커뮤니티케어의 내용 및 역할을 설정하고 각 요소별 서비스의 종류와 공급량, 연계방식, 시설배치에 대한 기본 모형을 제시한다. 각 서비스는 지역 내 인구의 증가 및 개발 속도에 맞추어 단계적으로 개발, 공급한다. 지역 내 의료, 복지 수요가 충분치 않은 경우 서비스가 과잉 공급되지 않도록 하며 필요시 주변의 인프라를 활용한다.

커뮤니티케어는 지역 내 주거지원을 기본으로 하며 보건의료, 돌봄, 생활지원서비스 등을 포함한다. 종합병원 등 대형 의료기관은 커뮤니티 내의 시설이라기보다는 커뮤니티 외부에서 여러 커뮤니티를 지원하는 거점시설로 볼 수 있다. 커뮤니티의 범위는 지역에 따라 달라질 수 있으며, 시군구와 읍면동 사이의 규모로 통상 2~5개 동이 합쳐진 광역동의 규모로 볼 수 있다. 커뮤니티를 건전하게 유지하기 위해서는 아래 그림과 같이 다양한 기관과 서비스가 연계되어 제공될 필요가 있다.

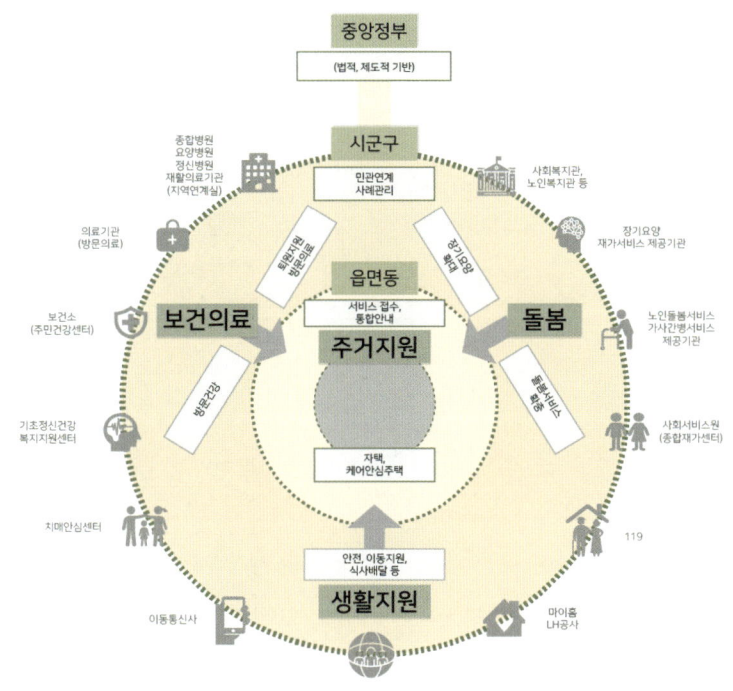

[그림 1] 커뮤니티케어(지역사회 통합돌봄) 제공 모형(대한민국 정책 브리핑, 2021) (작성: 권순정 재구성)

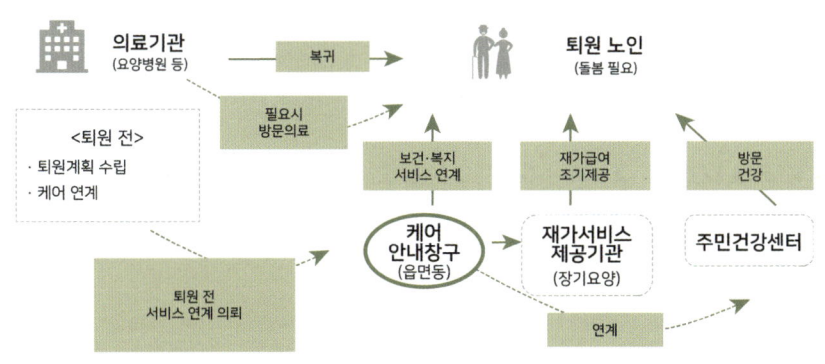

[그림 2] 퇴원환자 재가서비스 연계체계도 (작성: 권순정 재구성)

　　광명 특별관리지역에서 구현되는 커뮤니티케어는 기본적으로 아래 3가지의 원칙을 기본으로 한다. 첫째는 서비스의 접근성이다. 돌봄서비스 이용자에게 지역 '안'에서 서비스가 제공되어야 하므로 근거리에서 서비스 이용이 가능한 서비스 접근성이 중요하다. 둘째는 서비스의 통합성으로, '개개인의 욕구에 맞는', 즉 개개인의 욕구에 맞춤식으로 서비스가 연계되어 통합적으로 제공되는 서비스 통합성의 원리를 적용한다. 셋째는 공동체성이다. 이용자가 '지역사회와 함께 어울려 살아가며 자아실현 활동을 할 수 있도록', 즉 지역사회 속에서 이웃이 이용자를 위한 자연스러운 자원이 될 수 있도록 하는 공동체성을 강조한다.

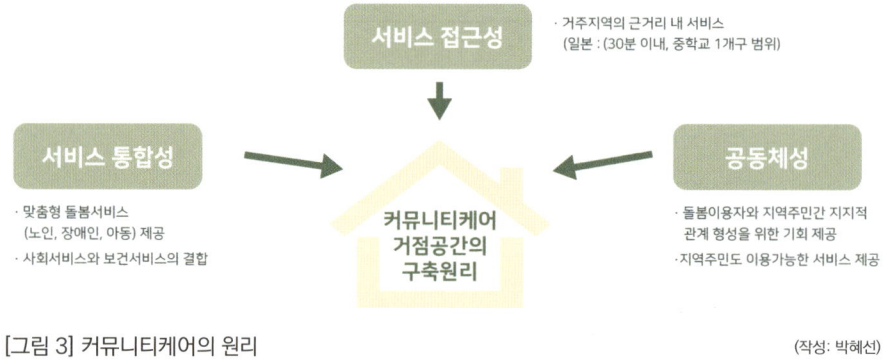

[그림 3] 커뮤니티케어의 원리 (작성: 박혜선)

커뮤니티케어를 제공하는 방식은 크게 3가지로 in the community, to the community, by the community로 구분된다. in the community는 지역사회와 떨어진 대형시설에서 살던 취약한 사람들이 건강한 사람들이 사는 동네로 장소를 옮겨서 거주하는 것을 의미한다. to the community는 시설에서 지역사회로 옮겨온 사람들이 지역 내에서 잘 지내도록 보건복지서비스를 제공하는 역할의 책임을 중앙에서 지방정부로 이전하는 것을 말한다. by the community는 정부만으로는 제공하지 못하는 서비스를 지역사회가 메워주는 자연적인 지원(natural support)을 제공하고, 분야별 상호 보완으로 자립을 유도하며, 다양한 주체의 참여가 강조되는 지역사회를 추구한다.

의료시설의 공급 및 입지계획

의료시설의 수요를 추정하기 위해서는 우선 별도의 부지를 사전에 확보해야 하는 300병상 이상의 종합병원(중환자실 있는 규모, 수련병원 규모임)에 대한 수요를 파악한다. 기타 의원 및 중소 병원급 의료시설은 수요 공급에 맞추어 자발적으로 개원하면 된다.

2019년 기준 전국에는 356개의 종합병원(100병상 이상급)이 있으며(보건복지부, 2020) 최근 들어 매년 5개 내외의 종합병원이 새로이 신설되었을 뿐 병원 증가가 활발하게 이루어지지 않고 있다. 아무래도 한국은 일본과 같이 대표적인 병상 과잉 공급 국가이면서 동시에 병원의 수익성을 높이기 쉽지 않은 의료환경으로 인해 병상 공급이 활발하게 이루어지기는 어려운 상황이다. 300병상 이상 종합병원은 전국적으로 165개(2016년도 병원협회조사)가 운영되고 있다. 이는 인구 300,000명당 1개 꼴이다. 이를 광명시에 대입하면 0.8개소가 필요하다. 인접한 시흥지역에 300병상 규모 이상의 종합병원이 없는 점을 고려하여 이번 광명지구에는 1개의 종합병원 부지를 계획한다. 300병상 규모의 종합병원과 향후 병원의 증축 가능성을 고려하여 대지면적은 최소 10,000㎡를 확보한다. 병원의 위치는 시흥주민의 접근성과 교통의 편의성 등을 감안하여 광명·시흥지구 남서부로 계획한다.

대상지 인근 300병상 이상 종합병원으로는 반경 5㎞ 이내에 중대광명병원, 광명성애병원이 위치하며, 반경 10㎞ 이내에는 고대구로병원(B), 부천성모병원(F), 강남성심병원(H), 시립보라매병원(K) 등의 대학병원이 분포되어 있다.

대체적으로 대상지 북동측에 병원이 밀집해 있으므로, 병원부지는 광명·시흥지구 남서측이 바람직하다. 특히 시흥시청 주변에 종합병원이 없으므로, 위의 조건과 마스터플랜, 교통의 편리성 등을 고려하여 아래 그림과 같이 원형의 점선 지역에 병원의 부지를 선정하였다.

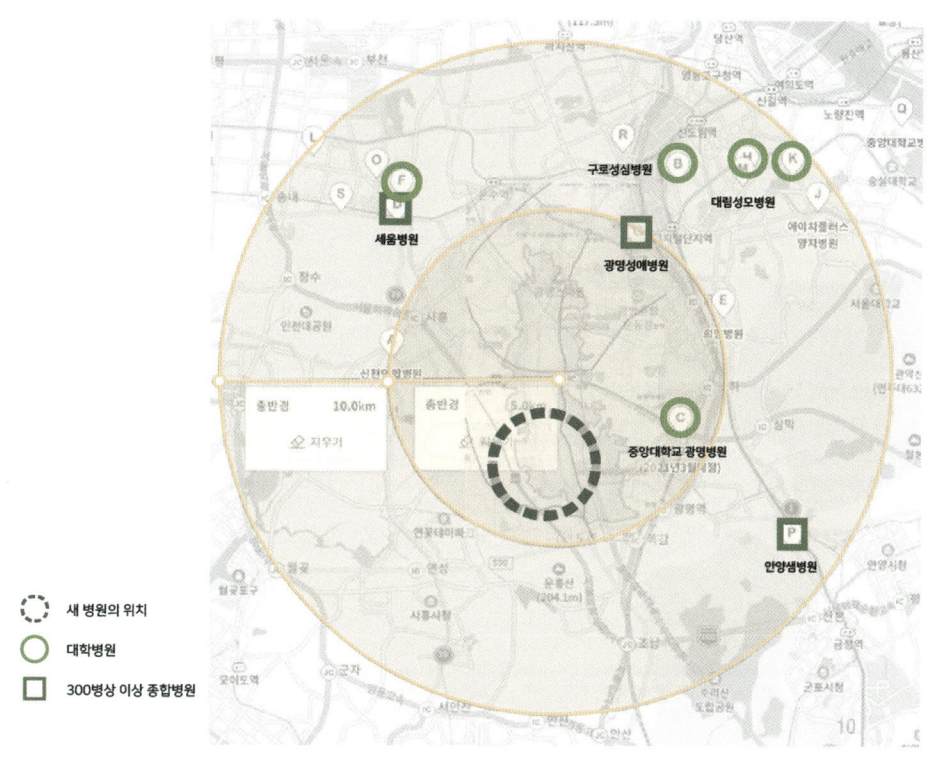

[그림 4] 대상지 주변 종합병원의 분포 및 새 병원 건립 위치 (작성: 권순정)

보건, 복지, 커뮤니티시설의 공급 및 입지

통합돌봄센터의 공급 및 입지

광명 특별관리지역에서 서비스 접근성, 통합성, 공동체성의 특성을 가진 커뮤니티케어를 구현하기 위해 '지역사회 통합돌봄센터'를 공급한다. 통합돌봄센터를 통해 보건, 돌봄, 공동체 서비스가 함께 제공되면 노인, 장애인, 아동, 지역주민이 한 공간에서 보다 효과적으로 돌봄의 욕구를 해결할 수 있기 때문이다.

통합돌봄센터는 생활 SOC를 위한 대표적인 복합시설로 입소시설은 최대한 배제하고 이용시설 위주로 서비스를 제공한다. 그리고 지역수요에 따라 문화·체육시설, 마을식당 및 커뮤니티공간과 같이 주민 간 교류 활성화를 위해 필요한 시설을 적극적으로 설치한다. 기타 노인의료복지시설, 노인주거복지시설 등의 입소시설은 별도의 부지에 공간을 확보하여 지역 내에서 자족적인 노인복지서비스가 제공될 수 있도록 한다.

통합돌봄센터는 다음과 같은 원칙을 갖고 시설을 배치하는 것이 바람직하다. 첫째, 거점형과 생활권형으로 구분하여 복지시설을 배치한다. 둘째, 인구 규모를 고려하여 배치한다. 셋째, 시설의 규모 및 기능을 추정하고 부지 면적(거점형만 해당)을 제시한다.

통합돌봄센터는 노인, 장애인, 아동, 지역주민이 모두 사용할 수 있는 시설이다. 이 센터는 보건서비스와 복지서비스를 연계하여 종합적인 돌봄(care)서비스를 제공함으로써 기존의 종합사회복지관에 보건 기능이 강화된 역할을 수행한다. 즉, 통합돌봄센터는 복지 및 보건, 커뮤니티 서비스를 함께 제공하는 복합시설로 볼 수 있다.

통합돌봄센터는 수행기능 및 규모, 지역특성에 따라 4가지 유형으로 구분되며, 규모의 측면에서는 시군구 단위로 조성되는 중규모 이상의 '거점형 통합돌봄센터'와 읍면동 단위로 조성되는 소규모의 '생활권형 통합돌봄센터'로 구분된다. 이를 설치 지역에 따라 다시 도심형과 농어촌형으로 세분할 수 있다. 거점형을 중심으로 3~5개의 생활권형(광역동)을 연계하여 운영할 수 있으며, 광명 특별관리지구는 도심형(A)을 적용할 수 있다.

[표 1] 통합돌봄센터의 유형분류 (작성: 박혜선)

구분	거점형 (Ⅰ)	생활권형 (Ⅱ)	비고
도심형 (A)	Ⅰ-A	Ⅱ-A	동지역위주 인구밀집지역
농어촌형 (B)	Ⅰ-B	Ⅱ-B	읍, 면 지역 위주. 인구 분산지역
비고	시군구 단위 보건복지서비스 거점	읍면동단위 생활권 단위	

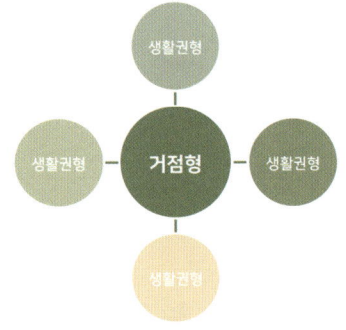

[그림 5] 거점형과 생활권형 배치
(작성: 박혜선)

통합돌봄센터는 인구 규모를 고려하여 배치하는 것이 중요한데, 지역주민의 접근성, 시설의 친밀성, 부지확보의 가능성, 행정서비스 단위, 기존 사회복지관 및 복합복지시설의 설치현황 등을 고려하여 인구 5~6만 명이 거주하는 3~4개 정도의 광역동을 담당할 수 있도록 계획한다. 본 사업지구의 총 수용인구는 95,026세대에 가구당 2.5인을 기준으로 약 237,000인으로 계획되고 있으므로 모두 4개의 통합돌봄센터를 건립하는 것이 가능하다.

다만 광명 특별관리지역은 거점형을 중심으로 3~5개의 생활권형을 연계하는 방식의 돌봄서비스체계를 적용한다. 이를 기준으로 2개의 통합돌봄센터를 건립하고, 나머지 2개의 통합돌봄센터는 지역 밀착 서비스가 가능하도록 여러 개의 작은 센터로 분할하여 설치한다. 본 계획에서는 2개의 통합돌봄센터와 8개의 이용시설(생활권형)을 연계하여 운영한다. 이때 2개의 통합돌봄센터(복합기능)에 대한 부지는 확보하되 8개의 이용시설은 단독건물이 아닌 다른 용도의 건물에 포함되어 설치될 수 있으므로 별도의 부지를 확보하지 않는다.

거점형 복지시설은 통합적이고 복합적인 돌봄서비스를 제공하기 때문에 시설의 규모가 기존의 사회복지관보다 더 커지게 된다(3,000㎡ 이상). 세종시 종촌복합복지시설, 서울시 우리마포복지관 등의 보건복지 복합시설과 같은 규모(10,000㎡ 내외)를 참고하고, 시설의 복합화 정도, 해당 지역의 인프라, 단계별 시설 확충계획, 지하주차장의 범위 등을 고려하여 규모를 산정한다.

광명 특별관리지역의 통합돌봄센터 규모는 약 10,000㎡, 대지면적은 용적률, 향후 증축 등을 고려하여 5,000㎡를 확보한다.

노인주거복지시설의 공급 및 입지

노인양로시설, 노인복지주택 등 노인주거복지시설의 입소시설은 전체인구 237,000명을 기준으로 규모를 산정한다. 한국은 2025년 노인 인구 비율이 전체 인구의 20%를 넘어가는 초고령사회로 진입한다. 이를 기준으로 노인인구를 산정하면 약 47,400명이 된다. 2019년 기준 한국은 양로시설, 노인복지주택 등의 노인주거복지시설을 사용하는 노인 인구가 전체의 0.3% 이내로(2019년 기준) 일본(1%, 2005년)이나 스웨덴(6.5%, 2005년), 미국(6.2%, 2000년)에 비해 매우 낮다.

이 지역에서는 일본 정도의 노인주거시설 비율을 공급한다고 가정할 때 최소 470명 이상이 생활할 수 있는 노인주거시설이 필요하다. 노인주거복지시설의 정원을 120명(100세대)으로 가정하면 총 4개 시설에 해당한다. 1세대당 평균 전용면적을 50㎡, 전용률 50%를 적용하면 시설당 연면적은 약 10,000㎡, 부지면적은 최소 5,000㎡(용적률 200% 가정) 이상 4개소가 필요하다. 노인주거복지시설은 별도의 부지에 건립하는 방안, 일반주거단지에 포함하여 계획하는 방안 등 배치 방식이 다양하다.

노인요양시설(정원)과 요양병원(병상 수)은 2019년 기준 각각 노인인구의 2.5%, 3.6%가 공급되어 있다. 이를 노인주거복지시설과 같은 조건에 대입하면 노인요양시설은 약 1,200 침상, 요양병원은 약 1,700 병상 정도의 공급이 필요하다. 노인의료복지시설, 노인의료시설 등의 공급량을 결정하는 것은 정치적 경제적으로 매우 민감한 문제이다. 한국의 경우 노인주거시설에 비해 노인요양시설/요양병원의 공급비율이 높기 때문에 향후 노인의료복지시설의 비중이 줄어들 수 있다. 또한 이미 공급된 주변의 시설을 활용할 수 있는 점도 고려할 필요가 있다.

이러한 점을 감안하여 광명특별지역에 필요한 노인요양시설과 요양병원의 정원을 각각 1,000명으로 가정한다. 노인요양시설의 정원을 50명, 요양병원은 200명으로 볼 때 노인요양시설은 20개, 요양병원은 모두 5개가 필요하다. 병상당 40㎡를 적용할 경우 노인요양시설은 2,000㎡ 규모의 시설이 20개, 요양병원은 8,000㎡ 시설이 5개 필요하다. 다만 한 개 시설의 규모가 커지거나 노인주거복지시설, 노인의료복지시설, 요양병원 등이 통합적으로 설치되면 개소 수가 줄어들 수 있다. 특히 보호의 연속성(contimum of care)을 고려할 경우 노인주택과 노인요양시설, 노인요양시설과 요양병원을 하나의 부지에 설치하는 방안을 고려할 수 있다.

부지면적은 용적률 200%를 적용하여 노인요양시설 1,000㎡, 요양병원 4,000㎡ 이상을 확보한다.

노인주택의 공급방향

기본적으로 광명 특별관리지구에는 다양한 주거형태 계획을 통한 다양한 계층의 노인주거 공간을 확보한다. 여기에 첨단의료시설 및 서비스를 제공하여 건강케어를 달성할 수 있도록 한다. 특히 웰 에이징 마을의 개념을 도입하여 노인을 포함한 지역의 종합복지 수준을 올린다. 웰 에이징 마을에서는 도입시설 간 주용도(의료시설, 노인복지주택, 보육시설), 부용도(유치원 산후조리원) 및 기타용도(체류시설, 지식창업센터, 근린생활시설)의 유기적인 연계를 통하여 노인복지 향상을 위한 시너지 효과가 극대화될 수 있다. 이를 위해 관광, 의료, 주거, 지역사회가 어우러지는 실버 커뮤니티 타운을 개발한다. 이것은 기존의 노인양로시설, 요양시설이 아닌 노인시민으로 지역사회에 참여하고 지역주민과 소통할 수 있는 시설을 말한다.

노인주택의 계획 시 운영의 안정성을 확보할 수 있도록 한다. 국내의 많은 노인복지주택이 운영난을 겪어 파산하기도 하며 이 경우 입주노인들이 피해를 보게 된다. 광명지구에서는 주요 기능에 대한 차별화된 프로그램, 시설별 회전율 및 수익률 등을 고려한 장기(30년) 운영계획을 수립한다. 노인주택계획 및 운영 시 운영노하우를 보유한 업체를 통해 안정된 운영능력을 확보하고 입주민 및 사회적 기업참여를 통한 지속 가능한 사업모델을 제시한다.

의료시설과 복지시설의 배치계획

의료시설은 상업지역 또는 상업지역에 인접한 주거지역에 배치하며, 통합돌봄센터는 시설 간 적절한 간격을 유지하여 culture band 상에 배치하였다.

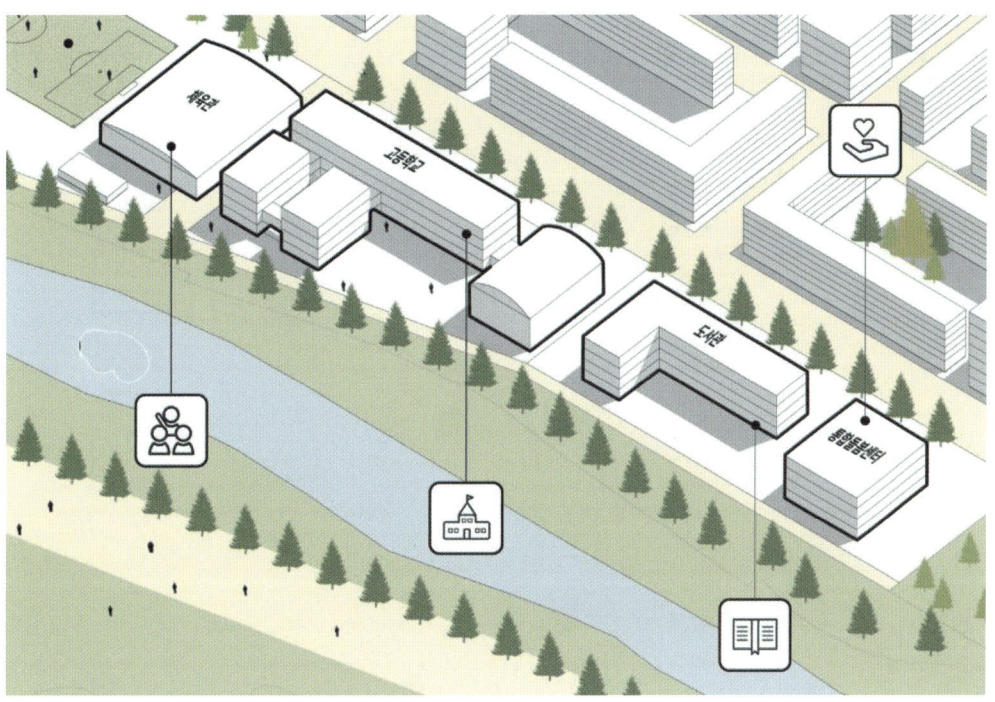

[그림 6] 밴드 내에 설치된 통합돌봄센터
(출처: 에이텍건축)

종합계획도(마스터플랜)에 의료시설 1개, 거점형 복지시설(통합돌봄센터) 2개, 생활권형 복지시설(돌봄센터) 8개의 위치를 다음과 같이 표시하였다([그림 7] 참조). 다만 노인주거복지시설과 노인요양시설, 요양병원에 대한 사항은 지역 내 / 인근지역의 수요 공급, 시설의 규모에 따라 그 위치 및 부지면적이 달라질 수 있어 본 계획안에는 포함하지 않았다.

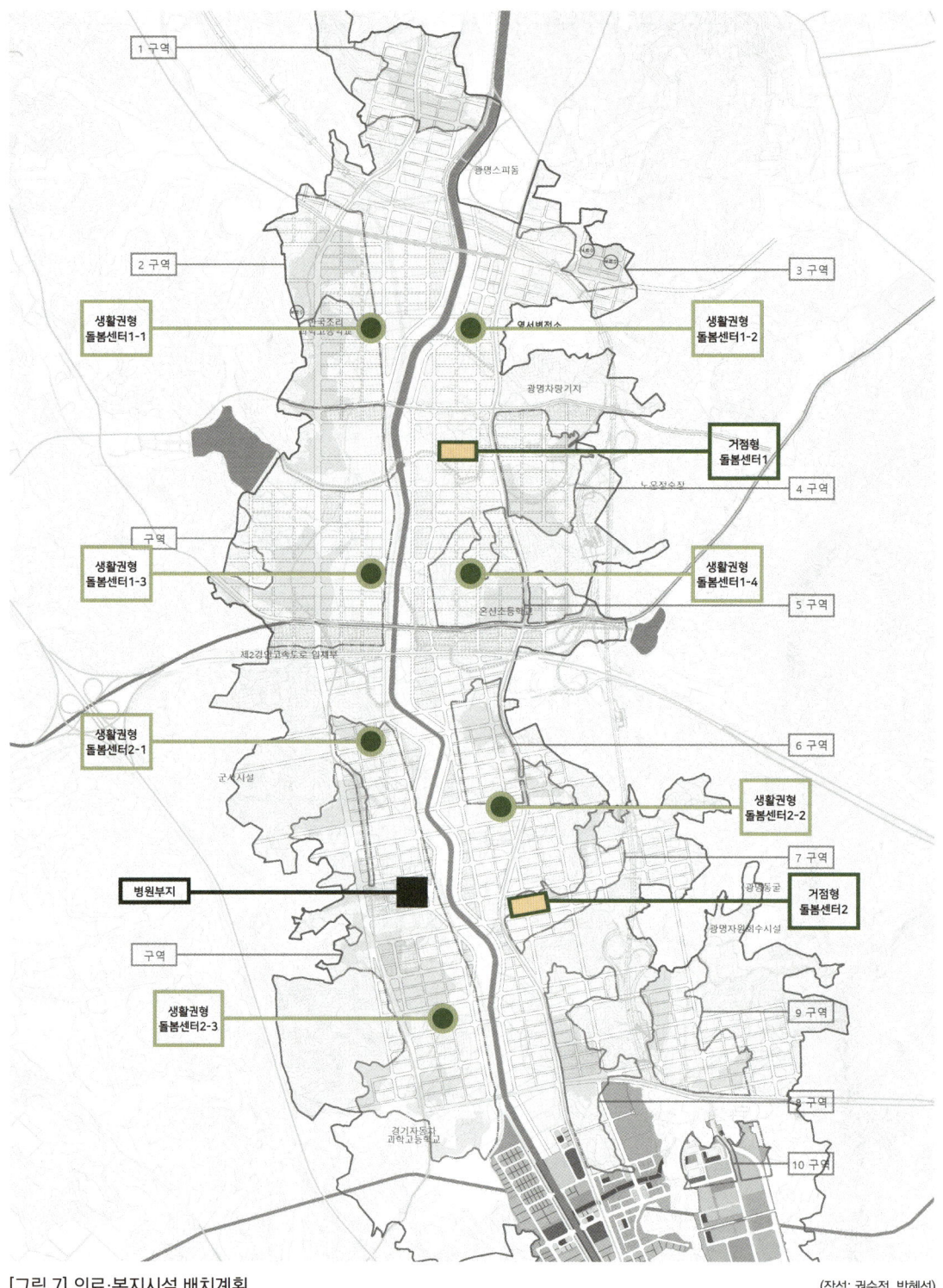

[그림 7] 의료·복지시설 배치계획 (작성: 권순정, 박혜선)

커뮤니티시설의 구성

통합돌봄센터 내 커뮤니티 공간 구성

광명 특별관리지역에서 제안하는 복지시설인 통합돌봄센터 내에는 보건기능과 함께 주민 간 교류 활성화를 위한 문화·체육시설, 마을식당 및 커뮤니티 공간 등이 포함된다. 한편 주거블록 내에도 소규모 커뮤니티시설이 배치되어 주거블록 내외의 주민들이 가까운 거리에서 소규모 모임과 교류가 가능하다. 포스트 코로나 시대를 고려하여 시설 내 감염예방 및 비대면 교류가 가능한 시스템을 구축한다.

통합돌봄센터 내에 설치하는 대표적인 커뮤니티공간으로 카페, 마을식당, 공유식당, 작은도서관, 교육/강좌 공간 등을 들 수 있다. 카페는 마을식당과 연계하여 지역주민이 자유롭게 이용할 수 있도록 하고, 작은 도서관은 다양한 연령계층이 이용할 수 있도록 계획한다. 교육 및 강좌 공간은 지역 주민을 위한 다양한 문화, 교육 강좌를 할 수 있도록 하고 작은도서관과 연계하여 계획한다. 커뮤니티공간은 지역주민, 센터 이용자의 접근성과 이용편의성을 고려하여 건물 입구 및 로비와 연계하여 계획하는 것이 바람직하다.

다음 그림은 통합돌봄센터 내 커뮤니티(공동체) 공간의 배치 예시이다. 1층은 누구나 이용할 수 있는 카페, 작은도서관, 문화 등의 커뮤니티(공동체) 공간을 배치하며 4층은 많은 인원이 동시에 사용할 수 있는 강당, 5층에는 4층 옥상을 이용하는 것을 고려하여 식당 및 카페테리아 공간 등을 배치하였다.

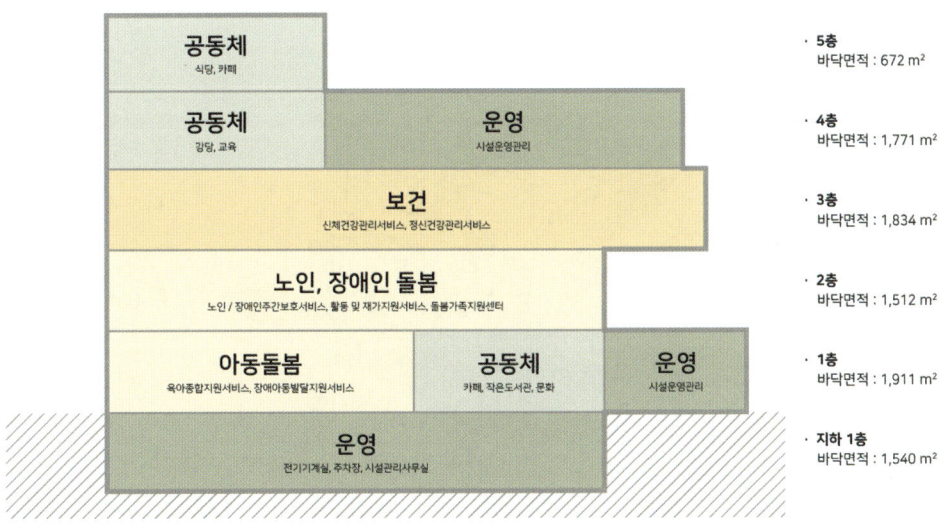

[그림 8] 통합돌봄센터의 커뮤니티(공동체) 공간의 배치(예시)
(출처: 의료복지건축학회, 2019, 지역사회 통합돌봄센터 모델개발연구)

주거블록 내 커뮤니티 공간 구성

주거블록 내에는 다양한 기능의 소규모 커뮤니티 공간들이 공동체의 여건에 맞게 배치되어야 한다. 또한 주변의 주거블록과도 연계하여 필요한 공간들을 선별하여 배치한다. 작은도서관, 공유거실, 공유주방, 주민회의실, 공방, 스포츠짐, 카페, 공유세탁실 등이 주거블록 내에 포함될 수 있으며, 보육시설(3세 이하), 노인시설(경로당 혹은 데이서비스센터) 등도 배치할 수 있다.

주거블록 내 커뮤니티공간들은 가능한 1층에 배치하여 눈에 잘 띄고 접근이 쉽게 하고 외부공간과 연계하여 교류와 활동범위가 확장 가능하도록 한다.

공동주택에서의 커뮤니티 공간은 세대 간 교류가 일어날 수 있도록 공간을 계획하는 것이 바람직하다. 현재 공동주택 내 경로당의 경우, 고령자만의 공간으로 점유되고 있으나 한정된 공간에 대한 세대 간 갈등을 극복하기 위해서는 세대 간 교류가 가능한 복합 커뮤니티 공간으로 계획될 수 있도록 고려할 필요가 있다.

물리적 공간의 공급에만 관심을 두고 이후 운영 및 관리에 대한 부분을 놓치게 된다면 지역사회 주민공간으로서의 긍정적인 역할을 기대하기 어려울 것이다. 운영의 지속성을 위해서는 운영주체가 초기에 개입하여 지속적인 프로그램을 기획하고 준비를 하는 것이 필요하다. 공동체 활성화를 위한 주민조직의 운영 지원과 프로그램 개발이 공간과 함께 이루어지는 것이 바람직하다. 주민 커뮤니티 공간으로 활발히 이용될 수 있도록 각 세대 간 혼합형 공동체 활성화 프로그램이 다양하게 개발되어야 한다.

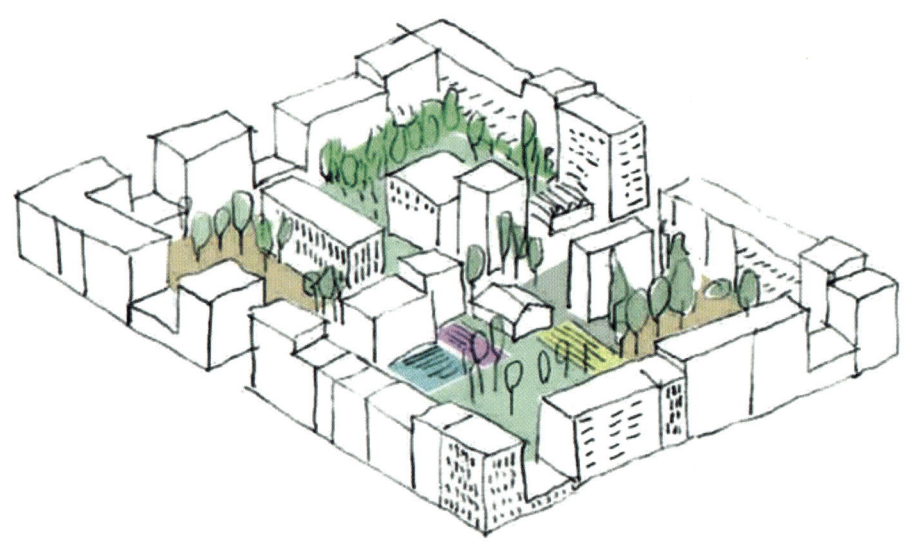

[그림 9] 주거블록 내 1층 커뮤니티 공간의 배치 이미지
(출처: 다니엘 바예 그림)

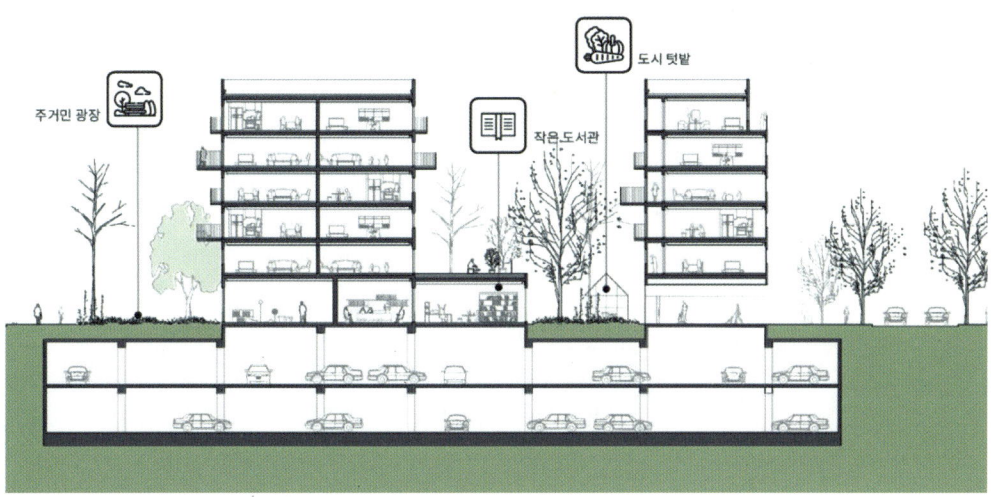

[그림 10] 주거블록 내 1층에 배치된 커뮤니티 공간 및 외부공간과의 연계
(Source: Gwacheon Master Plan proposal. ATEC & Daniel Valle Architects.)

사람중심 교통계획 및
스마트 교통·스마트 모빌리티 시스템

강진구 | (사)동북아협력인프라연구원 사무총장
　　　　 케이에스엠(KSM)기술(주) 부사장
　　　　 공학박사/기술사

교통계획 패러다임의 변화

"어떤 종류의 도시문제도 3년이면 풀 수 있다. 도시가 너무 커서, 예산이 적어서 안 된다는 말은 다 핑계다. '공동책임방정식'과 창의적 '디자인'에 답이 있다. 이기적인 자가용보다 친절한 굴절버스를 타게 하라. 자꾸 새로 짓지 말고 기존 시설을 활용하되, 24시간 다목적으로 쓰이게 하라. 개구리가 왕자로 변신하듯 공간과 시설도 변신할 수 있다. 거액이 드는 수술보다 적은 비용으로 큰 효과를 내는 도시침술이 답이다. 예산액의 동그라미가 하나 둘 줄면 도시문제는 오히려 더 잘 풀린다." 지금은 고인이 된 자이메 레르네르(Jaime Lerner)가 2007년 봄 캘리포니아 몬테리에서 개최된 테드(TEDx)에서 'Sing a song of sustainable cities'라는 제목으로 한 16분 분량 강연 요지이다.

미국 도시계획 관련 유명 웹사이트 planetizen.com에서 2017년에 가장 영향력 있는 도시학자 100명을 선정하여 발표하였다. 이때 전 세계 1위를 한 사람은 저명한 도시학자가 아니고 시민운동가 '제인 제이콥스'였다. 그녀는 "도시는 사람들이 살고 있는 공간이므로 도시에 생명력을 부여하는 것은 다양한 인간 활동이며 도시 거리를 사람들로 채우는 것이 안전하고 살기 좋은 도시를 만드는 지름길"이라고 했다. 도시 활력과 도시공동체로 요약할 수 있는 도시 재생에 관한 담론 중에 하나이다.

자이메 레르네르의 어젠다는 대중교통과 환경문제로 대별할 수 있으며, 제인 제이콥스는 도시 활력과 차량중심으로 파괴된 도시공동체의 재건으로 축약할 수 있다. 두 사람의 공동분모는 '사람중심'이라고 해도 무방할 것으로 보이며, 이를 해결하는 단초는 소규모 블록을 계획하여 사람 간의 소통을 증진하고 차량중심의 교통계획을 사람중심의 계획으로 과감하게 변경함으로써 달성할 수 있을 있지 않을까 싶다. 사람중심·보행중심을 강조하는 많은 계획가들의 영향 때문인지는 모르겠지만 21세기로 접어들면서 교통 계획/정책의 패러다임이 바뀌어 가고 있다. 이는 전통적인 차량중심의 이동성을 강조하는 추세에서 사람중심의 안전성과 접근성 중심으로 교통 부문의 계획과 정책의 초점이 변하고 있다는 것을 의미한다.

도대체 언제부터 차량 위주의 교통정책이 시작됐을까? 역사적으로는 1913년 포드사가 컨베이어 시스템을 자동차 생산에 도입하면서 자동차의 대중화가 이루어지기 시작했다. 제2차 세계대전 이후 유럽의 폭발적인 경제 성장 시기에 도시에 자동차가 넘쳐나면서 도시의 교통체계는 자동차 소통 위주로 자연스럽게 이루어졌다고 본다.

자동차에 의한 도시교통의 문제에 대한 연구는 영국에서 시작되었다.[1] 1970년대에 네덜란드에서는 시민들의 자발적인 자동차 제한 운동이 시작되는데, 간선도로의 교통체증을 피하려고 주거지역의 좁은 도로를 자동차가 이용하자 골목길의 중간이나 입구를 강제로 막아 자동차가 진입하지 못하도록 하였다. 네덜란드 델프트시는 골목길에서 보차혼용 원칙을 적용하되 통과 차량의 속도를 보행 속도로 규제하였는데 이것이 본엘프(Woonerf)[2]의 출발이다.

1971년 네덜란드에서 시작된 '어린이 사망 그만 운동(Stop de Kindermoord)'에 해당하는 우리나라의 시민단체 녹색교통운동은 1994년에 태동하였다. 약 20년이 넘는 시간 차이가 있으며 네덜란드는 불과 1인당 GDP가 약 3,000 USD일 때 이 운동이 시작되었으나 우리나라는 1인당 GDP가 10,000 USD가 넘었을 때 시작하였다.

프랑스와 덴마크에서 1980년대에 마을을 통과하는 도로의 정온화 사업이 시작되었고 이때 1인당 GDP는 약 10,000 USD 수준이다. 우리나라에서 이와 유사한 마을 주민 보호구간이 도입된 것은 2015년이 1인당 GDP는 30,000 USD때에 나타난다.

유럽의 국가들이 강력한 속도관리 정책을 도입한 시기는 1980~1990년대이고 경제적으로 1인당 GDP가 10,000 USD에서 20,000 USD 사이일 때이다. 우리나라에 도입된 시기는 유럽과 20년에서 30년 정도의 차이를 보이며 경제적, 사회적 수준은 유럽에서 유사 정책이 도입된 시기의 그것보다 매우 높은 1인당 GDP 30,000 USD 수준이다. 시민의 높아진 생활수준에 삶의 질을 높이는 공공 정책이 미처 따라오지 못한 것이다.

이러한 문제를 의식한 정책당국에서는 2000년대에 들어 고가도로를 철거하거나, '서울로7017'처럼 보행자를 위한 도로로 탈바꿈시키거나, 서울의 상징가로였던 광화문대로 한가운데에 보행 광장을 조성하는 등 보행중심의 여러 사업들을 시도하고 있다. 2021년 4월부터 전국적으로 자동차들이 쌩쌩 달리던 도심부 도로의 최고 속도가 50km/h로, 주택가 등 이면도로는 30km/h로 통행속도가 낮춰지고 있다. 이렇듯 우리나라 교통계획의 패러다임이 차량중심에서 사람중심으로 변화해 가고 있다. 본 장은 사람중심 교통계획 설명을 위하여 도시계획의 중요한 설계 요소인 가로에 대한 소개와 가까운 미래에 보게 될 것으로 예상되는 미래 차 및 4차 산업의 핵심으로 부상하고 있는 스마트 모빌리티에 대한 소개, 마지막으로 이러한 개념을 광명신도시에 적용하여 구상한 광명 신도시 교통계획의 3개의 절로 구성하였다.

사람중심의 교통계획

한국의 도시는 1960년 중반 이후 대규모 토지구획 정리사업의 시행과 함께 대로나 광로가 조성되면서 점진적으로 도시의 공간 구조는 자동차 중심으로 변모하기 시작하였다. 이러한 현상은 1980년대 우리나라 최초의 신도시인 4대 신도시(분당, 일산, 평촌, 산본)에서 근린주구를 계획의 기본구조로 삼았는데 이때부터 이른바 간선도로로 구획된 슈퍼 블록이 도시공간 속에 나타나게 되었다. 이러한 슈퍼 블록은 자동차 접근성을 고도로 증진시켰으나 보행접근성은 크게 떨어뜨렸다.

20세기 들면서 차량중심의 교통계획에서 교통수단의 다양성과 보행의 중요성, 도시의 지속가능 개발에 대한 관심이 고조되었다. 20세기 후반에는 단일 용도의 조닝(zoning), 슈퍼 블록(super block), '공원 속의 고층건물(tower in the park)'을 지향했던 근대 도시계획(Modernism)이 도시의 교외화를 야기하고 자동차 중심의 삭막한 환경을 만들었으며 지역 공동체를 해체한다는 비판이 제기되었다.[3]

이에 대하여 미국에서는 다양한 용도와 인구가 공존하는 전통적 근린개발 TND(Traditional Neighborhood Development), 대중교통 지향 개발 TOD(Transit Orinted Development), 복합적인 토지이용 등을 추구하는 뉴어버니즘(New Urbanism)이 대두되었고, 유럽에서는 도시의 주요 간선도로(arterial street)를 사람을 위한 가로로 변화시키는 ARTISTS(지속가능한 가로환경 계획, Arterial Streets Towards sustainability) 프로젝트를 통하여 가로를 사람중심으로 설계와 관리를 하는 평가체계와 새로운 유형 분류 체계에 대한 지침[4]을 수립하였다.

우리나라 도시계획도 차량 중심에서 사람 중심으로 빠르게 변화하고 있다. 정부는 사람을 중시하는 생활문화공간을 조성하기 위해 생활 인프라를 확충하고 교통약자를 위한 이동환경을 개선하는 것을 국정과제로 추진하고 있으며, 지자체는 '사람 중심 도시', '보행 친화 도시'를 만드는 것을 시정의 주요 목표로 설정하고 지속적인 정책 사업을 추진하고 있다. 지자체 차원에서는 차도를 줄이고 보도를 확장하는 '도로 다이어트' 사업이 추진되고 있으며 이를 통하여 보다 쾌적한 가로에서 마음껏 걷고, 쉬고, 놀 수 있는 교류의 장을 만들어 생동감 넘치는 도시 공동체 창출에 노력을 다하고 있다.

본 장에서는 도시계획의 중요한 설계 요소인 가로를 인간 척도 가로(human scale street), 다양한 선택적 활동과 사회적 활동이 일어나는 활동 유발 공간(street as place), 공유 도로(shared street)의 3가지로 구분하여 소개한다.

인간 척도 가로(Human Scale Street)

인간 척도의 가로란, 가로공간을 계획·설계할 때, 보행자의 편의와 안전을 우선적으로 고려하는 것이다. 교통계획은 도로라는 한정적인 공간에 차량과 보행자에게 얼마나 공간을 할애하는 가를 결정해야 한다. 그런 경우 차량에는 최소한의 공간을 부여하고 보행자에게 가능한 넓은 공간을 제공함으로써 차량 속도는 낮추고 보행자는 안전하고 쾌적하게 통행할 수 있도록 하는 것이 대표적이다. 이러한 방법은 주거지역, 상업지역 등 보행이 많은 장소에 적용할 때 그 효용성이 높다.

1990년대 후반부터 미국과 오스트레일리아를 중심으로 교외 근린지역의 도시 형태와 가로에 대한 문제가 심각하게 제기되어 관련 연구가 폭발적으로 늘어났다. 비만이 사회적 문제로 대두되기 시작하면서 자동차 위주로 설계된 교외 지역의 도시 형태가 그 원인으로 지목되었기 때문이다. 이에 초기 연구들은 보행량이 많은 도시 형태가 어떤 것이 있는가에 관한 연구가 주류를 이루었으며, 세계대전 이전 미국에서 건설된 전통적 주거지(Traditional Neighborhood)의 대표적 물리적 환경 특성인 고밀도, 용도 혼합, 격자형 가로망, 촘촘한 교차로가 보행친화도시에 유용한 형태라는 것이 알려지게 되었다.[5] 이러한 연구 흐름 아래, 격자형 가로와 고밀도로 이루어진 전통적인 도시설계의 가치가 다시 주목받았고, 이는 뉴어버니즘 태동의 배경이 되었다.

뉴어버니즘 헌장(Congress for the new urbanism, 2000)은 1980~90년대부터 미국을 중심으로, 자동차 교통으로 인한 교외의 무분별한 확장과 도심지의 쇠락을 비판하는 일단의 건축가들이 모여 새로운 도시계획의 시도로 시작한다. 듀아니(Andres Duany), 플레이터-자이버크(Elizabeth Plater-Zyberk) 등은 미국 플로리다의 시사이드(Seaside)와 캘리포니아 새크라멘토(Sacramento) 등에서 조밀한 그리드 가로체계와 주거 및 상업 용도의 혼합, 대중교통 중심 개발과 보행자 포켓(Pedestrian Pockets), 소규모 커뮤니티 개발을 특징으로 하는 보행권역 중심의 새로운 도시개발을 시도하였다.

그 후 1993년 공공과 민간부문의 오피니언 리더, 커뮤니티 운동가, 여러 분야의 전문가들이 모여 북미의 개발원칙을 변화시키는 것을 목적으로 하는 전국 대회를 개최하였다. 이들은 북미의 도시와 교외 환경을 악화시킨 근본적 원인과 요인들에 대해 논의하고 대안 사례를 찾아 발표하였다. 이후 주요 건축가들이 모여 커뮤니티 형성 방식의 전반적인 변화를 주창하는 비영리조직인 뉴어버니즘 협회(Congress for the new urbanism)를 결성하였다. 이들은 1996년, 기존 도심의 역할을 되살리고 자동차 위주로 건설된 교외지구의 커뮤니티를 회복하며, 환경 자원과 유산을 보호하는 것을 기조로 하는 물리적 환경 조성 원칙을 뉴어버니즘 헌장으로 정리하여 발표하였다.[6]

뉴어버니즘 협회의 헌장의 서문에는 "우리 뉴어버니즘 협회는 도심의 투자회수, 몰장소적 시가지의 확산, 인종 및 소득계층별 격리현상, 환경의 퇴락, 농토와 야생지의 감소, 그리고 사회적 건조유산의 손상 문제를 서로 연결된 커뮤니티 건설로 해결할 수 있다고 보고 있다." 이 헌장은 20세기 초 이래 전 세계의 도시개발에 영향을 끼친 모더니스트들의 계획 개념이 도시개발에 많은 부작용을 낳았음을 인정하고, 자동차가 보편화되지 않았던 전통 도시에서 발견되는 보행자 중심의 도시계획 개념을 계승하고 발전시킨 새로운 도시개발 원칙을 공표하는 선언이었다.

　이들이 도시 및 교외 환경을 악화시킨 주요 원인으로 지목한 낡은 개발 관습, 용도지역지구제, 획지분할조례 등 기존 도시계획의 관행이 식생과 지형을 파괴하고 보행 목적지를 주거지와 분리시키며 동질적인 집단과 반복되는 필지 규모로 이루어진 지루한 도시 형태를 형성시킨다고 보았다. 뿐만 아니라 휴먼스케일의 역사적 건물들을 철거하고 고층 사무실로 바꾸는 도심부 재개발 정책, 저소득층 주거지를 철거하고 부유한 계층의 주거지로 바꾸는 주거지 재생 정책, 분리된 커뮤니티를 이어주는 고속도로에 대부분의 재원을 투자하는 교통정책 등을, 도심부의 활력을 감소시키고 인종 및 계층에 따른 사회의 분리현상을 가속화하며 보행과 대중교통 환경의 질을 떨어뜨리는 주요 원인으로 지목하고 있다.

　뉴어버니즘의 독특한 특징은 이런 여러 문제가 동시에 함께 해결되어야 한다는 점에 있다. 도시와 교외 환경의 문제들은 주택, 오픈 스페이스 보전, 교통, 경제발전, 오염통제 등 여러 문제에서 서로 얽혀 있으므로 이들이 대도시권이라는 하나의 단위 아래 통합되어 해결되어야 한다고 설명한다. 이 연구에서 제시한 27가지 도시계획의 기본원칙은 지리적 단위에 따라 먼저 대도시권, 전체 도시와 시가지 규모, 근린주구, 지구, 그리고 회랑의 설계 원칙이 이어지고, 블록, 가로, 그리고 개별 건물들의 설계 원칙으로 이어진다. 즉, 사람을 위한 이상적인 가로를 만들기 위해서는 단순히 가로 단위의 개선으로는 한계가 있으며, 도심부와 교외지역을 아우르는 대도시권과 지구 및 블록 단위처럼 그 가로가 포함된 모든 상위 도시 단위에서부터 같은 지향점을 향한 일관된 도시설계 원칙이 적용되어야 한다는 뜻이다.

　이 연구에서 제시된 도시설계 원칙 중 가로 설계에 대하여 보다 구체적으로 살펴보면 건물이 가로변에 위치하여 가로공간의 위요감을 확보할 것, 출입구와 상점 쇼윈도 등을 가로변에 위치시킬 것, 독자적인 건물 형태를 지양할 것, 자연환경이나 전통적 건축양식을 적용할 것, 도시형태 등 지역 맥락에 부응하는 건물을 지을 것, 사람들 상호 간의 자연감시기능을 통해 안전한 공간이 형성되도록 할 것, 휴먼스케일의 공간을 조성할 것, 유지관리로 질서를 부여할 것, 다른 공간과 잘 연결할 것, 명쾌한 가독성을 지닐 것, 보도를 만들 것, 교통 정온화 기법을 통하여 차량 속도를 줄일 것, 보행자와 차량의 상호의존성을 고려하고 가로벽을 해치지 않도록 주차장 건설(가로에 면한 주차 건물 등)에 신중을 기할 것, 블록 크기를 작게 하여 경로 선택이 용이하도록 할 것, 인도의 폭, 연석, 연석의 반경, 수목, 조명을 보행자 친화적으로 조성할 것, 상점 전면의 저층부를 차양, 아케이드, 지붕, 발코니를 활용하여 악천후에 대응하고 시각적인 흥미를 유발하며 보행자를 유도하는 친화적 환경을 조성할 것 등이다.

뉴어버니즘에서 제시하는 가로 설계 원칙의 특징은 제인 제이콥스와 얀겔, 앨런 제이콥스 등이 공통적으로 지적한 점들, 즉 보행자의 쾌적한 이동과 사회적 교류활동을 가능하게 하는 보편적인 가로 설계 특성을 제시할 뿐 아니라, 그 지역의 자연환경이나 전통적 건축양식, 도시 형태를 활용하여 지역 맥락에 맞는 가로를 설계해야 한다는 점을 강조했다는 점이다. 이는, 카밀로 지테(C. Sitte)나 언윈(R.Unwin)이 주장했던 가로의 심미적 측면의 회복을 계승한 것으로도 볼 수 있으며,[7] 표준화된 질적 기준을 충족하는 것만으로는 매력적인 도시가로가 만들어지기 어렵다고 생각한 결과로 보인다. 국제화되어가는 세계 곳곳에서 비슷한 분위기의 도시 및 가로들이 만들어져 가는 상황 속에서, 그 지역의 독특한 특성이 내재된 가로의 가치가 더욱 중요해졌다는 의미로 해석된다.

뉴어버니즘은 기존의 도시계획 관행의 부정적 영향과 결과를 체계적으로 지적하고, 그 대안을 모색하였다. 도시계획가와 건축가와 같은 전문가뿐 아니라, 공무원, 시민 등 공공과 민간 부문의 여러 사람들이 동일한 지향점을 설정했다는 점과, 그동안 개인적으로 논의되고 부분적으로 추진되어 오던 대안적 도시설계가 대표적인 집단에 의해 공식적으로 홍보되고 적극적으로 추진되고 있다는 점에서, 북미뿐 아니라 전 세계 도시설계 분야에 매우 큰 반향과 변화를 일으키고 있다.

2000년대 들어 각국 정부와 지자체가 학계 또는 민간 기업에 의뢰하여 공공장소, 공공가로와 사람들의 행태 간의 관계를 탐구하여 걷기 쾌적하고 안전하며 지역적 특성을 지닌 사람중심의 가로(human scale street)에 대한 연구가 진행 중이다. 2005년 서울 청계천 복원 사업, 2007년 시드니 도심 조지스트리트 개선사업, 2009년 뉴욕 타임스퀘어 광장 부근 브로드웨이의 보행자 친화거리 사업, 2010년 런던 옥스퍼드 서커스 교차로 재정비 사업, 2011년 런던 익지비션 로드의 보차공존 도로화 작업 등 많은 사업과 연구가 수행되었고, 현재까지도 그 흐름은 지속되고 있다.

활동 유발 공간(Street as Place)

활동 유발 공간이란, 도로에서 다양한 활동을 제공할 수 있도록 계획하는 것을 말한다. 이때 'Power of 10'이라는 개념을 활용하곤 하는데, 멋진 장소(Great Place)에는 적어도 10가지의 할 일이나 활동이 존재해야 보행자의 활발한 활동을 유도할 수 있다는 것이다. 해외에서는 활동 유발 공간의 일환으로 'Parking Day'를 도입하기도 하였다. 'Parking Day'는 노상주차 공간을 활용하여 보행자에게 여가, 휴식 등 다양한 활동을 제공하고 차량 통행 억제를 유도하는 방안이다.

활동 유발 공간에 대한 대표적인 연구자 얀겔(J. Gehl, 1971)[8]은 그의 저서 'life between buildings'에서 실제 도시 관찰에서 발견된 사항들을 근거로 하여 좋은 도시 공간, 좋은 가로가 지향해야 할 점들을 구체적인 지침으로 정리하였다. [그림 1]에서 보는 바와 같이 가로를 포함한 도시 옥외공간에서 이루어지는 사람들의 행태를 그 안에 내포된 자율성과 사회성에 따라 필수적 활동, 선택적 활동, 사회적 활동으로 구분하였다. 필수적 활동이란 목적지로의 이동 등 환경의 질에 상관없이 이루어지는 활동을 말하며, 선택적 활동이란 앉아 있기, 머무르기 등 시간과 장소가 허락하는 조건에 따라 이루어지는 활동을 말한다. 사회적 활동이란 공공장소에 있는 사람들로 인해 이루어지는 모든 활동, 즉 대화와 같은 직접적 활동부터 단순히 사람들을 바라보거나 그들의 소리에 귀를 기울이는 수동적 접촉까지를 모두 포함하는 개념이다. 이 중 그는 선택적 활동과 사회적 활동은 사람들이 매력을 느끼는 장소에서 이루어진다고 보고, 이러한 활동들이 자주 이루어지는 곳을 좋은 옥외공간으로 보았다. 또한 "인간의 삶은 걸음으로써 이루어진다"고 보고, 의미 있는 선택적·사회적 활동은 모두 보행을 매개로 이루어지며 걷기 좋은 도시가 좋은 도시라고 주장하였다. 여기서 좋은 가로란, 선택적·사회적 활동이 많이 이루어질 수 있는 가로를 의미한다. 이러한 가로를 만들어내기 위해서는 다양한 기능을 거리에 밀집시키고 가로 폭을 줄여 보행자와 가로변 건물 사이의 거리를 좁혀서 경험 강도를 증가시키고, 건물의 폭을 짧게 하여 단위 거리에 창문이나 대문 등 사람들의 활동이 집중되는 개구부를 더 많이 위치시키며, 거리와 건물 사이의 공간에 출입구와 창문, 발코니와 계단을 배치하고 파사드의 디테일 등을 통해 다양한 활동과 볼거리가 존재해야 한다고 주장하였다.

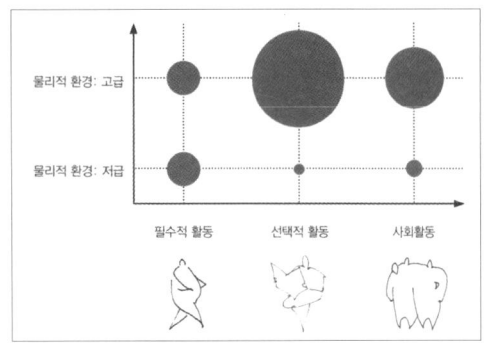

[그림 1] 필수적 활동·선택적 활동·사회적 활동·환경의 질의 관계
(출처: J. Gehl, 1971. 임유경 외, 사람 중심 가로 조성을 위한 도시설계 연구, AURI-기본-2015-6, 26쪽 재인용)

[그림 2] 가로 전면부 전이공간 이용 현황
(출처: J. Gehl, 1971. 임유경 외, 사람 중심 가로 조성을 위한 도시설계 연구, AURI-기본-2015-6, 26쪽 재인용)

또한, 가로에 건물을 면하는 그 사이 공간, 즉 사적 공간과 공적 공간의 단계적 중첩이 이루

어지는 전이공간에 대해 강조하였는데, 이러한 공간에서 공적 영역과 개인 영역 사이의 유연한 이행이 이루어짐으로 여러 선택적, 사회적 활동이 이루어지는 잠재력이 높은 공간이라고 주장하였다. 이러한 전이 지대에 만남의 장소로 활용되는 시설(우편함, 신문판매대, 레스토랑의 식탁, 가게 앞 판매대, 놀이터 등)을 배치하고, 주차 차량을 배제하며, 가로에 벤치나 기둥, 식물, 나무를 배치하여 가로상의 공적 생활을 촉진할 수 있다고 보았다([그림 2] 참조).

뿐만 아니라 도시공간의 질이란 가로와 필지 단위에서 느껴지는 것이며, 좋은 도시공간을 만들기 위해서는 토지용도나 가로체계 계획과 같은 초기 도시계획 단계부터 건물 및 가로시설물, 보도 패턴 등 세부 계획에 이르기까지 매 단계마다 사람들의 행태가 고려되어야 하며, 휴먼스케일이 유지되어야 한다고 주장하였다. 예를 들어, 필지별 용도를 정하고 가로체계를 설계할 때 보행자들의 편의를 위해 목적지들을 잇는 최단 경로를 계획함과 동시에 가로에 굴곡과 리듬을 만들어 보행의 즐거움을 증가시키고, 건물을 설계할 때, 건물과 가로가 맞닿는 경계를 불규칙하게 만들어 보행자가 쉴 수 있는 공간을 만들 것을 제안하였다. 또, 유모차나 휠체어 등 이동약자를 배려하여 가로를 포장하고, 계단보다는 경사로를 사용하고, 창문의 시선을 활용하여 안전한 거리를 만들며, 심한 바람이나 비 등 나쁜 기후를 피할 수 있는 피난처를 만드는 등, 보행을 더 안전하고 쾌적하게 만드는 방법들을 보행자의 눈높이에서 고려해야 한다고 주장하였다.

J. speck(2012)[9]은 그의 저서 'Walkable City: How Downtown Can Save America, One Step at a Time'에서 걷고 싶은 도시를 만들기 위한 보편적 원리로 유용성, 안전성, 편안함, 흥미로움의 4가지를 제시한다. 유용성(Useful)은 일상적인 목적 시설이 가까운 거리에 위치하는 환경이며, 안전성(Safe)은 자동차로부터 안전한 환경, 편안함(Comfortable)은 건물 및 거리경관에서 거리의 소속감을 느끼는 환경, 흥미로움(Interesting)은 친숙하면서도 특색 있는 건물로 인해 사람들의 흔적이 느껴지는 거리환경을 의미한다. 그는 걷기 좋고 매력적인 가로는 가로 자체의 개선으로 이루어지지 않으며, 토지용도와 교통체계, 건축 등 다양한 계층 요소들이 어우러져 만들어내는 종합적인 산물이며, 이를 위하여 이상적 가로를 현실 속에서 만들어내기 위한 단계별 전략을 제시하였다.

2014년 미국 빅토리아교통정책연구소(Victoria Transport Policy Institute)[10]는 자동차 속도·교통량과 부동산 가격의 상관성을 연구하여 속도가 5~10km/h 낮아지면 인접 거주지 부동산 가격이 20% 증가하고, 차량이 100(대/일) 감소하면 집값이 18% 상승한다는 연구 결과를 발표했다. 2009년 영국 Accent Marketing & Research사[11]는 런던 시내 보행자와 승용차 이용자 간의 지출 내역을 조사한 결과 보행자가 승용차 이용자보다 42% 이상 더 지출한다는 기사를 발표했다. 활동 유발 공간의 조성은 결국 가로가 사회적 활동이 일어나는 삶의 장소가 돼야 하고 이를 위해서는 보행 친화성이 긴요한 요소이다. 보행 친화성은 단순히 걷기 좋음에 그치는 것이 아니라 지역 경제 활성화와도 밀접한 관련이 있다는 점에 이를 위한 정책적 방안이 마련될 필요가 있다.

공유도로(Shared Street)

공유도로란, 보차 구분을 제거하여 모든 통행자가 이용할 수 있도록 설계한 도로이다. 공유도로는 보행자뿐 아니라 차량, 자전거 등 모든 통행이 공유하는 도로로 언뜻 보기엔 상당히 위험한 도로로 보일 수 있다. 하지만 보행자의 혼재는 운전자에게 지속적인 주의를 주기 때문에 차량의 저속통행을 유도할 수 있고 이로 인해 보행자의 안전이 더욱 강화되는 효과를 가져와 일반적인 도로보다 더욱 안전한 도로가 된다. 이런 특징으로 공유도로는 차량이 적고 보행자가 많은 도로에 적용이 적합하다.

[그림 3] 파리시 공유가로 캠페인 이미지
(출처: 파리시 홈페이지 www.paris.fr
AURI-기본-2015-6, 248쪽 재인용)

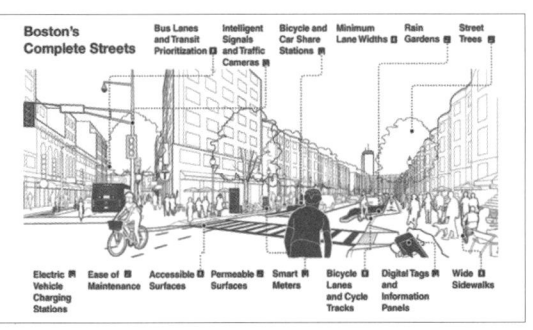

[그림 4] 보스턴시 통합가로 이미지
(출처: 보스턴시 홈페이지 www.boston.gov AURI-기본-2015-6, 248쪽 재인용)

완전도로(Complete Street)

완전도로(Complete Street)란, 사람중심의 교통계획에서 확장된 개념으로 도로의 모든 이용자의 편의와 안전을 고려하여 계획·설계한 도로를 뜻한다. 완전도로는 기존의 차량이나 사람에 치우친 교통계획과는 다르게 보행자, 차량, 대중교통, 자전거 등의 모든 수단을 고려해야 한다. 완전도로는 도로의 모든 수단과 이용자를 고려하기 때문에 도로와 도로 주변의 특성을 파악해야 적절한 교통계획을 수립할 수 있다. 때문에 적절한 완전도로를 설계하기 위해서는 체계화가 필요하다. 그런 면에서 해외의 경우, 도시의 특성에 맞게 완전도로 가이드라인을 만들어 제공하고 있지만, 우리나라는 이 부분에서 아직 미흡한 것이 사실이다. 그러나 우리나라도 완전도로의 중요성을 알기에 완전도로 도입을 위한 시도를 하고 있는 중이다.

외국의 경우는 완전도로를 체계화하여 가이드라인을 제시하고 있다. 미국 일리노이주 시카고의 완전도로의 가이드라인[12]에는 도로의 이용자, 특성, 주변 토지 이용 등을 고려해 해당 도로에 적절한 계획을 수립하라고 되어 있다. 시카고는 이를 위해 각각의 고려사항을 상세히 분류하여 제시하고 있다. 이용자는 보행자, 대중교통, 자전거, 차량으로 4가지로 분류하였으며, 도로 특성은 접근로, 주요도로, 보행자도로 등 6가지, 토지이용은 주거지, 공원, 상업지 등 7가지로 구분하였다. 이를 통해 완전도로를 적용하기 전 통행수단의 우선순위를 정하고 토지이용을 파악한 후 도로의 등급을 결정하면 적절한 도로의 단면을 결정한 뒤, 도로의 단면을 보행자 공간(Pedestrian Realm), 중간영역(Interstitial Area), 차량 공간(Vehicle Realm), 중앙부(Median)로 구분하여, 상황별로 도로의 단면을 어떻게 구성해야 하는가를 설명하고 있다. 보행자 공간(Pedestrian Realm)은 보행자가 통행 및 활동을 할 수 있는 공간이다. 따라서 이 공간에는 보도, 상점, 화단, 벤치 등 실제로 보행자가 이용할 수 있는 시설들이 배치된다. 중간영역(Interstitial Area)이란, 차도와 보도 사이의 공간으로 차량이나 자전거의 주차 공간, 자전거 도로, 우회전 차로 등 상황에 따라 유동적으로 그 역할이 변화한다.

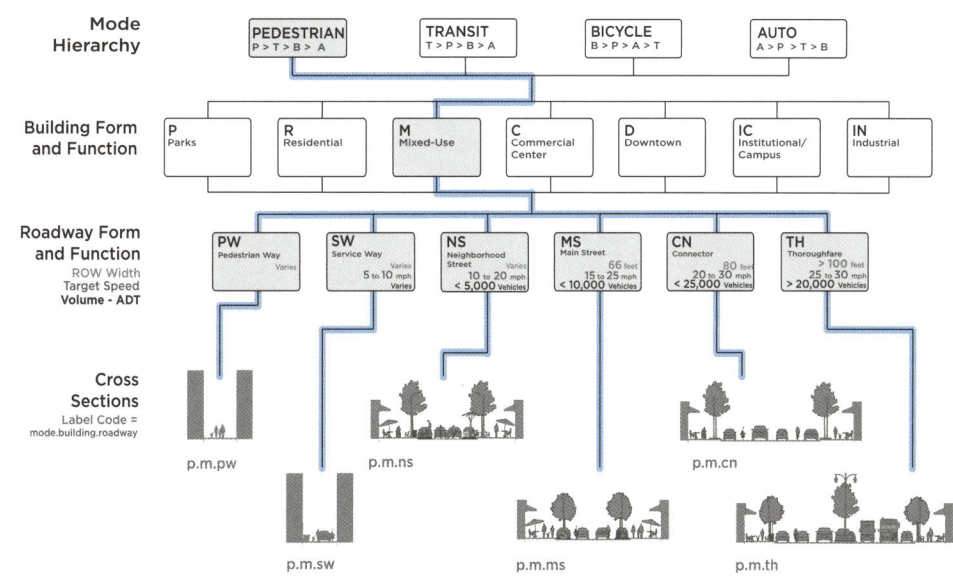

[그림 5] 시카고의 완전도로 디자인 트리(Chicago Complete Street Design Tree), 보행자 중심의 복합용지
(출처: Complete Streets Chicago, Department of Transportation, 2013)

차량 공간(Vehicle Realm)은 우리가 흔히 차로라고 부르는 공간이다. 차량이나 대중교통의 통행을 위한 시설이 설치된다. 중앙부(Median)는 도로의 중앙을 의미하는 공간으로 중앙선, 대중교통 정류장, 자전거 전용도로, 유턴차로 등의 시설이 설치된다.

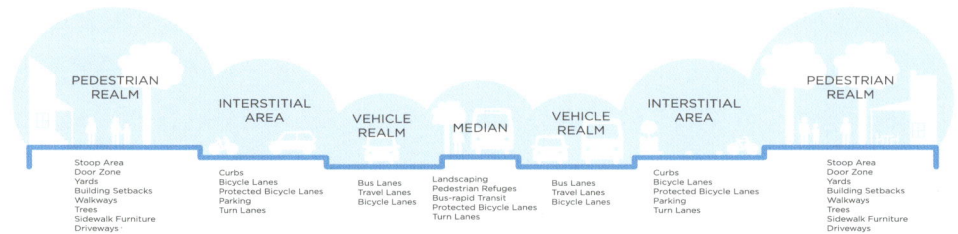

[그림 6] 시카고 완전도로 단면구성 및 시설
(출처: Complete Streets Chicago, Department of Transportation, 2013)

한편, 콜로라도주 덴버시의 가이드라인[13]은 시카고와 분류에서 차이를 보인다. 이용자는 보행자, 자전거, 대중교통, 화물 차량, 일반 차량으로 구분하였고, 토지이용은 주거, 상업, 복합 등 9가지로 세분화하였지만 도로는 간선도로(Arterial), 집산도로(Collector)로 비교적 간단하게 분류하였다. 또한, 도로의 단면 구분에 있어서도 보행자 공간(Pedestrian Realm)을 편의시설 공간(Amenity), 보행 공간(Sidewalk), 전면공지(Frontage)로 한 단계 더 분류하였으며 길 가장자리(Curbside)와 통행 공간(Travel way)으로 전반적으로 시카고에 비해 더욱 세세하게 분류하였다. 덴버는 토지이용을 9가지로 세분화한 만큼 주요 기준으로 삼아 설명하고 있다. Main

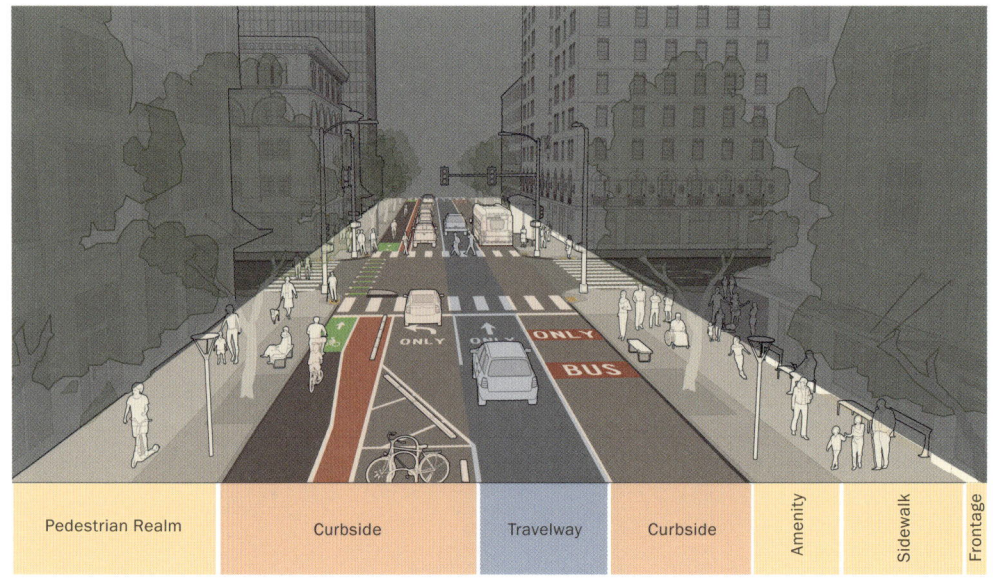

[그림 7] 덴버의 완전도로 도로 단면(Denver Complete Street Road Section)
(출처: Denvor Complete Streets Guidelines, 2020, Department of Transportation & Infrastructure)

Street를 하나의 예로 설명하자면, 덴버의 가이드라인에서 Main Street는 유통, 서비스, 식당, 주거 등 특성이 다양한 만큼 활동이 많은 지역으로 보행자 중심의 도로 구성이 필요함을 말하고 있다. 그에 따라 주도로의 계획을 보행자 중심으로 하되, 차량의 통행량에 따라 간선도로(Arterial) 및 집산도로(Collector)를 구분하여 도로의 단면 폭과 통행 우선권을 결정한다. 마지막으로 벤치, 자전거 보관함, 화단, 주차시설 등의 주도로에 설치될 시설물을 결정한다. 덴버의 독특한 점이라고 할 수 있는 것은 공유도로를 적극 권장한다는 것이다. 공유도로는 앞서 말했든 보차의 구분을 없애 운전자에게 저속통행을 유도하고 보행자의 자유로운 통행을 유도하여 안전성을 강화하는 도로로 차량 통행이 잦은 곳에서는 적용하기 어려운 특징이 있다. 따라서 덴버에서도 일 통행량 100~400대 정도의 장소에 적용할 것으로 권장하고 있으며, 제한속도를 10mile/h(약 16km/h)로 설계하도록 하고 있다. 공유도로에 설치할 시설물들 또한, 보행자 중심과 저속통행에 초점을 맞춰 벤치, 화단, 주차, 자전거 보관함, 과속방지턱 등을 설치하도록 하고 있다.

한편, 우리나라의 경우는 외국처럼 체계화된 가이드라인이 만들어지지는 못했다. 국내 사례로 소개할 곳은 청주시(1순환로 1107번길)와 대전시(대청로)의 2개소를 소개한다. 청주시 분평동 주공 1·2단지의 1순화로 1107번길은 2013년도까지만 해도 양방향 4차로의 넓은 도로였다. 그러나 도로 주변은 주택가

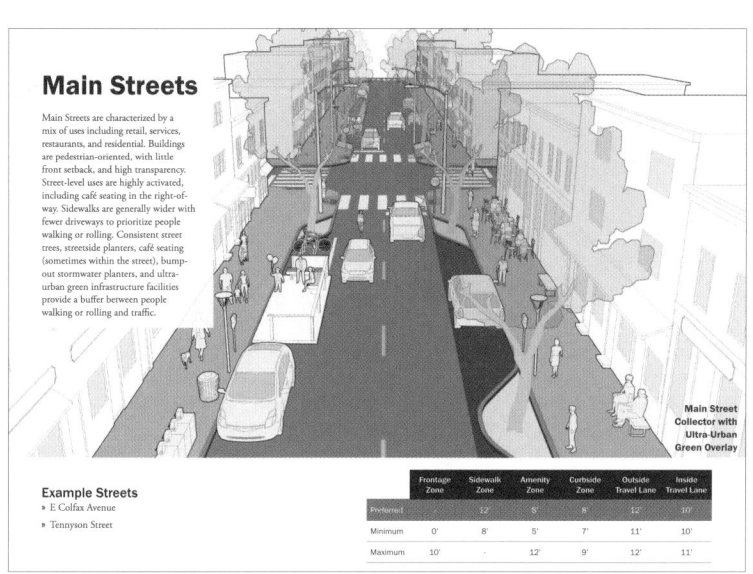

[그림 8] 덴버 완전도로 가이드라인의 주도로
(출처: Denvor Complete Streets Guidelines, 2020, Department of Transportation & Infrastructure)

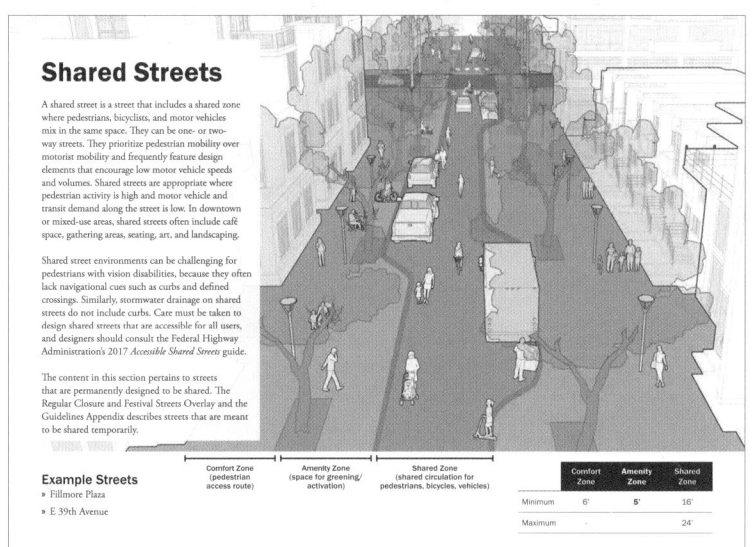

[그림 9] 덴버 완전도로 가이드라인의 공유 도로
(출처: Denvor Complete Streets Guidelines, 2020, Department of Transportation & Infrastructure)

와 학교가 위치하여 보행량이 많았고 특별한 교통안전시설이 없어 무단횡단 또한 많아 사고 위험이 높은 도로였다. 더욱이 넓은 도로의 불법주차로 보행자에게 불안을 유발했고 완전도로 사업 이전에는 다수의 사상자와 어린이 사고가 발생하였다. 청주시는 이를 해소하기 위해 2013년부터 완전도로를 계획하였다. 기존의 넓은 도로는 양방향 2차로로 축소시키고 남는 공간은 녹지와 자전거도로, 보도에 할애하였으며 차로를 곡선 형태로 설계하여 저속통행을 유도하도록 하였다. 충주시의 완전도로는 2014년경 완공이 되어 보행자에게 안전한 보행공간을 제공하는 공간으로 변화했다. 청주시의 완전도로는 기존 차로 축소로 인해 발생하는 차량 통행이 불편하다고 초기 반발이 심했었지만, 현재는 쾌적한 보행환경을 조성하고 안전한 통행을 제공하여 성공적인 완전도로 사례라고 볼 수 있다.

대청호는 대전의 주요 관광지인 만큼 대청호 주변의 대청댐은 관광객이 많아 보행량과 자전거 통행 등이 많은 장소이다. 그러나 대청호를 따라 있는 대청로는 양방향 2차로 도로에 보도가 없어 관광 도로의 역할을 수행하지 못했다. 대전시는 이 문제를 완전도로 사업을 통해 해결하고자 하였다. 도로의 차로를 조정하고 도로 주변의 유휴부지를 활용하여 보도를 만들고 분리된 자전거도로를 설계하여 차량, 자전거, 보행자 모두가 안전한 통행이 가능하도록 도로 설계하였다. 대청댐 완전도로 사업은 2011년부터 시작하여 2014년에 완공되었고 현재까지 훌륭한 관광도로 역할을 하고 있다.

[그림 10] 청주시 완전도로(1순환로 1107번길), 2011년(좌측) 2021년(우측)
(출처: 카카오맵)

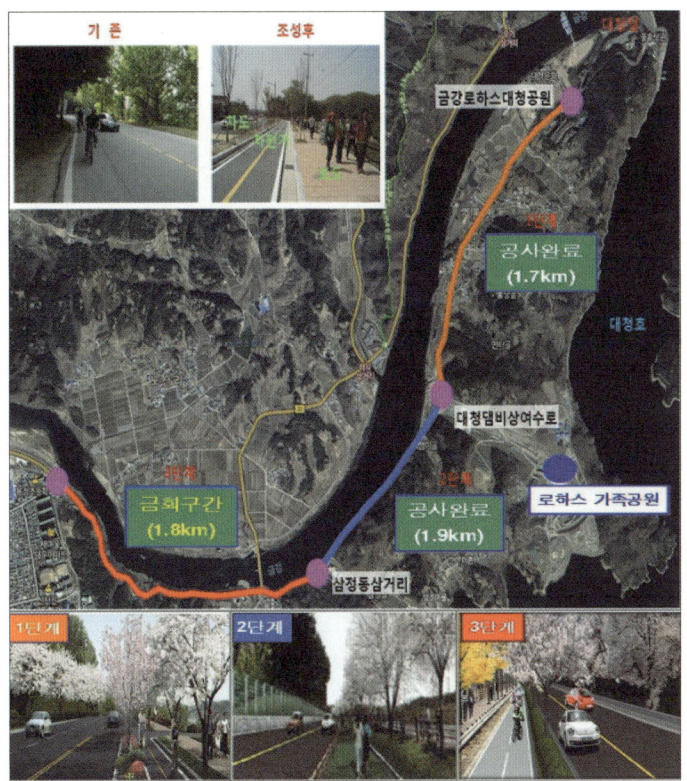

[그림 11] 대청댐 완전도로 조성 계획
(출처: 신탄진 용정초-대청댐 5.4㎞ '완전도로 변신', 굿모닝충청 2014년 8월 17일자)

스마트 교통 시스템

"반도체의 성능이 24개월마다 2배로 증가한다."라는 무어의 법칙마저 그 기간이 점차 줄어들고 있고 줄어드는 속도는 더욱더 가속화되고 있다. 이런 기술의 발전은 사람들의 생활 방식에 변화를 가져왔고 나아가 상식과 생각까지 바꿨다. 근거리 미래에 도시교통정책을 수립해야 하는 사람들에게 지금까지와는 비교가 안 되는 커다란 과제가 부여될 것 같다. 왜냐하면 미래도시의 모습은 전통적인 도시의 모습과는 매우 크게 바뀔 것 같기 때문이다.

그렇다면 우리가 살아야 하는 미래도시는 도대체 어떤 모양으로 바뀔까? ARK 투자(ARK Invest)의 CEO 캐시 우드(Cathie Wood)는 미래 전망 보고서(Big Ideas 2021)[14]를 발간하면서 자율주행자동차의 개발 상황과 인공지능(AI)의 발전은 자신들이 예측했던 것보다 급격히 변화하고 있다고 언급했다. 이는 우리가 생각했던 것보다 훨씬 더 빠르게 전기나 수소로 달리는 자율주행차량들로 도로가 뒤덮일 것 같은 상상을 준다. UAM(Urban Air Mobility, 도심 항공 모빌리티) 또한 수년 내 등장할 것으로 예측되고 있다. 교통은 사람의 생활에 있어 밀접한 관련이 있는 만큼 교통의 변화는 어찌 보면 당연한 결과일지 모른다. 사람들의 편의를 위해 교통 또한 발전해 왔고 다양한 교통 시스템들이 등장해 왔으며, 흔히 이를 '스마트 교통 시스템'이라 한다.

공유경제의 도래와 차량 공유 시스템

과거의 차량은 소유의 개념이었다. 집처럼 하나의 재산으로 생각하는 사람들이 많았으며, 집집마다 최소한 하나의 차량은 보유하는 것이 일반적이었다. 그러나 어느 순간 공유경제라는 개념이 나타났다. 에어비앤비로 집을 공유하였고, 누군가는 옷을 또 누군가는 사무실을 공유하며 구매보다 저렴하게 내가 원하는 기간에 상품을 사용할 수 있게 되었다. 그리고 공유의 개념이 교통에도 적용되며 차량을 공유하는 형태의 서비스 또한 등장하였다. 차량 공유 서비스는 그 형태에 따라 카셰어링(Car Sharing), 라이드헤일링(ride hailing), 라이드셰어링(Ride Sharing)으로 구분된다. 이에 대한 주요 내용을 소개하고자 한다.

 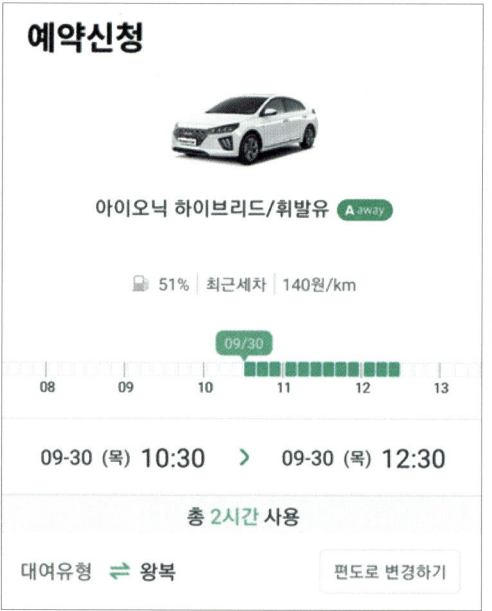

[그림 12] 카셰어링 업체의 차량 대여 위치 및 대여시간
(출처: 그린카 앱)

카셰어링은 일정 시간 차량을 공유하는 방식이다. 렌터카와 유사하지만 대여 기간과 장소에서 차이를 보인다. 한 지점에서 대여가 가능한 렌터카와 달리 주차시설마다 소수의 차량을 대기시켜 가까운 거리에서 차량의 대여가 가능하다. 또한, 차량 대여 장소가 곧 반납 장소로 그 수가 많아 렌터카에 비해 단기간의 대여가 가능한 특징이 있다.

카셰어링은 사업의 형태에 따라 두 가지로 구분되는데, 사업자가 차량을 소유하고 소비자에게 차량을 제공하는 B2C(Business to Consumer)와 개인 또는 사업자 소유의 차량을 공유할 수 있도록 플랫폼을 제공하는 P2P(Peer to Peer) 방식이 있다. B2C의 대표적 기업은 쏘카와 그린카가 있으며, P2P는 카쎔이 대표적이다. 카셰어링은 앱을 통해 간단한 대여가 가능하다는 특징으로 인해 초보 운전자나 젊은 연령층의 이용률이 상당히 높다. 또한, 이용자 등록 시 사고 경험에 대한 등록은 없다 보니 운전자의 특성에 대한 반영이 미흡하다. 이런 특성으로 인해 카셰어링 서비스는 다른 서비스에 비해 교통사고율이 상당히 높은 편이다. 이는 곧 차량의 사고 높은 이용률로 인해 교통사고 비율이 상당히 높은 문제점이 존재한다.

[표 1] 카셰어링 이용자 교통사고 통계

구분	2015년	2016년	2017년	2018년
사고 건수(건)	4,631	10,888	18,949	19,320
사망자 수(명)	4	3	7	2
부상자 수(명)	2,115	4,949	8,413	8,353
자동차보험 사고 발생률(대물배상) 비교	일반 개인용 자동차 13.8 / 렌터카 차량 24.2 / 카쉐어링 차량 149.6%			

(출처: 경기연구원, 스마트모빌리티의 현황과 발전방안 연구, 2020. 김점산 외, p.63)

라이드헤일링은 개인 또는 사업자 소유의 차를 활용하여 소비자가 원하는 목적지에 데려다주는 일종의 택시 형태의 서비스를 제공하는 것을 말한다. 라이드헤일링은 택시와 유사하지만 별도의 면허증이 필요 없어 비교적 쉽게 서비스가 가능하다. 라이드헤일링의 대표적인 기업은 우버(Uber)이다. 우버(Uber)는 사업자가 구축한 플랫폼을 활용하여 기사와 소비자를 연결하고 높은 서비스 품질을 제공하여 해외에서 큰 성공을 거둔 기업이다. 국내에서도 라이드헤일링 서비스를 제공하기 위해 2018년 '타다' 서비스가 출범하였다. 그러나 우리나라는 「여객자동차운수사업법」상 라이드헤일링 서비스가 불법으로 분류되어 2020년 3월 이후 우버와 타다 등 모든 서비스가 중단되면서 타다는 라이트, 플러스, 에어, 프라이빗, 골프의 제한적인 서비스만 운영 중이다.

[그림 13] 타다 서비스 종류
(출처: 타다 홈페이지)

　라이드헤일링은 이용자가 운전을 하지 않는다는 점에서 강점이 있으나 그 외의 몇 가지 문제점들이 있다. 주요한 문제점 중 하나는 택시와의 갈등이다. 서비스 형태가 기존의 택시와 유사하다 보니 택시 이용자가 라이드헤일링에 분산되어 택시 업계의 반발이 심하여 서비스에 어려움이 따른다. 또한, 라이드헤일링이 범죄에 노출되는 경우도 다수 존재한다. 2019년 한국일보의 한 기사에 따르면 우버가 공개한 '2018년 안전보고서'에서 총 3,045건의 성범죄 신고가 접수되었고, 9명이 살해되었다고 밝혔다. 이는 택시와는 달리 기업 자체의 기준에 고용되고 관리되는 것의 한계로 운행 중 범죄 사고가 발생하는 것으로 라이드헤일링 기업은 이와 관련하여 안전교육을 강화하고 있다.

[표 2] 미국 우버(Uber) 성범죄 통계(2017~2018)

Subcategory	2017-2018 Frequency of incident reports (by # of trips)	2017 # of incident reports	% of total trips[134]	2018 # of incident reports	% of total trips	YoY incident rate change % change incident rate[175]
Non-Consensual Kissing of a Non-Sexual Body Part	~1 in 2,000,000	570	0.00006%	594	0.00005%	-16%
Attempted Non-Consensual Sexual Penetration	~1 in 4,000,000	307	0.00003%	280	0.00002%	-26%
Non-Consensual Touching of a Sexual Body Part	~1 in 800,000	1,440	0.0001%	1,560	0.0001%	-12%
Non-Consensual Kissing of a Sexual Body Part	~1 in 3,000,000	390	0.00004%	376	0.00003%	-22%
Non-Consensual Sexual Penetration	~1 in 5,000,000	229	0.00002%	235	0.00002%	-17%
Total US trips	2.3 billion	1.0 billion		1.3 billion		

(출처: US Safety Report, 2019, Uber, p59)

라이드셰어링은 카풀을 생각하면 편하다. 운전자가 이용자를 목적지까지 이동시켜주는 라이드헤일링과 형태는 유사하지만, 운전자의 목적지도 고려 대상이 된다. 즉, 운전자가 오롯이 운전기사의 역할을 하는 여타 서비스와 달리 운전자는 운전자만의 목적을 위한 통행에 겸하여 서비스를 제공하는 것이다. 이런 라이드셰어링만의 특수성으로 인해 대부분의 서비스는 출퇴근에 한정되어 있는 것이 일반적이다. 또한, 라이드셰어링 서비스를 제공하는 기업은 주로 플랫폼을 제공하여 승객과 운전자를 매칭해주는 역할을 하고 있다. 라이드셰어링은 기존의 개인 간의 카풀 형태에서 사업의 형태로 발전해갔지만, 이 또한 택시와의 갈등을 피하지 못하였다. 관련 규제 또한 라이드셰어링 사업에 차질을 주어 국내의 라이드셰어링 사업은 중단을 하거나 무상으로 서비스하여 사실상 국내의 라이드셰어링 시장은 사라진 셈이 되었다.

[표 3] 카풀 서비스 현황

서비스	출시	현황
카카오T 카풀	2018년 12월	출시 1개월 만에 서비스 중단
럭시	2016년 8월	2018년 2월 카카오모빌리티에 인수
풀러스	2016년 5월	택시업계 반발로 무상카풀 실시
어디고	2019년 3월	24시간 운행 서비스
티티카카	2017년 3월	2017년 8월 서비스 종료
우버 쉐어	2017년 9월	2019년 4월 서비스 종료

(출처: 사고 보상 못 받는 카풀 동승자, 위험한 사각지대, 2019.04.21. 더스쿠프)

미래차 산업과 신교통 시스템

사람의 생활에 큰 변화를 주는 사건을 혁명이라 한다. 농사의 시작이 하나의 혁명이었고 기계의 발명, 전기의 발견, 컴퓨터의 발명 등이 각각 산업혁명을 이루며 사회는 발전해나갔다. 그리고 현재 우리는 고도의 정보통신 발달이 가져온 제4차 산업혁명의 시대에 살고 있다. 제4차 산업혁명은 사물인터넷(Internet of Thing)으로 생활편의를 제공하고 메타버스(Metaverse)로 새로운 경험을 주었으며 인공지능(Artificial Intelligence)이 전 분야에 활용되면서 발전 활로를 열게 하였다. 교통에서도 4차 산업혁명의 영향은 크게 작용하였다. 기존의 차량 통행을 더욱 편하고 안전하게 발전시켰을 뿐 아니라 새로운 수단을 등장시키고 있다.

미래차 산업 동향

좋으나 싫으나 전기차 시대가 오고 있다. 세계 각지에서 '내연기관 금지령'을 선언하고 있다. 네덜란드는 2030년부터, 영국은 2035년부터 내연기관차를 등록할 수 없다. 100년 넘게 만들어온 전통적인 자동차 회사들은 충격에 빠졌다. 환경 파괴에 대한 자성, '친환경'이 포스트코로나 시대의 강력한 이슈가 되면서 내연기관에서 전기모터로의 전환은 피할 수 없는 세계적 흐름이 되었다. 현재로서는 전기차의 치명적 단점은 배터리에 있다. 최근 상당히 개선되긴 했지만, 여전히 충전 시간이 오래 걸린다. 차마다 약간의 차이는 있으나 80% 정도까지 채우는 데 최소 30분에서 1시간가량 걸린다. 충전소를 찾기도 아직은 쉽지 않다.

그럼에도 불구하고 국내 전기차 누적 판매는 2019년 80,902대에서 2021년 들어 이미 10만 대를 훌쩍 넘어섰다. 전기차 보급은 2016년 대비 2019년 8월 약 7배 증가(누적 기준), 2021년 기준으로는 10배 이상 급증했다. 수소차 보급 또한 2019년 기준으로 약 34배 증가(누적 기준)했다.

[그림 14] 전기·수소차의 증가추이
(출처: 미래자동차 산업 발전전략 보도자료, https://www.korea.kr)

2020년 상반기 기준으로 충전기도 22,000기 이상 설치했다. 많은 매체와 전문 기관은 2021년이 전기차 상용화의 원년이 될 것으로 전망한다. 2025년까지 250개가 넘는 순수 전기차 모델이 글로벌 시장에 쏟아진다. 이에 따라 2021년 올해 현대·기아차를 비롯한 국내 브랜드와 거의 모든 수입차 브랜드들이 새로운 전기차 모델을 대거 선보일 예정이다. 한층 앞선 기술력과 미래형 디자인으로 무장하고 출시될 다양한 전기차는 우리의 일상까지 바꿔놓을 것이다. 그렇다면 미래자동차란 무엇으로 정의할 수 있을까. 전기차와 수소차, 정보통신 기술(ICT)과 인공지능(AI)에 기반한 자율주행차를 포괄하는 개념으로 정의 내릴 수 있겠다.

우리나라의 미래차 경쟁력은 통신 기반과 친환경차 성능 면에서 우수하다. 통신은 자율주행과 연결서비스 지원이 가능한 세계 최고 수준의 기반을 갖추고 있다. 인공지능 기반의 부품과 소프트웨어의 핵심 기술력은 선진국에 비해 미흡(77% 수준)하다. 자동차 서비스 분야도 이해관계가 엇갈리고 제도가 미비해 다양한 서비스 지원이 지연되고 있다.

정부는 미래자동차 산업 발전전략을 통하여 2030년 미래차 경쟁력 1등 국가로 도약하기 위한 전략을 발표했다. 친환경 기술력과 국내 보급을 가속화해서 세계 시장을 적극 선점하고, 2024년까지 완전자율주행 제도와 기반을 세계 최초로 완비하는 것이 목표로 설정하였다. 이를 위하여 60조 원 규모의 민간투자를 기반으로 국내 자동차 산업을 개방형 미래차 생태계로 신속하게 전환하는 전략을 담았다. 정부 전략을 정리하면 다음과 같다.

[그림 15] 미래차 국가 전략
(출처: 미래자동차 산업 발전전략 보도자료, https://www.korea.kr)

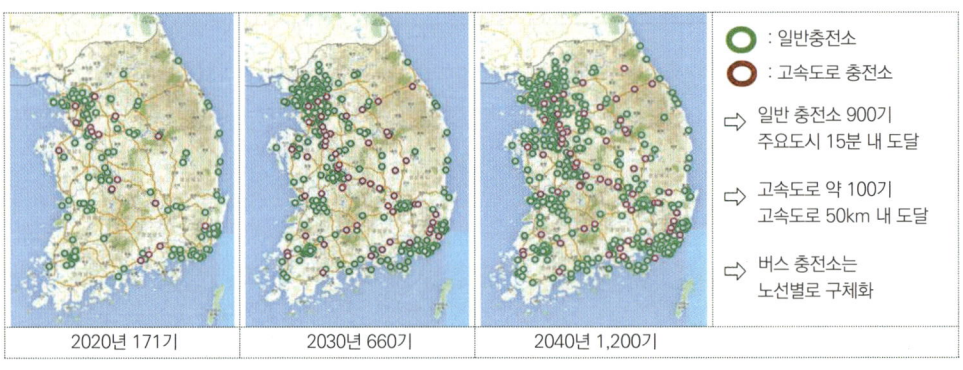

[그림 16] 2020, 2030, 2040년 수소충전소 구축(안)
(출처: 미래자동차 산업 발전전략 보도자료, https://www.korea.kr)

미래차 생태계 정부 전략

㉮. 친환경차 세계시장 선도 : 2030년 국내 신차비중 33%, 세계시장 점유율 10%- (차종·성능) 2030년 전 차종의 친환경차 출시, 세계 최고성능의 유지·확대*, 전비·주행거리 등 성능 중심 보조금 개편
  - (충전소) 수소충전소 2030년 660기, 전기충전기 2025년 1.5만기 구축
    * '30년 수소충전소는 주요 도시에서 20분 이내, 고속도로에서 75km 이내 도달
  - (수요창출) 규모의 경제 도달시까지 보조금 유지*, 버스·택시·트럭·자율주행차 등으로 수요 확대

㉯. 자율주행차 미래시장 선점 : 2027년 주요 도로 완전자율 주행 세계 최초 상용화- (제도·인프라) 2024년까지 완전자율주행을 위한 제도도입(성능검증·보험·운전자의무 등)·정비시기 단축 → 세계최초 제도·인프라(주요 도로) 완비
  * 4대 인프라 : 통신시설 인프라, 정밀지도, 교통관제, 도로 등- (기술) 핵심부품(시스템·부품·통신) 투자, 2027년 자율차 기술 강국 도약

㉰. 미래차 서비스 시대 준비 : 자율주행 서비스 확산, 2025년 플라잉카(Flying car, 하늘을 나는 자동차) 실용화- (이동서비스) 민간주도 3대 서비스, 공공수요 기반 9대 서비스 확산
  * (민간) 자율셔틀, 자율택시, 화물차 군집주행, (공공) 자율주행 무인순찰 등- (신 교통서비스) 2025년 플라잉카(flyingcar) 실용화*, 단계적 확산
  * 기술개발 및 법 제도 정비 등을 통해 실증·시범사업이 가능한 단계

㉱. 미래차 생태계 조기전환 : 2030년 부품기업 중 전장부품 기업 비중 20%- (부품기업 전환) ① 2조원 이상 자금(설비투자, 유동성 추가지원) 공급, ② 연구·현장인력 2,000명 양성, ③ 해외 완성차와 공동기술개발- (개방형 협력생태계) ④ 대기업-중소기업 간 협력모델(차량용반도체, 수소버스, 자율셔틀) 확산, ⑤ 스타트업의 미래차 창업 활성화 지원- (소재·부품) 미래차 핵심소재·부품 자립도 50% → 80%로 제고

신교통 시스템

신교통 시스템은 크게 보면 커넥티드 카와 자율주행 및 스마트 모빌리티로 구분할 수 있다. 4차 산업혁명으로 빠른 정보통신이 가능해진 환경에서 교통이 가장 먼저 생각한 것은 교통 데이터의 실시간 통신이다. 특히 차량 스스로 주변의 변화하는 교통 환경을 습득하고 결정을 내린다면 더욱더 안전한 통행이 가능해질 것이다. 즉, 차량이 교통 정보를 얻기 위해 주변 인프라나 주변 차량에 연결(Connect)된 것으로 이것이 커넥티드 카의 정의라고 할 수 있다. 커넥티드 카의 주요 기술은 V2X라고 할 수 있다. V2X는 V2I(Vehicle to Infra), V2V(Vehicle to Vehicle) 등을 통칭한다. V2I는 차량과 인프라(신호등, 가로등 등)의 연결로 차량이 주변의 날씨, 도로 상태, 장애물, 신호 상태 등의 정보를 얻을 수 있도록 한다. V2V는 차량과 차량의 연결로 차량의 속도, 거리 등의 정보를 얻을 수 있도록 한다.

자율주행 차량은 커넥티드 카의 개념을 확장한 것으로 정해진 목적지까지 차량 스스로 경로를 선택하고 주행하는 기술을 말한다. 미국 자동차공학회(SAE:Society of Automotive Engineers)[15]에서는 자율주행 기술을 0~5단계까지 총 6단계로 분류하여 설명하고 있다. 국내 및 해외의 자율주행 기업들은 4~5단계의 상용화를 최종 목표로 하고 있다. 국내의 현대그룹은 2017년 도심 자율주행, 2018년 고속도로 자율주행 등을 선보이며 자율주행 개발을 진행 중이며, 테슬라의 자율주행 역시 테스터를 모집하여 데이터를 쌓아 안전한 주행이 가능하도록 기술을 개발하고 있다.

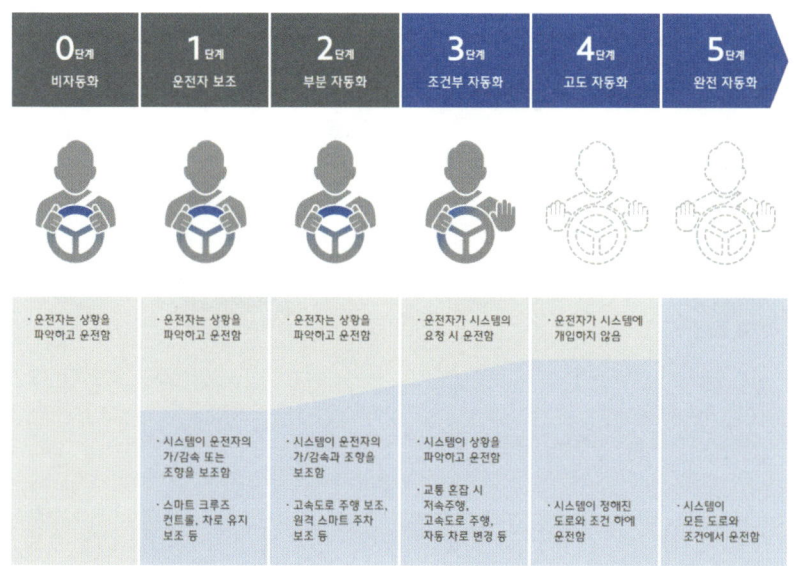

[그림 17] 자율주행 기술의 5단계
(출처: 현대 자동차 홈페이지(https://www.hyundai.co.kr/TechInnovation/Autonomous/Roadmap.hub))

스마트 모빌리티(Smart Mobility)란 기존 교통체계와 스마트 기기의 첨단 기능의 융합으로 보다 지능화되고 스마트해진 미래 교통서비스의 총체적 개념이다. 자동차, 대중교통, 택시, 자전거, 개인이동수단 등의 모든 교통수단에 스마트 기술이 적용되어 최첨단화되면, 미래 우리 시민들은 도시에서 '끊김없이(SEAMLESS) 어디에나 갈 수 있는' 교통 서비스를 제공받을 수 있을 것으로 보인다.

스탠포드 경영대학원 교수인 토니세바가 'Clean Disruption of Energy and Transportation'[16]에서 기후문제 해결의 핵심 열쇠로 '에너지/모빌리티 혁명'을 언급하였다. 이 책의 부제(How Silicon Valley Will Make Oil, Nuclear, Natural Gas, Coal, Electric Utilities and Conventional Cars Obsolete by 2030)에서 알 수 있듯이 저자는 실리콘 밸리로 대표되는 디지털 트랜스포메이션에 의해 2030년까지 화석연료 기반 에너지 산업과 내연기관 자동차 산업이 재생에너지와 자율주행전기차로 대체될 것이라는 급진적 전망도 하고 있다.

2018 세계경제포럼도의 보고서 'Electric Vehicles for Smarter Cities: The Future of Energy and Mobility'에서 에너지의 미래와 모빌리티의 미래에 대하여 탈중앙화(Decentralization), 디지털화(Digitalization), 자율주행(Autonomous), 차량공유모빌리티(Shared Mobility)의 4가지를 핵심 키워드로 제시하고, 이들 요소를 연결하는 공통 핵심 요소로 전기화(Electrification)의 중요성을 강조하고 있다.

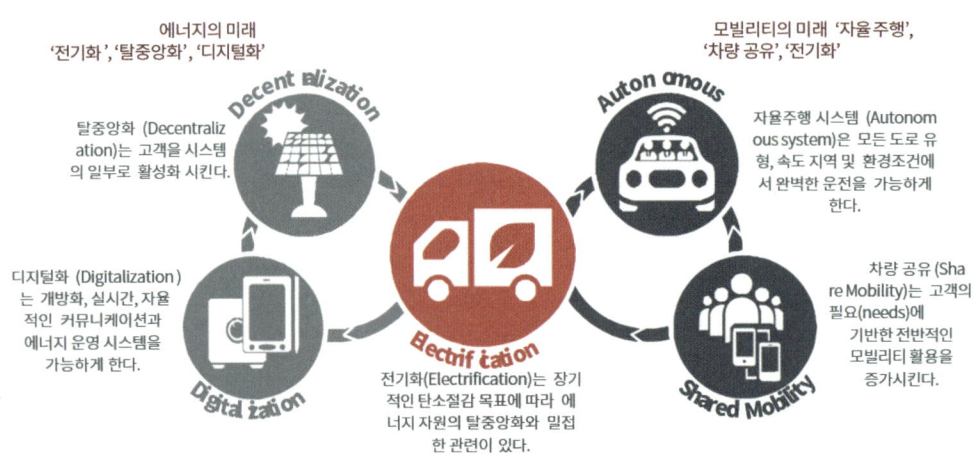

[그림 18] 모빌리티 융합과 에너지 미래
(출처: Electric Vehicles for Smarter Cities: The Future of Energy and Mobility, World Economic Forum, 2018.2, p5)

전기화를 포함하여 미래 에너지의 주요 트렌드는 재생에너지 기반의 탈중앙화(decentralization)와 스마트 그리드로 대표되는 디지털화(digitalization)이다. 또한 전기화와 미래 모빌리티의 주요 트렌드는 자율주행(autonomous)과 차량 공유(shared mobility)이다.[17] 차량

전기화(Vehicle Electrification) 관련하여, 토니 세바처럼 급진적이지는 않지만 보스턴 컨설팅은 2030년도의 전기차 비중(하이브리드 포함)을 전체 차량의 절반 수준으로 전망하고 있다. 기후변화 대응 측면에서 볼 때 개인 소유차량보다는 대중교통, 차량공유서비스 등의 고이용(high use)차량의 전기화에 정책 역량을 집중할 필요가 있다.

흔히 미래의 모빌리티를 'CASE'로도 표현하는데 이는 Connected(네트워크 연결), Autonomous(자율주행), Shared(차량공유), Electrification(전기화) 등 4가지 특성을 의미한다. 'CASE'와 함께 자주 언급되는 '공유 자율주행 전기차(SAEV, Shared Autonomous EV)'는 자율주행 전기차 기반의 택시나 차량공유 서비스를 지칭한다. 공유자율주행기차(자율주행택시 또는 차량공유서비스)의 등장은 교통수단의 개념을 근본적으로 변화시킬 수 있다.

최근 유럽에서 시험 중인 마스(MaaS)[18] 모델이 대표적인 사례이다. 마스(MaaS)는 '서비스로서의 모빌리티'로 도시의 시민들에게 이동 가능한 모든 교통수단을 서비스로 통합 연계하여 제공한다는 개념이다. 현재 핀란드에서는 월 500불에 렌트 차량, 택시, 지하철, 버스, 자전거와 같은 교통수단을 무제한으로 이용할 수 있는 마스(MaaS)서비스가 등장하였다. 이런 공유자율 주행 전기차의 등장과 도입은 우리 생활과 산업 전반에 긍정적인 영향과 부정적인 영향을 끼칠 것이라는 상반된 의견이 있다. 먼저, 공유자율주행 전기차는 도시의 시민들에게 편리하고 안전한 교통서비스를 제공할 뿐만 아니라, 더 이상 운전을 할 필요가 없게 된 사람들의 모바일 오피스 등과 같이 이동 중 시간을 더욱 효율적으로 사용할 수 있게 하여 개인의 생산성과 여가를 확대할 수 있다.

또한, 차량 소유의 감소는 온실가스 배출 및 교통 체증을 획기적으로 줄일 것으로 보여 환경에도 긍정적 영향을 미칠 것이라는 의견과 교통의 편의 증대는 사람들의 여가 활동을 증가시켜 교통 상황이 더욱 악화될 거라는 부정적인 의견도 상존하고 있다.

우리나라의 모빌리티를 이야기하려면 한국판 뉴딜을 소개하는 게 쉬울 것 같다. [그림 19]에서 보듯이 우리나라 미래 성장 동력을 크게 디지털 뉴딜과 그린 뉴딜로 구분하여 그린 뉴딜 중 미래형 스마트모빌리티라는 용어로 모빌리티를 우리나라 10대 성장 동력 산업으로 구분하고 있다. 우리나라는 2015년 파리 기후협약에 따라 탄소중립(Net-zero) 사회를 2050년에 도달할 목표를 발표하였다. 이를 위하여 2025년까지 투자비 총 160조 중에서 그린뉴딜 분야에 42.7조를 투자하고 65.9만 개의 일자리를 창출하겠다고 한다.[19]

일인용 이동수단(PM: Personal Mobility)

우리나라는 대중교통의 활성화를 교통의 주요 목표로 하는 만큼 대중교통 발달이 상당히 잘 되어 있는 나라 중 하나다. 그러나 대중교통이 도어 투 도어 서비스가 불가능한 단점은 여전히 해결해야 할 과제로 남아있다. 이러한 대중교통의 불편을 해소시킬 수 있는 수단이 일인용 이동수단(PM)이다. PM은 크기가 작고 속도가 빨라 일명 퍼스트마일(집→정류장)/라스트마일(정류장→집) 서비스에 적합하며 일반 자전거와 달리 전기모터를 활용하여 지형이나 거리에 관계없이 편하게 이용할 수 있는 장점이 있다. 게다가 공유경제와 맞물려 공유 전동킥보드 서비스가 등장하면서 이용자들의 통행에 큰 편의를 제공하고 있다.

우리나라 또한 일인용 이동수단의 활용을 높이기 위해 공유 킥보드 사업을 진행하기도 하였다. 하지만 최근 들어 전동킥보드의 위험한 통행으로 이용자뿐만 아니라 보행자, 운전자 등 많은 사람들에게 위협을 주는 경우가 발생하여 PM에 대한 규제가 개정되기도 하였다. 「도로교통법」의 개정으로 PM의 보도 통행이 불가능해졌으며, 안전장비 미 착용시 벌금 등 PM이용자의 안전 규제가 강화되었다.

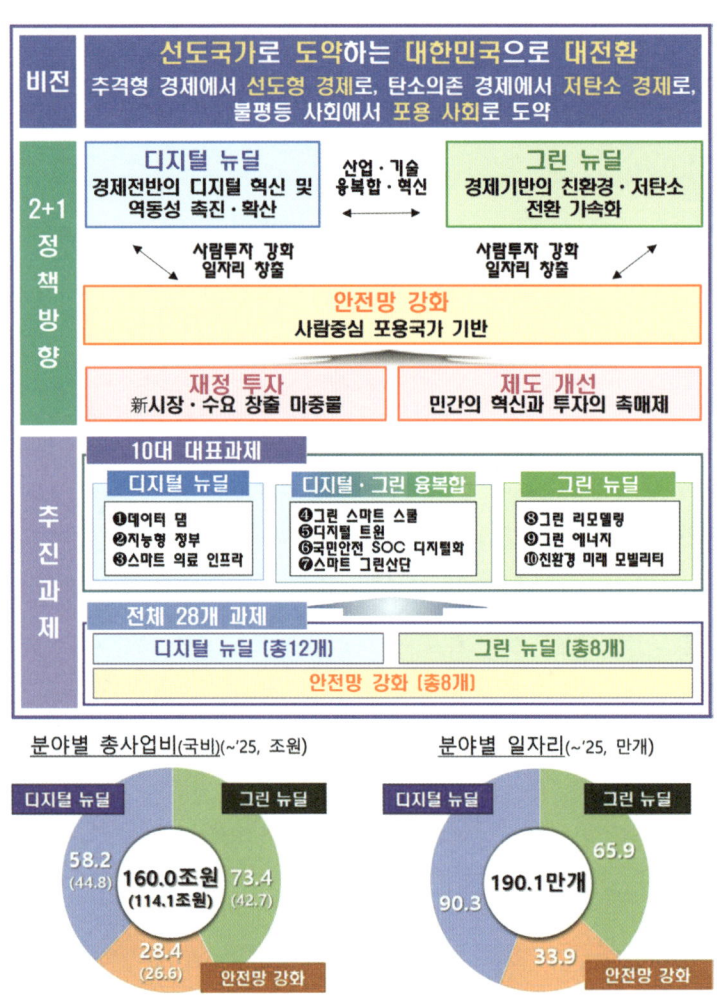

[그림 19] 한국형 뉴딜(K-New Deal) 계획
(출처: http://www.molit.go.kr/newdeal/sub/sub_1_1.jsp / 발췌 재정리)

도심형 항공 이동수단(UAM: Urban Air Mobility)

20세기에 도시는 지하 공간과 고층 건물을 이용하여 도시 공간을 입체적으로 확장해왔다. 4차 산업혁명 시대에는 한정된 도시 공간을 더욱 효과적으로 이용하기 위한 3차원 입체 모빌리티가 더욱 각광받게 될 것이다.

UAM은 일반 항공기와 다르게 4~5명의 소수 이용자가 중·단거리 통행을 목표로 하고 있는 만큼 기술 개발과 기반시설 확충이 필요하다. UAM의 주요 기술 중 하나가 항공기이다. UAM의 항공기는 전기를 동력으로 하여 프로펠러를 통해 수직 이착륙이 가능하도록 하여 통칭 eVTOL(전기동력 분산 수직이착륙기)이라고 부른다. eVTOL은 수직 이착륙이 주요 특징이 기존의 항공기와는 다르게 활주로가 없으며, 이로 인해 필요 공간이 크지 않아 도심 통행에 유리하다. 다만, 현재까지 eVTOL은 항공 주행의 안전성과 소음의 문제 등 해결해야 할 과제가 많이 남아있다. 또한, UAM의 도입을 위해서는 Vertiport의 확충이 필요하다. Vertiport란, eVTOL의 이착륙, 탑승, 정비 등을 위한 터미널을 말하며 이용자에겐 정류장, 환승센터 등의 기능을 제공한다.

[표 4] 국내 공유전동킥보드 운영 업체 현황(2020 기준)

기업 로고	플랫폼명(기업명)	보급 대수	회원수	누적 이용횟수	1인당 평균 이용 횟수
고고씽	고고씽(매스아시아)	2000	20만 명	100만 회	5회
DART	다트(다트쉐어링)	400	3만 5100명	15만 회	4.3회
deer	디어(디어코퍼레이션)	1700	10만 명	50만 회	5회
mate. mercane	머케인메이트(머케인)	1500	3만 5000명	10만 회	2.9회
SWING	스윙(더스윙)	2200	비공개	비공개	비공개
씽씽	씽씽(피유엠피)	7900	26만 7000명	220만 회	8.2회
OLA MOBILITY	올라모비(EKPMSS)	1700	비공개	비공개	비공개
ZET	제트	520	2만 2100명	9만 4313회	4.3회
지빌리티	지쿠터(지바이크)	2000	11만 명	120만 회	11회
KICKGOING	킥고잉(올룰로)	비공개	55만 명	380만 회	7회

(출처: 강남·대학가 잡아라, 공유 전동킥보드 '춘추전국시대', 2020.06.09.)

	(美) Bell	(獨) Volocopter	(獨) Lilium	(美) Joby	(中) eHang
형상					
개발현황	·'17. 6개 분산추진 로터 공개 ·'20.1. 전기동력 기체 NEXUS4ex 공개 ·'20.2. JAL 등과 파트너쉽 체결	·'11. 시제기 개발 ·'19.10. 도심유인 비행 (싱가폴) ·'19.12. EASA 설계 조직인증 획득 ·'20.2. 누적투자 €87M	·'17.4. 2인승 무인모드 초도 비행 ·'19.10. 5인승 천이비행	·'09 .회사설립 ·'18.2. 5인승 공개 ·'19.12. Uber와 파트너쉽 체결 ·'20.1. 토요타 $50M 투자(양산 계약)	·'12말 개발 착수 ·'16. 초도 비행 ·'18.1. 유무인 비행 누적 1,000회 이상 ·'20.2. 중국 코로나 사태 의료품 이송
	(EU) Airbus	(EU) Airbus(+audi)	(美) Wisk	(韓) 한화(Overair)	(韓) 현대
형상					
개발현황	·'15.타당성 연구 ·'20.1. 시제 비행시험	·'17 제네바모터쇼개 ·'18 PopUp Next 공개	·'10.3. 개발착수 ·'18.3. 2인승기체(Cora) 비행 ·'19 뉴질랜드 비행 시험 착수	·'19. 美Overair社 $25M 투자 ·'20.2. Butterfly 기종 공동설계 착수	·'19. UAM사업부 신설 ·'20.1. UAM 미래비전 발표(CES)

[그림 20] eVTOL개발 주요 업체, 형상 및 개발현황
(출처: 도시의 하늘을 여는 한국형 도심항공교통(K-UAM)로드맵, 2020.05, 관계부처)

우버는 UberAIR란 이름으로 '도시항공 모빌리티(Urban Air Mobility)' 사업을 준비 중인데 2020년대 중반 상용화를 목표로 승객용 드론제조사, NASA 등과의 협력을 통해 관련 기술을 개발하고 있다. 주행공유 서비스를 둘러싼 전 세계 지자체들과의 갈등을 교훈 삼아서 UberAIR는 지자체들과의 파트너쉽 기반으로 준비 중이며 현재 LA, 두바이, 달라스 등의 도시들과 '도시항공 모빌리티' 사업 협력을 진행 중이다. 수년 전 하이퍼루프 아이디어를 공개하여 전 세계적으로 차세대 초고속 모빌리티 시장을 촉발시켰던 일론 머스크는 도시 교통 문제 해결을 위해 지하 공간을 적극 활용하고자 한다. 일론 머스크가 설립한 보링 컴퍼니(The Boring Company, TBC)는 기존의 방식보다 더 빠르고 저렴한 방식으로 LA 등 대도시에 지하 터널을 건설하여 신개념의 '도시 지하 모빌리티(Urban Under - ground Mobility)'를 선도하려고 한다.

지난 2020년 5월 우리나라 정부는 관계부처 합동으로 "한국형 도심항공교통(K-UAM)로드맵"을 발표했다. 로드맵 공항(인천공항, 김포공항)과 서울 도심을 연결하는 UAM 노선을 운용할 수 있도록 기술 개발, 기반시설 확충 및 상용화까지 지원하려는 계획이 주요 내용으로 2025년 상용화를 시작하여 2030년 10개 노선에서 2035년 100개 노선으로 확대하는 것을 최종 목표로 하고 있다.

[그림 21] 수도권 지역 K-UAM 실증노선(안)
(출처: 도시의 하늘을 여는 한국형 도심항공교통(K-UAM)로드맵, 2020.05, 관계부처)

트램계획

트램 개념의 변화

현대적인 트램은 과거 노면전차와는 개념이 다르다고 할 수 있다. 차량뿐만 아니라 인프라, 운영 방식에 있어서도 과거와는 전혀 다른 시스템이라고 규정지을 수 있다. Bergeron(2003)은 현대의 트램은 인프라, 도심과의 연관성, 노면 기술, 급전 방식, 접근 안전성, 운영 조건, 차량, 비용 등의 항목에서 과거 스트리트카(streetcar, 노면전차)라고 불리던 것과는 개념이 다름을 밝히고 있다.[20]

교통 수요적 측면에서도 과거 트램이 노면전차(streetcar) 개념을 벗어나지 못했을 시기에는 시간당 방향당 2,500여 명이 최대 수송인원으로 널리 받아들여졌지만 현재는 다양한 운영 방식의 채택으로 시간당 방향당 9,000여 명 이상[21]의 수송이 가능한 것으로 알려져 있다. 물론 노면이 아닌 고가나 지하를 활용한 완전 독립된 노선인 경우에는 수요가 위에서 제시한 것보다 높아진다. 오히려 현재는 수송인원을 최대화하는 것보다는 서비스 수준의 향상을 추구하는 방향으로 선회하고 있는 실정이다

미래 교통 측면에서도 주요한 이슈는 환경문제에 대비하는 것은 물론이고 교통약자 배려, 교통복지, 교통 서비스 질 향상 등을 들 수 있다. 트램이 필요한 이유는 교통수단 간의 균형회복(reequilibration)을 통한 사람이 살기 좋은 지속가능한 도시로 만들기 위함에 있다. 전

술한 바와 같이 도로 위주의 개발은 자동차 우선 사회를 만들었고, 이러한 사회는 우리로 하여금 지속가능한 교통수단인 대중교통, 자전거 및 보행자의 이동권 보장을 등한시하게 하게 만들었다.

이러한 도로 위주의 개발은 지속가능한 교통수단 이용자 감소 및 자동차 이용 증가로 이어졌고, 다시 도로 투자 증가로 이어지는 악순환을 구조화시키는 형태로 변질되어 왔다. 지속가능한 대중교통수단으로 새로이 등장한 트램은 단순히 하나의 교통수단만을 위한 것이 아니라 대중교통 이용자, 자전거 이용자, 그리고 보행자 등을 우선하는 교통정책과 어우러져 무너진 교통수단 간의 균형을 회복할 수 있는 촉진자 역할을 할 수 있으리라 생각한다.

[표 5] 트램 개념의 변화

항목	1950년대의 트램	현재의 트램
인프라 이용	도로교통수단과 공유, 자동차 운행에 방해	전용 노선, 도로교통에 대해 우선권
도시에 설치	특별한 기능 없음	도심 재개발 수단
노면 인프라 기술	저급 기술: 비연결 단순 철길 진동 소음문제 발생	고급기술: 장대 레일, 이중마감, 진동소음 문제 완화
급전 방식	가선 방식만	가선 방식, 무가선 방식(제3선, 베터리, 슈퍼캡)
편리함과 접근안전성	도로에서 바로 접근, 계단 존재(고상)	정류장에서 접근, 저상(수평 접근 가능)
운영조건	도로 통행에 연계한 불확실성, 일정성(regularity) 없음	도로 통행과 분리, 일정성 확보
차량	고정된 규격, 용량 한계 존재, 편안함을 위한 디자인 전무	다양한 길이의 차량 존재, 용량 한계 거의 없음, 편안함을 위한 기준 존재, 주행 시 조용, 측면 흔들림 제거
비용	km당 수백만 유로	km당 15~30 백만 유로

(자료: Bergeron, 2003)

트램의 장점

트램의 장점은 도시, 교통, 이용객 편의 측면으로 구분하여 살펴볼 수 있다. 도시적 측면에서의 장점은 첫째, 지금까지 우리가 살아왔던 도시를 자동차가 살기 좋은 구조가 아닌 사람이 살기 좋은 구조를 가진 도시로 변화시킬 수 있다. 둘째, 트램은 도시공간 이용의 효율화를 도모한다. 셋째, 트램은 역 간 거리가 상대적으로 짧아 트램이 들어서는 역 주변뿐만 아니라 전체 트램노선 주변 활성화가 가능하다. 넷째, 트램은 노선이 고정되어 있기 때문에 사업을 추진할 때 장기적인 관점에서 접근하게 되어 미래를 위한 도시 마스터플랜 수립을 가능하게 한다. 따라서 트램 사업은 도시의 미래를 위한 도심 활성화 및 재생, 도시 기능 재배치 기능을 위해 적절히 활용할 수 있다. 다섯째, 트램은 미려한 외관으로 '도시 오브제'의 기능도 갖추고 있다. 도시를 개발하거나 도시 이미지 변화를 위해 거대한 건축 프로젝트를 시행하는 경우가 있는데 트램 역시 이러한 도시 이미지 변화를 위한 수단으로 활용할 수 있다.

교통적 측면에서의 장점은 첫째, 교통 패러다임 전환의 기회가 될 수 있다. 자동차만을 위한 교통정책에서 벗어날 수 있는 기회를 제공함과 동시에 교통만을 위한 투자에서 벗어나 도시를 위한 종합적인 투자를 할 수 있게 한다. 둘째, 트램 프로젝트는 도로체증 완화를 위한 방안이 될 수 있다. 트램 프로젝트를 통해 자동차에 할당된 공간을 감소시켜 자동차 이동 속도를 감소시켜 자동차 이용을 억제하고 대중교통 이용을 증가시키게 되면 자연적으로 도로에 대한 투자분이 대중교통에 대한 투자로 전이되게 되고 이는 대중교통 서비스의 향상을 가져와 지속적인 대중교통 이용객 증가 및 자동차 이용 감소로 나타나게 된다. 대중교통을 위한 선순환 구조가 만들어지는 것이다. 셋째, 좁은 거리에서의 서비스 공급도 가능하게 하여 버스가 들어갈 수 없는 공간까지도 대중교통 서비스를 제공할 수 있도록 한다. 넷째, 트램은 버스와는 달리 궤도(철길)가 있기 때문에 명확한 아이덴티티를 이용자 및 비이용자들에게 제공할 수 있다. 다섯째, 트램은 궤도 분기가 가능하여 네트워크 구성을 위한 다수 노선 설치가 가능하여 네트워크 효과를 극대화할 수 있다. 여섯째, 트램은 철도를 기반으로 한 시스템으로 인원이 과다하게 몰릴 경우에도 서비스가 가능하다(overcapacity 가능). 이는 이용객이 과다하게 몰리는 피크 시간에 차량의 운영이 보다 유연함을 의미한다. 일곱째, 트램은 이미 100년에 걸쳐 사용되어 시스템 안전성이 증명되었다. 여덟째, 현대화된 트램은 다양한 형태의 차량 제작이 가능하여 선택의 폭이 넓으며, 일반 철도에 비해 감 가속 성능이 우수하여 역 간 거리가 짧은 도심에 가장 적합한 교통수단이라 할 수 있다. 아홉째, 트램은 독립적인 궤도 활용이 가능하고 정해진 궤도 이용으로 인해 타 도로교통수단에 비해 정시성 및 신뢰성을 향상시킬 수 있다. 열째, 트램은 버스에 비해 뛰어난 수송용량을 지니고 있다. 트램은 차량 정원이 다양하고 중련을 편성할 경우, 500명 이상을 수송할 수 있다. 열한째, 트램은 지하나 고가의 구조물 없이 노면으로 직접적인 접근이 가능하기 때문에 엘리베이터나 에스컬레이터 등의 수직 접근을 위한 시설이 불필요하여 운영비를 감소시킬 수 있다. 열두째, 트램은 수송인원당 비용이 버스에 비해 적다.

이용객 편의 측면에서는 첫째, 교통약자, 임산부, 유모차 이용자 및 대중교통 이용자의 수직 접근성[22] 향상에 기여할 수 있다. 둘째, 지하 50미터 이상은 계단을 이용하여 오르내리는 지하철보다 상하의 이동이 많지 않고 단순히 지상에서의 수평 이동만으로 이루어지는 트램 탑승은 이동 거리 및 이동의 물리적인 어려움을 줄여 대중교통 이용자들의 이용 편의를 도모할 수 있다. 셋째, 트램은 철제 궤도 및 차륜을 이용하기 때문에 도로를 주행하는 버스에 비해 승차감이 향상되고 이는 이동 시 보다 높은 쾌적감을 제공한다.

트램 운영 사례

트램은 현재 지속가능한 교통수단으로 인식됨과 동시에 단순한 교통 프로젝트가 아닌 도시 차원의 프로젝트의 개념으로 도시환경 및 삶의 질을 향상시키는 하나의 수단으로 유럽에서 큰 성공을 거두고 있다. 유럽 대도시의 경우, 대부분 트램을 운행하고 있으며 그르노블, 보르도, 낭트, 카셀 등의 도시들은 도시철도 연장보다 오히려 트램의 연장이 더 길다. 인구당 트램 연장도 20㎞/천 인을 초과하는 도시들(그르노블, 카셀, 헤이그, 포르토, 취리히)도 존재한다. 프랑스는 2011년 기준 19개 도시에서 트램이 운영되고 있으며 현재도 지속적으로 그 연장이 증가하고 있는 추세이다.[23] 프랑스의 장래를 위해 2010년에 제정된 Grenelle I 법의 경우, 대중교통에 대한 투자가 주를 이루고 있으며, 그중에서도 트램이 계획 연장 기준 절반가량을 차지하고 있다.[24]

[표 6] 해외 도시철도 및 트램 현황

구분	인구(만 명)	도시철도 연장(km)	트램 연장(km)	인구 당 트램 연장(km/천인)
파리	220	215.5	41.4	1.9
리옹	72	30.3	48.3	6.7
그르노블	15.7	-	36.4	23.2
보르도	23.6	-	43.9	18.6
낭트	28.3	-	43.5	15.4
니스	34.5		8.7	2.5
클레르-몽페랑	14	-	14.2	10.1
카셀	20	-	53	26.5
암스테르담	89	42.5	95	10.7
로테르담	61.7	54.3	75	12.2
헤이그	50.2	10	105	20.9
리스본	54.8	45.4	48	8.8
포르토	23.8	-	78	32.8
브뤼셀	115.1	49.9	139	12.1
취리히	37.6	380	82	21.8

(자료 : Urbanrail.net, http://www.urbanrail.net, 2012. 9. 5.)

광명 신도시 교통계획

광명 신도시 교통 현황

광명 특별관리지역(광명 신도시)은 광명의 구름산과 시흥의 양지산 사이에 위치하여 남북으로 긴 형상을 하고 있다. 광명 신도시 인근으로 서울외곽순환고속도로, 수원광명고속도로, 제2경인고속도로, 제3경인고속화도로 등의 광역교통망과 남북축으로 수인로, 금오로, 광명로가 지나며 동서축 서독로, 범암로, 금하로, 부광로 등의 간선급 도로망이 지나고 있다. 또한, 광명역으로 1호선과 KTX가 통행하며 북측에 7호선이 위치하여 우수한 교통체계를 갖추고 있어 접근성이 뛰어나다.

기존 도로망 외에도 수원광명고속도로(광명IC)를 시점으로 하는 광명서울고속도로가 계획되어 있으며, KTX광명과 연결되는 신안산선 및 구로차량기지 이전으로 신설되는 제2경인선, 인천2호선 연장 등이 계획되어 있다. 그리고 광명 신도시 주변의 천왕택지개발지구, 광명재정비촉진지구, 부천옥길 공공주택지구 등 다수의 택지개발이 진행되며 광명 신도시는 개발압력이 상당히 높은 지역이다.

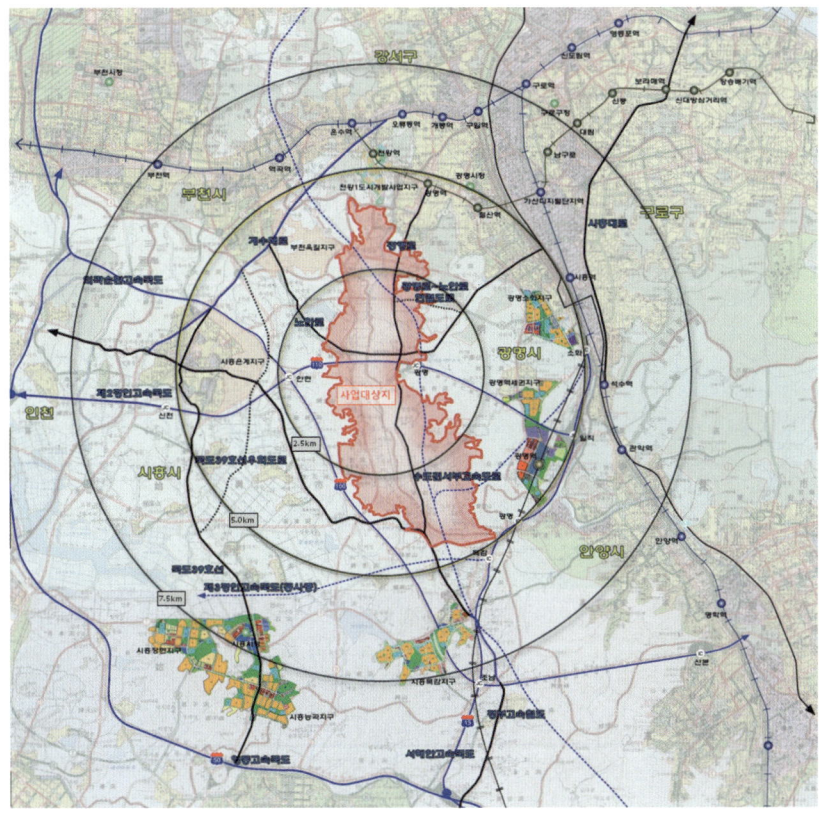

[그림 22] 광명 신도시 주변 교통망 현황 및 계획

광명 신도시 주변의 교통량은 지속적으로 증가하고 있으며, 특히 신도시의 중심을 지나는 광명로의 서비스 수준이 D~E로 상당히 높은 교통량이 통과하고 있는 것으로 나타난다. 광명 신도시의 내부 및 주변 교차로는 위치에 따라 서비스 수준 B~F로 다양하게 나타난다.

[표 7] 광명 신도시 주요 고속도로 교통량 현황(단위: 대/일)

노선	구간	차로 수	2011년	2012년	2013년	2014년	2015년	연평균증가율
서해안 고속도로	조남JCT~목감IC	6	136,370	135,166	127,047	139,137	143,402	1.26%
	목감IC~광명IC	6	128,780	130,207	154,651	168,005	168,175	6.90%
	광명역IC~일직JCT	6	122,689	123,221	136,023	147,426	157,522	6.45%
	일직JCT~금천IC	4	99,979	99,174	94,184	100,257	101,059	0.27%
서울 외곽순환 고속도로	시흥IC~안현JCT	8	154,229	155,101	145,826	158,907	165,801	1.83%
	안현JCT~도리JCT	8	169,317	164,365	149,614	150,848	154,854	-2.21%
	도리JCT~조남JCT	8	191,251	188,063	173,026	177,970	178,207	-1.75%
제2경인 고속도로	신천IC~안현JCT	6	107,382	105,998	94,360	105,468	104,614	-0.65%
	안현JCT~광명IC	6	90,437	102,243	93,795	105,592	113,471	5.84%
	광명IC~일직JCT	6	96,631	103,395	91,930	97,235	91,824	-1.27%
	일직JCT~석수IC	6	90,740	104,097	96,953	95,370	102,672	3.14%
국도 42호선	시흥시~성포동(안현)	4	27,724	24,545	27,539	22,487	32,433	4.00%
	시흥시~성포동(논곡)	6	35,145	33,387	32,343	34,433	34,520	-0.45%

(출처: 2030년 광명도시기본계획(2017.12))

[표 8] 광명 신도시 주요 교차로 소통현황

구분		교통량(대/시)	평균제어지체(초/대)	서비스수준
①	광명사거리	5,187	135.1	F
②	광남사거리	4,963	56.4	D
③	밤일로사거리	5,050	52.5	D
④	범안사거리	5,552	32.5	C
⑤	능촌사거리	6,994	80.7	E
⑥	가학삼거리	3,211	17.6	B
⑦	양지사거리	3,182	42.3	C

[표 9] 광명 신도시 주요 가로 구간별 소통현황

노선	구간				교통량(대/시)	구간거리(km)	구간 평균 통행속도(km/h)	서비스 수준
광명로	①	광명사거리	←	② 광남사거리	1,344	1.4	20.2	E
			→		1,497		27.7	D
	②	광남사거리	←	③ 밤일로사거리	1,692	1.6	25.7	D
			→		2,361		30.6	D
	③	밤일로사거리	←	⑤ 능촌사거리	1,390	1.3	27.4	D
			→		1,935		26.8	D
	⑤	능촌사거리	←	⑥ 가학사거리	1,341	2.9	44.5	C
			→		1,577		39.7	C
금하로	③	밤일로사거리	←	④ 범안사거리	673	1.8	37.0	C
			→		868		55.2	B
범안로	④	범안사거리	←	⑤ 능촌사거리	1,853	2.1	38.4	C
			→		1,964		43.0	C
서독로	⑥	가학사거리	←	⑦ 양지사거리	508	2.6	41.8	C
			→		545		41.1	C

광명 신도시 도로망 계획

슈퍼 블록의 도입

사람 중심의 도로라는 개념에서 중요한 요소 중 하나는 휴먼 스케일이다. 즉, 보행자가 통행하고 활동하는 데 적정한 스케일을 유지하는 것이다. 휴먼 스케일을 유지하기 위해 고려할 사항은 크기(거리)일 것이다. 우리는 흔히 도로와 도로 사이를 블록이라 부른다. 이 블록의 크기는 결국 보행자의 통행 거리가 된다. 만약 블록의 크기가 커서 한 블록을 걸어가는 데 10분이 넘는 시간이 소요된다면 그곳을 통행하려는 사람은 극히 드물 것이다. 이렇게 크기가 큰 블록은 대형

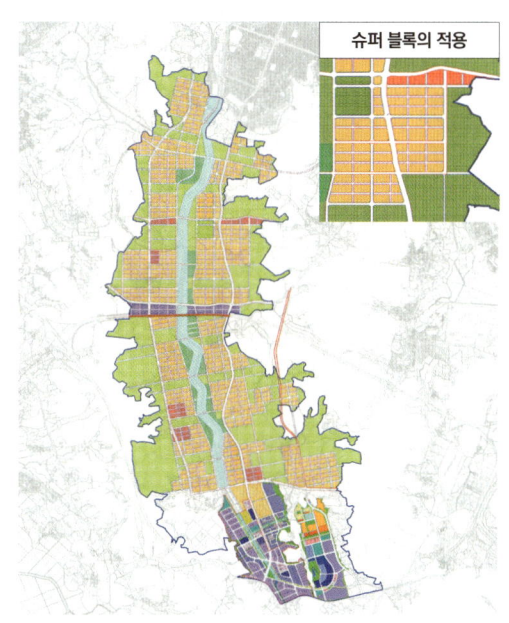

[그림 23] 광명 신도시 도로망 계획 및 슈퍼 블록 적용 방안

건물을 짓는 데 유리하지만, 보행자 통행에는 불편을 주게 된다. 따라서 광명 신도시에 사람 중심의 도로망을 계획하기 위해 블록을 소형화하여 블록 간 접근성을 강화하였다. 그러나 동일한 모양의 블록 배치는 도로의 등급을 구분하기 어려워진다. 따라서 도로의 등급을 구분하기 위해 소규모 블록을 하나의 대규모 블록(슈퍼 블록)으로 묶는 과정이 필요하다. 이에 따라 광명 신도시에 적용될 도로망의 프로토타입이 결정되었다. 광명 신도시의 도로망 프로토타입은 소규모 블록(60×120m) 9개로 이루어진 슈퍼 블록은 6가지의 기본 방향을 따르도록 계획한다.

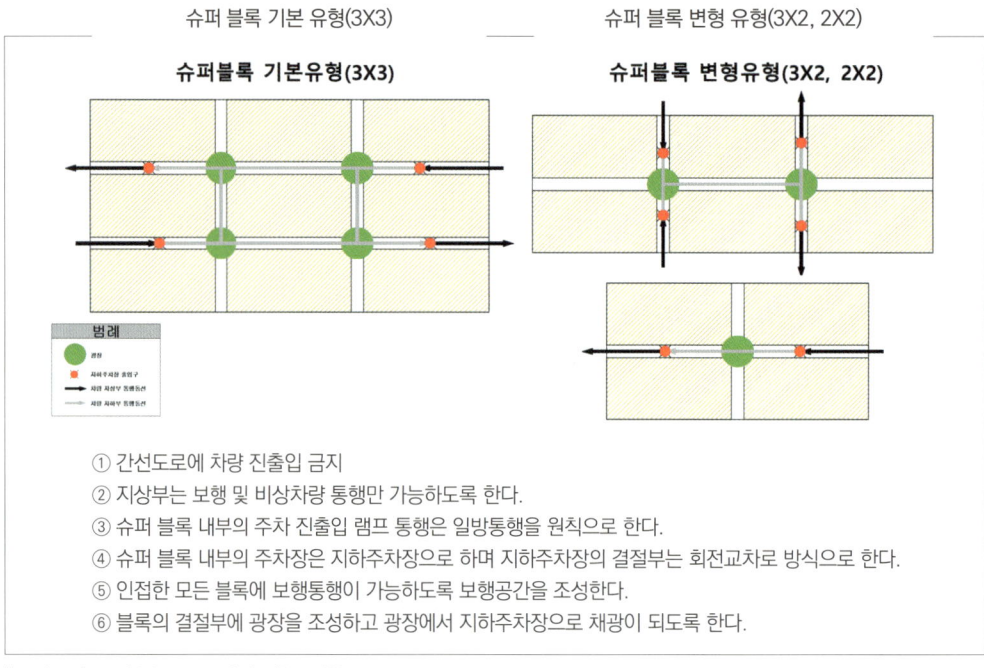

[그림 24] 슈퍼 블록 도로망의 기본 방향

계획 도로망은 격자블록으로 정형화되었지만, 광명 신도시의 토지와 기존 도로의 선형은 정형화되어 있지 않아 슈퍼 블록의 도입에 몇 가지 문제가 발생하였다. 그중 가장 주요한 문제가 5지 교차로의 발생이었다. 교차로의 가장 이상적인 형태는 사거리라 불리는 4지 교차로이다. 하지만 5지 이상의 다지교차로는 접속도로가 반드시 예각으로 만나는 곳이 존재하고 이런 지점에서 교통사고가 자주 발생하여 매우 위험한 교차로가 된다. 따라서 도로망을 계획할 때 다지교차로는 가능한 피해야 한다. 슈퍼 블록 적용 후, 광명 신도시의 다지교차로는 3지점으로 해당 지점에 대한 개선을 위해 기존 도로의 선형을 변경하는 방안을 고려하였다. 여기서 기존 도로란, 광명로와 금오로로 현재 광명 신도시의 남북을 연결하여 간선도로의 역할을 하는 도로이다. 두 도로는 간선도로의 역할을 하는 것에 비해 도로에 굴곡이 많고 특히 금오로는 양방향 2차로 구간이 길어 정비가 필요한 노선이다. 그러므로 도로의 선형을 다듬어 통과차량의 빠른 통행을 유도하고 다지 교차로를 제거하여 안전성을 높이도록 하였다([그림 25] 참조).

우리는 앞에서 휴먼 스케일 규모의 가로(Human Scale Street) 및 사회적 활동이 일어나는 장소(Street as Place) 등 가로 상에 필요한 내용을 검토하였다. 향후 구체적인 설계(urban design)가 진행될 때 휴먼 스케일 규모의 가로는 간선 및 이면도로상에 모두 설계되고, 활동 유발 공간은 블록 내 결절점에 위치한 광장을 중심으로 설계되기를 바란다.

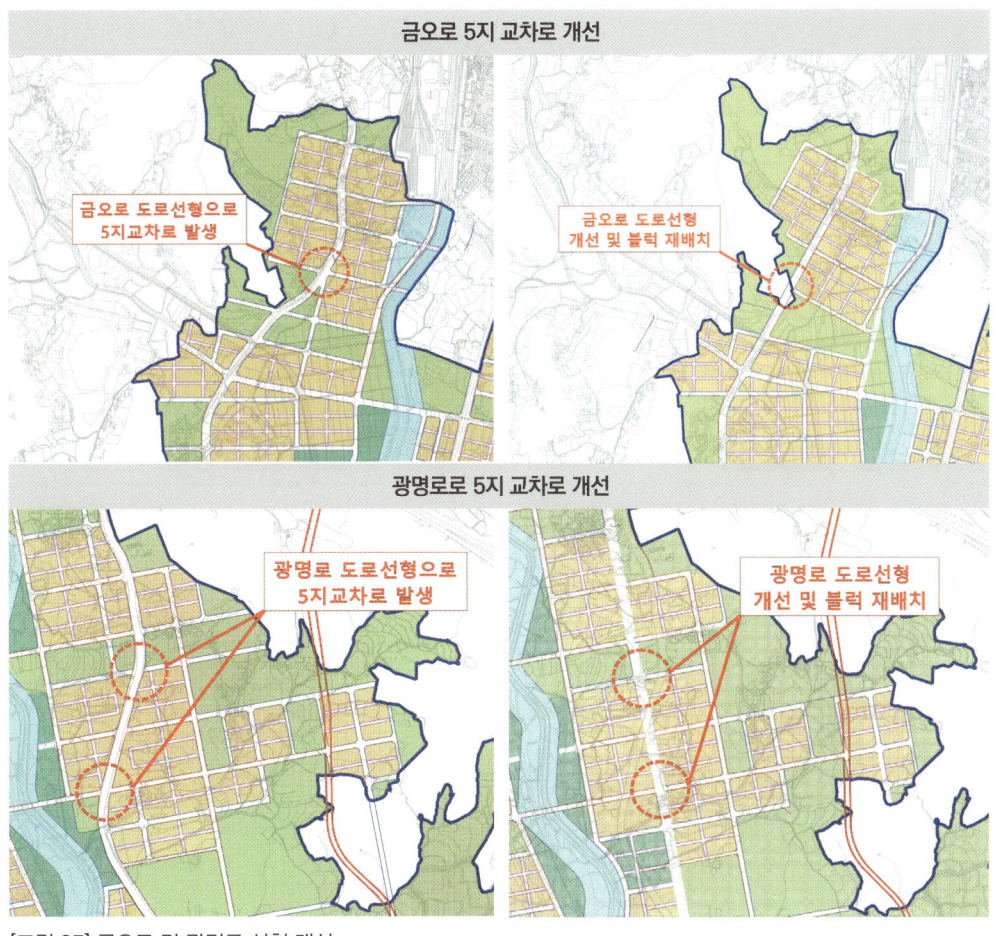

[그림 25] 금오로 및 광명로 선형 개선

광명 신도시 내의 도로 신설

광명 신도시 계획의 계획인구를 약 237,000명으로 가정하고, 계획인구에 승용차 분담률(총 통행 중 승용차 통행이 차지하는 비율)을 적용하면 첨두시 교통량은 13,797대/시로 추정된다. 이러한 통행 수요의 분포는 국가교통데이터베이스(KTDB)에서 제공하는 수도권 O-D자료를 활용하여 분석할 수 있다. KTDB의 2018년 기준 광명시의 1일 평균 통행량은 189,911(통행/일)으로 제시하고 있다. 이 중 34.04%는 광명시 내부통행이며, 38.71%는 서울로의 통행이고 20.82%는 인접 경기도로 통행이다. 특히 서울 통행 중 높은 비율이 광명시와 근접한 구로구(22,082통행/일, 30.03%), 금천구(13,373통행/일, 18.19%)로 집중되는 특징을 보여 향후 신도시가 완료되면 구로구와 금천구로 많은 통행이 집중될 것으로 예측된다.

구로구와 금천구로 접근하는 주 접근로는 남북 방향으로는 광명로와 금오로, 동서축 도로는 범안로와 금화로이다. 이 중에서 주로 광명로와 범안로로 교통 수요가 집중될 것으로 판단되며, 해당 도로는 현재도 교통 수요가 높아 신도시 개발에 따른 유발 수요가 집중하게 되면 극심한 혼잡이 예상된다.

본 연구에서는 광명로의 역할을 분담할 남북 간 보조간선도로 급의 도로 계획을 검토하였다. 신설되는 계획 도로는 4차로 규모의 남북 간 2개 노선이며, 본 계획 도로는 광명 신도시의 유발 통행을 분담할 뿐만 아니라 광명·시흥 테크노밸리의 내부 간선도로와 연결되어 테크노밸리와의 연결성 및 수도권 서남부권의 교통수요를 분담하게 될 것으로 판단된다.

[표 10] 광명 신도시 신설도로 계획

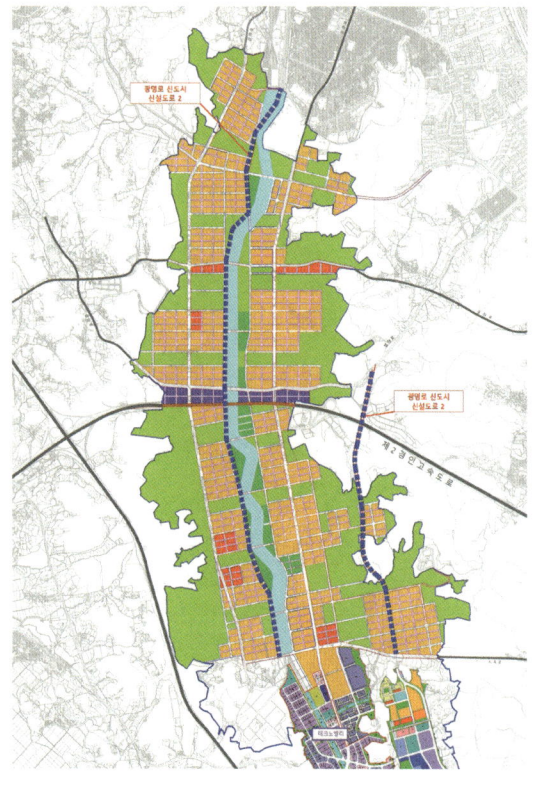

구분	연장/폭원(자로수)	비고
신설 도로 1	서독로~광남로 5.3km / 20~25m (4차로)	보조간선 도로 사업지 내부 통행 처리 목적 금오로, 광명로 통행 분산
신설 도로 2	가학교차로~노온정수장 3.1km / 20~25m (4차로)	광명로-> 범안로 통행량 분산 광명로의 대체도로 테크노밸리 주거단지와 근접

스마트 교통 계획

자전거/PM 계획

도시 내 차량 통행을 줄이는 것은 도심의 혼잡을 줄이고 환경문제를 해결하는 데 큰 도움이 된다. 이런 측면에서 많은 도시가 대중교통과 자전거 활성화를 위해 노력하고 있다. 최근 들어 급부상한 일인용 모빌리티(PM) 또한 자전거의 역할을 하기에 광명 신도시의 자전거와 PM의 활성화 방안을 계획하였다.

공유경제의 등장으로 사용에 있어 가장 큰 변화를 맞은 것은 교통수단이다. 앞서 설명한 라이드셰어링, 헤일링이 그러하고 과거에는 개인이 구비해야 사용할 수 있던 자전거도 공유자전거(공유 킥보드)로 서비스되고 있다. 따라서 자전거와 PM에 대해 교통계획에서 고민해야 할 문제는 결국 시설이다. 자전거/PM 이용자가 편하고 안전하게 통행하고 어디서든 이용할 수 있도록 시설을 설치해주는 것이다. 이는 1절의 완전도로와도 연결이 되는 이야기다. 따라서 도로의 특성에 따라 주변 토지이용에 따라 혹은 자전거/PM의 이용 빈도에 따라 전용도로를 계획하고 보관소를 설치하는 것이 바람직하다. 자전거/PM 계획을 정리하면 다음과 같다.

① 자전거 도로에 일인용 모빌리티(PM)가 운영될 수 있도록 한다.
② 주요간선도로(금오로, 광명로)에 PM 전용도로를 설치하며, 목감천 변에도 자전거/PM 도로를 설치한다.
③ 녹지축과 병행하여 자전거/PM 도로를 설치한다.

[그림 26] 전남 영광군 군도 24호선 e-모빌리티 주행로
(자료: '[전남도 4차 산업전략]영광군, e-모빌리티로 잘사는 미래 꿈꾼다.' 2020.07.11., AI타임스)

UAM 계획

광명 신도시는 서울 방향으로의 통행 수요가 높고, 산으로 둘러싸인 지리적 특징으로 인해 추가적인 도로 개설이 어렵다. 또한 현재 제2경인선, 인천2호선 등 다수의 철도 계획이 있는 것을 감안하면 지상 교통은 이미 포화상태에 달했다. 이에 따라 광명 신도시의 UAM 도입은 교통 수요 관리에 주요한 역할을 할 것이며, 기존의 다양한 교통수단(차량, 철도 등)과 연계하여 모빌리티 중심 지구에 한 걸음 다가갈 수 있을 것이다.

UAM 계획에서는 Vertiport(이착륙 시설)의 규모와 위치에 대한 검토가 필요하다. 먼저 Vertiport의 규모를 살펴보자. Vertiport는 현재 관련 기업마다 규모가 다양하지만, eVTOL(기체)의 보유 대수에 따라 크게 세 가지로 구분할 수 있다.

[표 11] Vertiport의 구분

구분	설명	
Pad	기체를 보관하지 않고 이착륙 서비스만 제공하는 장소	
Port	4~5대의 기체를 보관하고 이착륙 서비스를 제공하는 장소	
Hub	다수의 기체를 보유하고 정비, 물류 등 다양한 서비스를 제공하는 장소	

(출처: https://tech.hyundaimotorgroup.com/kr/(발췌 재정리))

Pad의 경우, 이착륙 서비스만을 제공하기 때문에 비교적 규모가 작고 설치가 용이하고 많은 위치에 설치가 가능하여 특정한 장소를 지정하지 않는다. 반면 Hub의 경우, 다수의 기체 및 다양한 서비스 제공을 위해서 그 규모가 상당히 클 것으로 예상되어 광명시 도시 규모에서는 중간 규모의 Port가 적합할 것으로 판단된다. 다음으로 Port의 위치선정이다. 만일 UAM이 상용화된다면, 많은 사람이 이용하는 (준)대중교통으로써 자리를 잡을 것이다. 대중교통의 활성화를 위한 요인은 다양하지만 그중 하나는 '환승'이다. 따라서 광명 신도시의 교통체계를 검토하여야 한다. 앞서 말했듯 광명 신도시의 주변은 다양한 교통수단이 통과하는데 특히 광명역으로 대부분이 통과한다. 따라서 광명역에 Vertiport를 설치한다면, 그 효과를 더욱 높일 수 있을 것이다. 다른 후보지는 광명차량기지이다. 광명차량기지는 기존의 구로차량기지의 이전으로 계획이 된 부지로 현재는 존재하지 않는 시설이다. 하지만 광명차량기지가 설치된다면, 이곳으로 제2경인선이 연장되고 인접한 광명로, 금하로로 인해 원활한 통행이 가능한 지점이 될 것으로 예상된다. 소규모인 Pad는 고층 건물의 옥상에 설치할 수 있는 시설로써 이미 존재하는 건물에도 설치할 수 있고 신도시에 신축되는 건물에도 설치할 수 있으므로 Pad를 설치하는 건축물에 정책적으로 인센티브를 부여하여 UAM 활성화를 도모할 필요가 있다.

[표 12] UAM Vertiport 설치 위치 및 특징

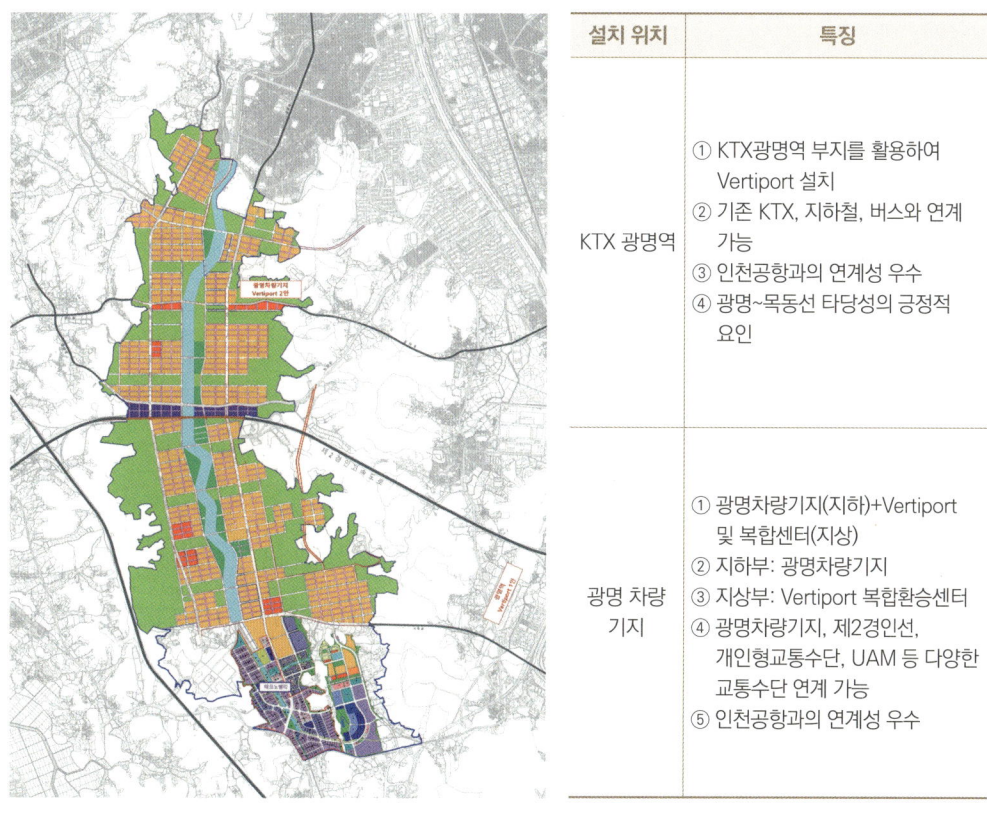

설치 위치	특징
KTX 광명역	① KTX광명역 부지를 활용하여 Vertiport 설치 ② 기존 KTX, 지하철, 버스와 연계 가능 ③ 인천공항과의 연계성 우수 ④ 광명~목동선 타당성의 긍정적 요인
광명 차량 기지	① 광명차량기지(지하)+Vertiport 및 복합센터(지상) ② 지하부: 광명차량기지 ③ 지상부: Vertiport 복합환승센터 ④ 광명차량기지, 제2경인선, 개인형교통수단, UAM 등 다양한 교통수단 연계 가능 ⑤ 인천공항과의 연계성 우수

트램(TRAM)계획

다비드 마리아 브루노(밀라노 폴리테크니코 대학교 디자인학과 교수) / **Davide Maria Bruno**(Department of Design, Politecnico di Milano)
귀도 무산테(밀라노 폴리테크니코 대학교 디자인학과 교수) / **Guido Musante**(Department of Design, Politecnico di Milano)
파비오 다카로(고려대학교 건축학과 교수) / **Fabio Dacarro**(Department of Architecture, Korea University)

광명신도시가 남북방향으로 세장하고 주간선도로도 남북방향으로 형성되어 있음을 감안하여 광명로와 금오로를 Loop 형태로 연결하는 간선 트램망과 동서방향 사이사이를 지선망으로 하는 트램망 계획을 하였다. 이는 주간선망은 이동성을 높이는 방향에 초점을 두고 동서방향은 접근성이 강조되도록 하고자 함이다. 계획의 주요 내용은 아래 [표 10]과 같다.

이러한 트램망을 따라서 여객뿐만 아니라 화물과 물류, 쓰레기까지도 통합적으로 처리될 수 있도록 계획함에 따라 청정한 환경의 조성과 트램망을 따라 도입된 다양한 기능이 스마트도시를 창출하는 데 기여할 것으로 기대된다.

[표 13] 트램계획의 주요 내용

항목	주요 내용
트램 계획의 방향	중속도의 첫 번째 노선은 서로 연결된 두 개의 고리로 구성, 목감천 양쪽 모든 영역을 포함한다. 저속의 두 번째 노선은 첫 번째 주요 원형 노선을 가로질러 작은 지역까지 대중교통을 연결하는 선형 노선들로 구성한다.
노선 설계의 방향	사용자의 보행 이동을 최소화하기 위해 각각의 3×3 블록(슈퍼 블록)에 운송 네트워크와의 간편한 연결지점을 제공한다. 광범위한 화물운송 및 픽업서비스와 도로화물 운송을 대신할 수 있다.
택배 및 쓰레기 수집 서비스 적용	임시 저장소와 대중교통이 슈퍼 블록과 접속하는 지점을 일치시켜 트램으로 폐기물을 수집할 수 있다. 쓰레기 적재 후 폐기물 에너지 발전소로 운송할 수 있다.
공원 및 상업지역에 대한 접근성	마스터플랜 내 배치된 정류장은 상황에 따라 재배치될 수 있다. 시스템을 강화하고 도보이동을 줄이기 위해 정류장은 추가될 수 있다. 이러한 세부 배치 작업은 혼잡도, 사용도, 관심도, 사용시간 및 기타 기술정보를 수집, 추정할 수 있는 이후 단계에서 진행될 수 있다.
애플리케이션	트램을 사용자에 더 가깝게 만들기 위해서는 사용자와 트램 체계 사이 쌍방향 소통을 가능케 하는 애플리케이션 체계 필요하다. 트램 체계 자체의 끊임없는 진화와 사용자와의 더 긴밀한 통합을 목적으로 정보와 입력값을 수집하는 애플리케이션 체계를 제공해야 한다.

[그림 27] 광명신도시 트램계획

(작성: 다비드 마리아 브루노 Davide Maria Bruno, 귀도 무잔테 Guido Musante, 파비오 다카로 Fabio Dacarro)

맺음말

모두에서 언급한 바와 같이 전통적인 교통계획에서는 차로는 차량이 주인이고, 보도는 보행자가 주인이라는 철저히 기능주의적 기저 위에서 교통계획이 수립되어 왔다. 차량의 속도가 보행의 속도보다 월등히 우위에 있기 때문에 간선도로에서 차로의 잦은 단속은 교통류의 흐름을 방해하고 이러한 계획은 철저히 비효율적인 것으로 취급됐다. 자연히 도시의 블록은 점점 더 커졌고 간선도로를 중심으로 생활권이 쪼개지는 결과로 이어졌다. 인구에 회자되는 말 중에 "그때는 맞고 지금은 틀리다"라는 말이 있다. 우리나라는 민주화가 압축적으로 이루어진 다소 가슴 어린 역사를 지니고 있다. 그래서인지는 모르겠으나 소위 386세대로 불렸던 70·80년대 대학을 다닌 사람들은 이념에 대한 모순과 갈등이 한국의 유사 이래 가장 높은 세대이다. 이들은 "그때는 맞고 지금은 틀리다"라는 말을 우스개처럼 자주 쓴다. 차량 위주의 교통계획이 그때는 맞고 지금은 틀린 것 아닌가 싶다.

도시계획의 이론 중에도 이른바 조닝[25]으로 대표되는 기능주의 계획이론이 있다. 이러한 기능주의 문제에 대응되는 합리적인 계획 이론이 이른바 뉴어버니즘 운동이다. 모든 이념이나 철학은 언젠간 반드시 반동되는 이론이나 사상 체계가 나타나는 게 세상의 이치인 것 같기도 하다.

저자도 오랫동안 차량중심 도시계획에 익숙한 사람이라서 그런지 본 연구에서 소규모 블록을 중심으로 하는 교통계획을 검토하였지만, 마음 한편에 떠나지 않는 것이 간선도로와 만나는 소규모 블록에서는 차량 진출입 문제였다. 본 연구에서는 이것에 대한 심도 있는 검토는 하지 않았으며, 블록 내 이면도로에서 차량 진출입을 원칙으로 설계되는 것을 제안하는 수준에서 마무리했다. 따라서 향후 연구에서는 소규모 블록과 간선도로에서 진출입에 관한 연구가 심도 있게 지속됐으면 한다. 당연한 추론이겠지만 이러한 곳에서는 교통사고 등 안전문제가 취약할 수밖에 없기 때문이다. 또한, 우리나라는 구릉지가 많은 지형이기 때문에 정형화된 블록 구성이 어려운 경우가 많다. 이러한 지형 구조를 감안한 다양성 있는 블록 형태에 관한 연구도 이어졌으면 한다.

본 계획도시는 매우 획일화된 격자 블록으로 구성되어서 도시의 형상이 다소 단조롭다는 점이며, 이러한 형식 때문에 바르셀로나 신도시 계획과 매우 유사해 보인다. 세르다(Cerda)가 구상했다고 알려진 가장 계획적인 도시계획으로 알려져 있는 바르셀로나와 유사한 도시형상을 띤다고 하여 도시계획이 문제가 있다거나 부족하다는 의미는 아니다. 모든 계획은 당시의 시대정신을 반영하게 된다. 중세의 스콜라 철학의 대표 주차 오컴 출신의 윌리엄의 원리는 오컴의 면도날(Occam's Razor)로 표현된다.[26] 윌리엄의 저서에 나온 말을 옮기자면 "필요 없이 복잡하게 만들지 말 것(Pluralitas non est ponenda sine neccesitate)"이라는 뜻이다. 세르다가 채택한 소형 격자망 구조도 이러한 원리에 매우 부합하는 구조이다.

　중세시대의 철학 사조의 대부분은 사상적으로 기독교 정신에서 크게 영향을 받게 되는데, 저자의 생각이지만, 기독교적 사상의 정수는 불확실성이 없는 단순하고도 명료한 어떤 전형(orthodoxy)이 있다는 것에 있다. 세르다 또한 이러한 단순하고 명료함의 전형인 소규모 격자 블록을 공간 계획의 주 골격으로 하지 않았나 생각한다.

　그렇지만 세르다 시대의 주 교통수단은 보행이나 마차이다. 이러한 격자 도로망의 패턴은 보행이나 마차 통행 시에는 별다른 문제가 나타나지 않으나 자동차가 주교통수단인 현대 도시에는 다른 형태의 문제가 내재될 수밖에 없다. 기실 바르셀로나의 신도시를 보면 고대 로마의 전형적인 도시계획의 형식과 유사한 느낌을 지울 수 없다. 광장을 결절점으로 해서 간선도로망이 집중되고 대부분 격자망 도로 패턴을 띠고 있기 때문인 듯하다. 21세기는 다양성의 시기라고 한다. 과거는 통일된 형식미가 주류였다면 앞으로는 좀 더 다양한 형식의 블록 양식이 필요하지 않을까 싶다. 따라서 향후 연구는 다양한 형식의 블록과 규모, 그리고 모든 블록이 소규모 도로로 둘러싸인 방식에서 벗어나 결합된 블록 내부에 보행자 전용도로나 블록 내부에 보행만 가능한 단지 내 도로 등 다양한 형태의 블록으로 구성되고 더 나아가 결합된 블록 간에는 끊김이 없는 보행공간이 이어질 수 있는 연구가 계속되기를 바란다.

　마지막으로 2024년 개통 예정인 신안산선 철도와 계획이 확정된 GTX-B노선, 검토 중인 제2경인선 도시철도, 인천도시철도 2호선 연장선, 강북선 철도 등의 계획이 진행 중이다. 따라서 광명·시흥테크노 밸리에서 강북선 목동역으로 연결되는 남북 철도망을 구축하면 서울 어느 지역이라도 쉽게 접근할 수 있는 매력적인 도시 철도망이 되지 않을까 하는 추론을 해 본다. 철도망에 대한 연구는 아쉽지만 다음 기회로 미루고 본 연구에서 검토한 사람중심의 교통계획이 해체되어 갔던 도시공동체 재활성화에 기여하고 미래 교통수단이 도시공간 속에서 운영되어 사람들이 편하고 안전하게, 그야말로 걷고 뛰고 맛보고 즐길 수 있는 매력적인 신도시가 도출되기를 바라고, 본 고가 이에 일조되기를 희망한다.

주(註)

1. Colin Buchanan, *Traffic in Towns,* Ministry of Transport in United Kingdom, 25 November 1963
2. Woonerf란 'living street' 또는 '주거지'란 의미이며, 이 지역 안에서는 교통정온화, 공유공간(shared space), 최저속도제한 등을 적용한다. 1976년 네덜란드에서 법제화되었다.
3. Parolek Daniel G., Parolek Karen, Crawford Paul C., *Form-based codes : a Guide for Planners, Urban designers, Municipalities, and Developers,* J. Wiley & Sons, 2008
4. Svensson Ase(ed.), "Arterial Streets for People : Guidance for planners and decision makers when reconstructing arterial streets", European Commission Fifth Framework Programme, 2004
5. Cervero, R., Kockelman, K., "Travel Demand and the 3ds: Density, Diversity, and Design", *Transportation Research Part D*, 1997; Crane, R. et al., "Does Neighborhood design Influence travel?: A behavioral analysis of travel Diary and GIS data", *Transportation Research Part*, v3(4), 8, 1998; Frank, L. D., et al., "Obesity Relationships with Community Design", *Physical Activity*, 2004; Lee, C., Moudon, A. V., "The 3ds+ R: Quantifying Land Use and Urban Form Correlates of Walking", *Transportation Research*, v11(3), 2006; Handy, S., et al., "Does Self Selection Explain the Relationship between Built Environment and Walking Behavior? Empirical Evidence from Northern California", *Journal of the American Planning Association*, v72(1), 2006
6. 뉴어바니즘협회 지음, 안건혁 외 옮김, 『뉴어바니즘헌장』, 한울아카데미, 2009(Congress for the New Urbanism, Charter of the New Urbanism, 2003)
7. 오성훈·차주영, 『한국 도시설계에 적용된 서구 도시건축이론의 재고』, 건축도시공간연구소, 2011
8. 얀 겔 지음, 한민정 외 옮김, 『삶이 있는 도시디자인』, 푸른솔, 2003(Gehl J., Life between buildings, 2003)
9. 제프 스펙 지음, 박혜인 옮김, 『걸어다닐 수 있는 도시』, 마티, 2015(J. Speck, Walkable City, 2015)
10. https://www.vtpi.org/
11. https://www.accent-mr.com
12. Complete Streets Chicago, Department of Transportation, 2013
13. Denvor Complete Streets Guidelines, Department of Transportation & Infrastructure, 2020
14. Big Ideas, ARK invest, 2021(2021.1.26.)
15. https://www.sae.org
16. Tony Seba, *Clean Disruption of Energy and Transportation: How Silicon Valley Will Make Oil, Nuclear, Natural Gas, Coal, Electric Utilities and Conventional Cars Obsolete by 2030*, 2014
17. Electric Vehicles for Smarter Cities: The Future of Energy and Mobility, World Economic Forum, 2018
18. Mobility as a Service의 약자
19. http://www.molit.go.kr/newdeal/
20. Bergeron, R., Le Nouveau Tramway : Contribution a la Reflexion en Cours Concernant un PossibleRetour du Tramway dans les Rues de Montreal, Agence Metropolitaine de Transport(AMT), 2003.
21. 4명/㎡를 기준으로, 300명 정원, 시격 2분을 가정하였을 경우
22. 저상트램의 경우 차량 바닥이 지면에서 35cm 가량 떨어져 있음, 플랫폼과 동일한 높이
23. An, J. H., and F. Kuhn "Urban Transport in France : The Tramway Revival", INRETS-LTN, Paper Presented in Civil Engineering National Seminar, Jakarta, Indonesia, 2008, p. 27.
24. 대중교통계획 연장 424km 중 트램 205km, 국가 지원율은 약 13%(8억/60억 유로)
25. '맨해튼 지역의 고층 건축물의 지역에 미치는 부정적 영향을 억제하기 위한 관리 목적으로 1916 뉴욕시에 도입한 토지를 기능적으로 분리하는 계획기법
26. 경제성의 원리(Principle of economy), 절약성의 원리(Principle of parsimony)라고도 불린다.

참고문헌

- 김점산 외, 『스마트모빌리티의 현황과 발전방안 연구』, 경기연구원, 2020년 8월
- "도시의 하늘을 여는 한국형 도심항공교통(K-UAM) 로드맵", 대한민국 정책브리핑, 2020년 5월
- "미래자동차 산업 발전 전략-2030년 국가 로드맵", 대한민국 정책브리핑, 2019년 10월
- Åse Svensson, "Arterial Streets for People: Guidance for Planners and Decision Makers when Reconstructing Arterial Streets", 2004
- Big Ideas 2021, ARK invest, 2021
- Cervero, R.,Kockelman, K., "Travel Demand and the 3ds: Density, Diversity, and Design", Transportation Research Part D, 1997
- Colin Buchanan, Traffic in Towns, Ministry of Transport in United Kingdom, 25 November 1963
  Complete Streets Chicago, Department of Transportation, 2013
- Denvor Complete Streets Guidelines, Department of Transportation & Infrastructure, 2020
- 뉴어바니즘협회 지음, 안건혁 외 옮김, 『뉴어바니즘헌장』, 한울아카데미, 2009(Congress for the New Urbanism, Charter of the New Urbanism, 2003)
- Electric Vehicles for Smarter Cities, The Future of Energy and Mobility, World Economic Forum, Feb. 2018;
  Frank, L. D., et al., "Obesity Relationships with Community Design, Physical Activity, and Time Spent in Cars", *American Journal of Preventive Medicine*, v27(2), 2004
- 얀 겔 지음, 한민정 외 옮김, 『삶이 있는 도시디자인』, 푸른솔, 2003(Gehl J., Life between buildings, 2003)
- Handy, S., et al., "Does Self Selection Explain the Relationship between Built Environment and Walking Behavior? Empirical Evidence from Northern California", *Journal of the American Planning Association*, v72(1)., 2006
- 제프 스펙 지음, 박혜인 옮김, 『걸어다닐 수 있는 도시』, 마티, 2015(J. Speck, Walkable City, 2015)
- Lee, C.,Moudon, A. V., "The 3ds+ R: Quantifying Land Use and Urban Form Correlates of Walking", *Transportation Research*, v11(3)., 2006
- Parolek Daniel G., Parolek Karen, Crawford Paul C. *Form-based codes : a Guide for Planners, Urban designers, Municipalities, and Developers*, J. Wiley & Sons, 2008
- Svensson Ase(ed.) "Arterial Streets for People : Guidance for planners and decision makers when reconstructing arterial streets", European Commission Fifth Framework Programme, 2004
- Tony Seba, *Clean Disruption of Energy and Transportation: How Silicon Valley Will Make Oil, Nuclear, Natural Gas, Coal, Electric Utilities and Conventional Cars Obsolete by 2030*, 2014

기후, 환경 계획
- 기후위기시대, 건강한 탄소중립도시 -

노윤석 | 우드케어(Woodcare) 이사

2020년의 기록적으로 길게 발생했던 장마, 2018년의 폭염 등 지속적인 기상재해는 이제는 마치 일상처럼 우리에게 다가와 있다. 2021년 올해 발생한 허리케인에 의한 뉴욕의 도시기능 마비는 이제 세계적인 도시도 기후위기에는 대응하기 힘들다는 것을 증명하였다. 이처럼 심각해지는 현재의 이상기후를 보며 많은 기후학자는 이제 기후변화(Climate Change)라는 말 대신, 기후위기(Climate Crisis)라는 말을 사용하고 있다. 많은 과학자가 기후변화라는 말로서는 도저히 현재의 위기상황을 제대로 표현할 수 없다고 생각하고 있는 것이다. 이러한 기후위기에 의한 피해는 지구에 살고 있는 모든 인간뿐만 아니라 동식물 등 모든 생명체가 받을 수밖에 없다. 따라서 현재 인류 최대의 위기인 기후위기를 해결하기 위한 노력은 지금 즉시 이행되어야 하고 이를 위해서 기후변화 협약과 파리협약 등 많은 정치적인 노력을 해 왔다. 하지만 이러한 노력이 우리가 원하는 만큼의 성과를 이루지 못한 것은 분명한 사실이다. 파리협약에서 약속한 지구 기온 상승 1.5℃ 이내로의 제한은 현재로서는 불가능한 수치로 보인다. 그 대안으로 제시한 2℃의 약속도 지키기 어려운 숫자로 보인다. 하지만 이런 현실에도 불구하고 우리 미래세대에 살 만한 지구를 물려주기 위해서는 지금 현재의 행동이 당장 필요하다.

기후변화에 대응하기 위한 노력은 모든 부분에서 이루어져야 하며, 우리가 살고 있는 도시에서도 당연히 이루어져야 한다. 도시는 기후변화의 원인인 온실가스의 대부분을 배출하는 배출원이면서, 또한 기후변화에 의해 피해를 받은 시민들이 가장 많이 거주하고 있는 공간이기 때문이다. 이에 따라 전 세계뿐만 아니라 우리나라에서도 기후변화에 대응하기 위한 도시를 만들기 위해 다양한 노력을 하고 있다. 우리나라의 경우 2020년 기후위기 대응을 위한 그린 스마트시티 대상을 선정하여 다양한 사업을 추진하고 있으며, 세계의 거의 모든 주요 도시들은 기후변화에 대응하기 위한 각종 계획을 세우고 이를 실천에 옮기고 있기도 하다. 도시의 주요 탄소배출원은 도시의 특성에 따라 달라지기는 하지만 주로 에너지, 수송, 건물, 그리고 쓰레기 부분 등이다. 각 부분별로 신재생에너지의 도입, 친환경 모빌리티의 도입, 저탄소 건축자재의 사용 및 쓰레기 저감 등의 탄소배출 저감을 위해 노력을 하고 있지만, 인구도 증가하고, 탄소를 기반으로 하는 경제 규모가 성장함에 따라 도시의 탄소배출은 오히려 늘고 있다. 매일매일 철근콘크리트로 지어지고 있는 도시의 스카이라인과 상습적인 교통체증으로 꽉 막힌 도로에서 차량들이 내뿜고 있는 배출가스를 보며 과연 도시의 탄소중립은 가능할 것인가에 대한 의문이 생기기도 하지만, 우리는 우리의 도시가 어떻게 변화하여야 하고, 탄소중립의 기후변화 대응 도시는 어떠한 모습이어야 하는가에 대한 대답이 필요한 시점이기도 하다.

[그림 1] 암스테르담 2050 사람과 식물 그리고 동물이 살 만한 도시를 위한 계획

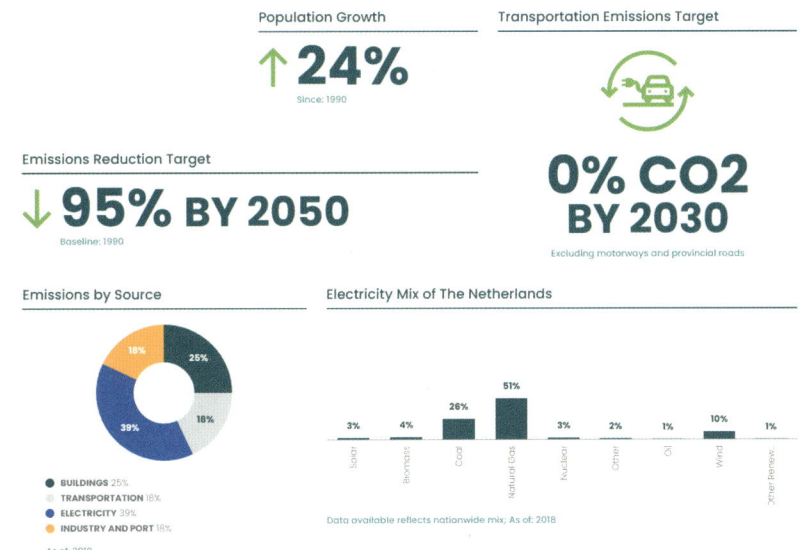

[그림 2] 암스테르담의 탄소중립 목표, 2030년까지 수송부분의 탄소중립을 이루겠다는 목표를 세우고 있다.[1]

기후변화에 대응하기 위한 방법에는 크게 온실가스 배출을 줄이고, 흡수량을 증가시키는 기후변화 완화(Mitigation)와 기후변화에 의해 피해를 최대한 적게 하고자 하는 적응(Adaptation)이 있다. 도시에 있어서 완화에는 제로에너지 주택이나 친환경 건축방식으로 건축물에 사용하는 에너지를 절감하거나, 도시숲이나 녹지공간 등 탄소흡수를 할 수 있는 공간을 만드는 방식이 있을 수 있고, 적응에는 그린 인프라 등을 통해 도시의 열섬현상이나 물순환 구조를 개선하여 자연재해를 예방하는 기술들이 포함되어 있다.

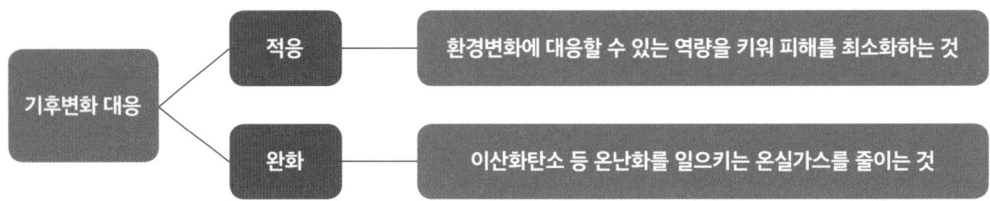

우리나라에서 최초로 주민주도로 도시계획을 수립하고 있는 광명·시흥 특별관리지역은 기후대응 측면에서 선도적인 역할을 할 수 있을 것이다. 우리나라의 경우 이미 대부분 시가화가 이루어져 있어, 기존 시설의 제약 아래 기후변화에 대응할 수밖에 없었으나, 광명·시흥 특별관리지역의 경우 기후변화 대응 계획을 기존시설이나 환경의 제약 없이 계획할 수 있다는 장점이 있다. 또한 정부나 민간기업 주도의 도시계획 수립 시 재정이나 예산의 한계에 의해 제한을 받을 수밖에 없는 기후변화 대응 투자를 보다 자유롭게 설계할 수 있다는 장점도 있을 수 있다. 또한 일반적으로 기후변화 대응은 경제적인 측면에서 불리한 면으로 작용할 수 있으나, 도시의 경우 그 양상이 다를 수 있다. 기후변화에 대한 대응은 도시 내에 다양한 녹지공간을 만들고, 휴식처와 휴양처를 만들어 주어 도시민들의 생활환경과 건강에 많은 도움을 줄 수 있게 되며, 이는 도시의 경쟁력을 높일 수 있는 강력한 수단이 될 수 있기 때문이다.

도시의 문제 - 도시는 지속가능한가?

현대의 도시는 전 세계 인구의 55%(2020년, UN 발표)가 거주하고 있다. 1950년대에 인구의 10% 미만이 거주하고 있던 시기에 비해 도시는 규모 면에서 비약적으로 발전하고 있다. 과학자들의 예측에 따르면 2030년까지는 전 세계 인구의 60%(약 50억 명)가 2050년까지는 70%(약 80억 명)가 도시에 거주하게 될 것이라고 전망하고 있다. 도시가 이렇게 단시간에 발전하게 된 데에는 도시가 인간의 평균적인 삶에 매우 유리하면서도, 인류문명이 많이 발전했기 때문일 것이다. 도시에서는 많은 사람이 모여 다양한 정보를 교류하고, 우수한 교육환경에서 다양한 분야의 인재가 양성되며, 이렇게 배출된 인재들이 다양한 직업에 취업하여, 도시의 다양성과 복잡성을 더해 주어 발전을 견인하게 되었기 때문이다. 또한 도시는 이런 발전이 기반이 되는 탄탄한 인프라가 잘 구성되어 있으며, 이런 기반 속에 활발한 소통을 통한 경쟁과 협력이 발전을 더욱 촉진하게 하는 것이다.

하지만 이러한 도시 발전의 이면에는 여러 가지 문제점이 발생하고 있다. 도시 자체의 측면에서만 보더라도 연구자들의 예측에 의하면 2050년 80억 명의 도시인구 중 약 30억 명은 아주 불량한 환경에서 거주하게 될 것으로 예상하고 있다. 즉 도시인구의 40% 정도는 도시빈민으로 살아가게 될 것으로 예상하는 것이다. 또한 비대해진 도시는 이제 인류문명까지 위협하고 있다. 현재 인류의 가장 큰 문제인 기후변화를 일으킨 장본인도 바로 도시라고 해도 과언이 아니다. 전 세계 육지 면적의 2%만을 차지하는 도시는 전 세계 에너지 사용량의 66%를 차지하고 있으며, 온실가스 배출량의 75%를 차지하고 있다.

이렇게 도시에서 기인한 기후·환경 위기는 인류의 생존과 문명에 커다란 위협을 주고 있다. 100만 종의 동식물이 멸종위기에 처해 있으며, 기후변화와 자연재해에 의해 육상생태계 및 해상생태계가 파괴되어 농업과 어업 등 인류의 식량을 제공하고 있는 1차산업에 막대한 영향을 끼치고 있다. 지구의 허파인 산림 또한 도시개발 및 불법 벌채와 남벌로 인해 지속적으로 줄어들고 있다. 도시민의 건강문제도 매우 심각하다. 대기오염으로 매년 800만 명이 사망하고 있으며, 환경에 의한 만성질환은 도시민의 건강에 매우 큰 위협이 되고 있다. 하지만 이런 위협은 앞으로 더 커질 가능성이 크다는 데에 더 큰 문제가 있다. 2015년 합의된 파리협약에 의해 지구의 평균기온 상승을 1.5°C로 막지 못한다면 극한기후, 자연재해, 추가적인 생물다양성의 손실 및 다양한 도시환경재해가 발생할 가능성이 매우 높아지기 때문이다.

이런 도시문제를 해결하기 위해서 도시를 해체할 수는 없다. 도시의 문제만큼 도시가 인류의 발전에 기여한 측면도 많을 뿐 아니라, 이미 인류는 도시를 떠나서는 살 수 없다. 또한 역설적으로 도시집중화는 지역자연자원을 잘 보호할 기회를 만들어 줄 수도 있다. 따라서 우리는 현재의 도시에서 도시의 문제점을 해결할 방안을 찾아야 한다.

이런 노력 가운데 하나로, 2018년 유럽연합의 주도로 도시의 지속가능성에 대해 운동을 하는 ICLEI(Local Government for Sustainability, 지속가능성을 위한 지방정부협의체)에서 발표한 지속가능한 도시를 위한 5대 발전 목표와 전략은 다음과 같다.[2]

- 자연 기반 발전
  지역의 경제, 복지 및 회복력을 뒷받침하는 도시 내부와 주변의 생물다양성 및 생태계를 보호
- 회복력 있는 발전
  환경 기술 사회적 변화에 의해 야기된 충격 및 스트레스를 예방 흡수 회복할 수 있는 기능 개선

- 탄소중립과 저배출 발전
  기후변화를 억제하고 새로운 경제 기회 창출, 탄소중립과 저배출 강조
- 순환적 발전
  재활용 재생 공유 가능한 자원을 사용하는 지속가능한 사회 구축, 새로운 소비 생산 모델 구축
- 형평성 있고 인간중심 발전
  정의롭고 살기 좋고 포용적인 도시 공동체를 건설

지속가능성은 현재의 자원을 우리의 미래세대도 이용할 수 있게 하는 것이 주요 목표이다. 과거의 폼페이와 같은 많은 도시와 문명이 욕망과 탐욕으로 인해 지속가능하지 못해 멸망하였다면, 현대의 도시는 지구의 자원을 무책임하게 사용하여 지속가능성을 잃고 있다. 그레타 툰베리 같은 청소년들이 어른들에게 외치는 호소에 귀 기울여야 한다.

기후위기와 도시

최근 기후변화에 따른 이상기후 현상은 우리에게 너무나도 자연스럽게 다가오고 있다. 자연재해는 유사 이래로 계속 있어왔지만, 그 강도와 주기 면에서 최근의 기상상황은 우리에게 많은 시간이 남아있지 않다는 것을 방증해 주고 있기도 하다. 특히 기후변화로 인한 자연재해는 극한적인 기후현상이 증가하는 것뿐만 아니라 지역적 편중 또한 심화할 것으로 예상된다.

기상이변으로 가장 많은 피해를 받는 곳은 도시이다. 사람이 많이 거주하고 있고, 이런 도시인들에게 각종 재화와 서비스를 제공하기 위해 주택, 상업건물 및 각종 기반시설이 도시에 집중되어 있기 때문이다. 도시계획을 할 때 심각한 기상이변에 대해 충분히 감안하고 이에 대해 여유를 가지고 계획하는 것은 오래전부터 있던 일이다. 도시계획에 있어 계획 홍수량을 계산할 때 이전에는 10년 주기의 홍수량을 계산하여 설계를 진행하였다면, 현재는 그 주기가 50년, 100년으로 늘어나고 있다. 하지만 어찌 보면 이런 가정들도 빠른 기후변화 안에서 말 그대로 무용지물이다. 최근 2021년 여름 미국 동북부를 강타한 허리케인 아이다는 자연재해 대책이 잘된 뉴욕과 같은 세계적인 대도시도 강력해진 자연재해에 더 이상 안전지대가 아니라는 점을 다시 한번 확인시켰다.

이에 따라 세계의 많은 도시는 기후변화에 대응하기 위한 다양한 정책을 마련하고 있다. 미국의 뉴욕이나 보스턴과 같은 거의 모든 대도시는 그 도시의 기후탄력성을 제고하기 위한 계획을 수립하고 이를 실천에 옮기고 있다.

탄소중립 도시 (Carbon Neutral City)

탄소중립이란 온실가스인 이산화탄소의 배출량과 흡수량의 합을 "0으로 만든다"는 것을 의미한다. 도시계획 차원의 탄소중립이란 탄소배출을 최소한 줄이되 그래도 배출될 수밖에 없는 탄소량에 대해서는 그에 상응하는 조치를 통하여 실질 배출량을 제로로 만든다는 개념을 말한다. 따라서, 향후 도시개발은 지금까지 계획요소로 그 기반을 다져온 환경친화적 및 인간친화적 계획요소 외에도 이제는 온실가스의 감축에 중점을 둔 계획요소가 종합적으로 고려되어 추진되어야 할 것이다. 도시계획의 요소 중 탄소중립도시로 전환하기 위한 요소들은 다음과 같다.[3]

1. 도시계획적 요소
- 대중교통의 활성화를 위한 TOD 및 대중교통 전용지구(Transit mall) 개발
- 거주지 근접의 복합개발을 통한 수송 에너지 절감
- 바람길 확보를 위한 공간배치와 건물배치
- 무공해 이동수단인 자전거 전용도로와 보행자 전용도로의 연계

2. 자연생태적 요소
- 그린웨이(Green Way)의 적극적 활용
- 녹지의 확보로 온실가스 자연정화 및 쾌적성 제공
- 친수공간을 통한 도시 내 온도조절과 휴식처 제공
- 바람길을 통한 대기순환으로 열섬현상 방지 및 공기정화

3. 공학기술적 요소
- 다양한 신재생에너지의 생산과 활용 및 기반시설 구축
- 고효율 건물의 건축으로 건물 에너지 절감
- 폐기물의 최소화 및 리사이클을 통한 에너지 절감

그중에서도 도시계획적 차원에서는 자전거와 도보를 포함한 대중교통의 편리한 이용과 직주근접을 구현하는 복합적 토지이용계획을 구현하여 도시에서 발생하는 탄소배출량을 최대한 억제하는 방안에 중점을 두고 있는 접근방식으로 탄소중립을 계획하여야 하며, 또한 자연생태적으로는 다양한 녹지공간을 확보하여 탄소흡수량을 증대시키는 방향도 꼭 필요하다.

그리고 기술적으로 다양한 태양광, 태양열, 풍력, 지열 등의 신재생에너지를 통한 에너지 공급을 확대하고, 신축건물의 에너지 효율화 의무제와 함께 기존 건물의 그린 리노베이션을 통한 에너지 효율의 향상도 탄소중립도시를 위해 꼭 필요하다. 도시의 개발로 발생하는 이산화탄소를 자연생태적 계획요소를 이용하여 발생 억제 및 흡수하는 것도 중요하지만 원천적으로 발생 탄소량을 줄이는 것이 가장 효과적이라는 면에서 이번 광명·시흥 특별관리지역의 주요 개념인 '보행가능도시(Walkable City)'는 매우 의미 있다. 바르셀로나와 같은 다양한 외국의 사례가 보여주듯 수송에너지 절감을 전제로 하는 탄소중립형 도시 골격의 완성이 현시점에서 우리에게 매우 중요한 의미가 있다.

그린 인프라 (Green Infrastructure)

그린 인프라는 자연 및 준자연이 주는 생활지원 시스템을 이야기하는 것으로 우리 도시에 있는 하천, 습지, 산림, 야생생물 서식지 및 기타 자연 지역의 상호 연결 네트워크와 같은 자연자원과 산책로, 공원 및 기타 보전토지, 경작 농작, 목장, 관개용수로 등 인공시설물을 포함한다. 그린 인프라는 주로 미국과 유럽에서 발달하여온 개념으로 그린 인프라를 주로 수행하는 기관의 책무에 따라 약간 다른 방향으로 진행되고 있다. 하지만 그린 인프라는 생태계의 복원력과 서비스 제공, 재해 방지 및 기후변화 적응 및 건강과 복지, 경관, 휴양, 여가, 관광, 에너지 효율화, 탄소저감 등의 역할을 하는 방향으로 진화하고 있으며, 이런 여러 기능 등은 상호 연결되어 더욱 발전해 나가고 있다.

그린 인프라의 개념을 살펴볼 때 대응개념과 유사개념을 살펴볼 필요가 있다. 그린 인프라의 대응개념은 '그레이 인프라'로 이는 우리가 흔히 얘기하는 여러 가지 사회간접자본을 의미한다. 유사한 개념으로 '블루 인프라'와 '하이브리드 인프라'가 있다. 그린 인프라가 주로 녹지공간을 이루는 것을 말한다면 블루 인프라는 물, 즉 도시의 수자원과 관련된 시설을 말한다. 하이브리드 인프라는 도시/생활을 위한 SOC에 미세먼지, 폭염, 홍수, 가뭄 등 변화하는 기후 및 환경에 대한 개선기능을 가지고 있는 사회간접 자본을 말한다.

[그림 3] 미국과 유럽의 그린 인프라 개념 비교 (작성: 노윤석)

광의의 그린 인프라에는 많은 종류가 있으며, 여기에는 도시 물순환과 그린 IT, 녹색교통, 신재생에너지, 에너지 효율화를 포함한다. 광의의 그린 인프라의 경우에는 교통, 스마트 도시, 에너지 문제를 같이 포함하고 있으므로 그 해당 부분을 집중적으로 다룬다. 협의의 그린 인프라에서는 도시공원, 산림 및 오픈스페이스와 같은 생태환경에 주로 관심을 가진다.

도시공원과 녹지는 가장 기본적인 그린 인프라로 여기에는 도시공원, 근린공원을 비롯하여 가로수를 포함하며, 주택이나 건물의 조경 및 정원, 텃밭과 습지, 도시농업공간도 포함된다. 일반적으로 도시공원과 녹지는 도시관계법령에 의해 보호받고 있으며, 도시계획을 수립할 때도 일정 비율 이상을 조성하도록 유도한다.

옥상녹화나 벽면녹화를 포함한 녹화시설물이나 기법들은 법률적으로 규정되지는 않았지만, 도시 내 녹지공간의 확대에 중요한 영향을 미친다. 자연녹지는 도시 조성 이전부터 존재하던 산림이나 숲, 동식물의 서식지 및 수변공간을 의미한다.

위와 같은 그린 인프라가 그 기능을 제대로 발휘하기 위해서는 이를 연결해주는 연결망이 매우 중요하다. 생태계는 연속적인 경우 그 효과를 제대로 발휘할 수가 있다. 단편적으로 도심에 분산된 소규모 공원의 단순한 연결만으로도 생태계의 다양성과 복원력은 크게 향상된다는 연구결과가 많이 존재한다. 따라서 도시의 그린 인프라는 절대적인 양과 더불어 그린 인프라의 연결성을 중심으로 한 그린 인프라의 질도 매우 중요하다고 할 수 있다.

우리나라에서도 최근 그린 인프라에 대한 인식을 높아지고 있어, 신도시 계획의 필수 요소로 자리 잡고 있다. 최근에 실행되고 있는 제3기 신도시에서도 저영향기법 및 다양한 녹지공간을 적용하고 있다.

[표 1] 제3기 신도시의 녹지 면적 및 녹지 구성

	제3기 신도시					광명·시흥(목표)
	남양주 왕숙	고양 창릉	하남 교산	부천 대장	인천 계양	
면적(만㎡)	1,134	813	649	343	335	1,736
녹지 면적율	36%	40%	36%	30%	25%	50%
주요 녹지구성	왕숙천변 녹지 네트워크 구축	서울숲 2배 규모의 도시숲 조성	중앙공원의 조성	굴포천 수변공원의 조성	중앙공원 3곳 조성	목감천변 수변공원 광명·시흥O-Forest 미세먼지저감숲 7개의 중심녹지벨트

스마트 그린도시

스마트 그린도시의 정의를 한마디로 내리기는 힘들지만 최근 정부에서 시행 중인 스마트 그린도시 정책의 정의에서 살펴보자면 그린 스마트 기술을 활용하여 지역 기반 도시의 녹색 전환을 촉진하여 기후변화에 대한 대응력과 포용성 그리고 환경 질의 제고를 지향하는 인간과 자연이 공존하는 지속가능한 미래 환경도시를 목표로 하는 도시를 말한다. 스마트 그린도시의 사업 분야에는 회복력, 탄소배출 저감을 통한 탄소중립, 생태복원과 인간중심의 사고방식 등이 있다.

스마트 도시(Smart City)는 현재 도시계획 분야에서 가장 각광을 받고 있는 분야이다. 다양한 유형의 전자 데이터 수집 센서를 사용하여 자산과 자원을 효율적으로 관리하는 데 필요한 정보를 제공하는 도시 지역을 말한다. 스마트 도시의 개념은 도시 운영 및 서비스의 효율성을 최적화하고 시민들과의 연결을 위해 네트워크에 연결된 다양한 물리적 장치인 사물 인터넷과 정보통신기술이 통합된 도시를 말한다. 우리나라의 경우 스마트 도시 조성 및 산업진흥 등에 관한 법률 제2조에서 '도시의 경쟁력과 삶의 질 향상을 위하여 스마트 도시 기술을 활용하여 건설된 스마트 도시 기반시설 등을 통하여 언제 어디서나 스마트 도시 서비스를 제공하는 도시'라고 정의 내리고 있다. 스마트 도시의 분야에는 교통, 보건 의료 복지, 환경, 안전, 물류 등이 있으며, 생태와 관련된 분야는 환경분야라고 할 수 있다.

스마트 도시의 분야 중 하나인 그린 스마트 기술은 도시의 그린 인프라를 스마트하게 유지 관리 할 수 있는 기법 및 기술을 말한다. 온도, 수분, 기상이나 생태정보를 취득할 수 있는 각종 센서를 이용하여 도시의 녹지공간이나 환경을 감시하고, 이를 제어할 수 있도록 다양한 관리기법을 적용한다.

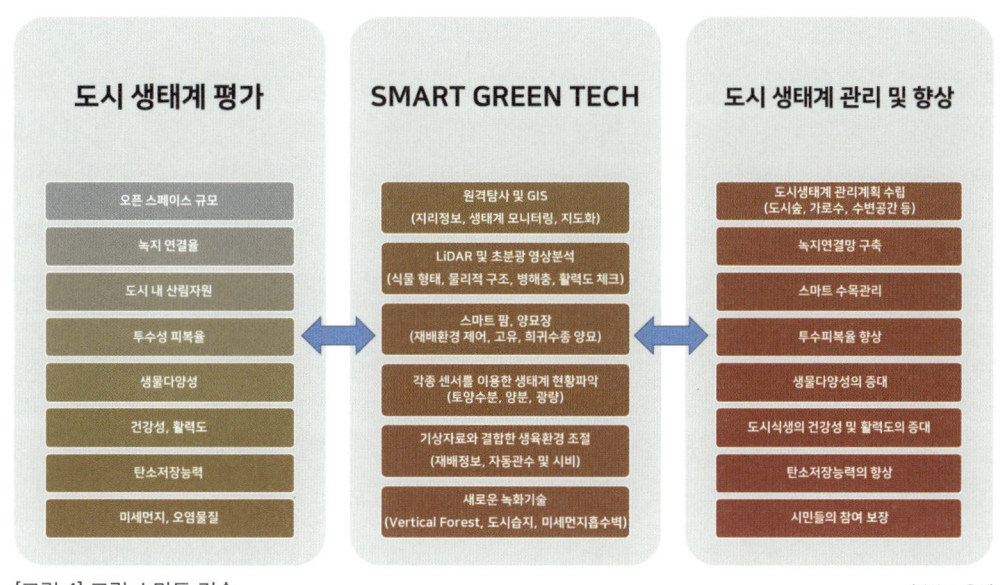

[그림 4] 그린 스마트 기술 (작성: 노윤석)

시민이 건강한 도시

우리나라의 경우도 다양한 분야에서 변화하는 시대적 요구가 지속적으로 발생하고 있다. 우선 인구 면에서는 급속한 노령화, 저출산, 1인 가구 급증으로 인한 사회적 부담이 증가하고 있고, 국민의 건강 측면에서는 소득수준의 향상 및 의료기술 발달로 기대수명은 OECD 국가들의 평균을 상회하고 있지만, 주관적 건강 상태는 그렇지 못한 것으로 나타나고 있다. 기후변화에 의한 환경의 변화는 각종 건강 문제를 야기하고 있으며, 이에 따라 환경적, 만성적 질환이 일반화됨에 따라 의료분야에서도 효과적으로 대응할 수 없게 되었다.

현대 사회의 시민들은 사회적, 경제적 그리고 정신적으로 많은 문제점을 가지고 산다. 물론 현대가 과거에 비해 물질적으로 풍부해지고, 사회보장과 같은 다양한 안전장치가 마련되어 있긴 하지만 그것만으로도 완전히 채울 수 없는 많은 문제가 발생하곤 한다.

이에 대응하여, 의학은 많은 연구와 투자를 통해 지속적으로 발전을 해왔으며, 이에 따라 많은 병에 대한 치료법과 처방 약이 개발되었고, 인간의 평균수명은 상당히 많이 늘어나게 되었다. 하지만 의술이 발전되었음에도 역설적으로 많은 현대인이 만성질환에 시달리고 있는 것도 현실이다. 고혈압이나 당뇨와 같은 신체적인 습관성 질환뿐만 아니라 공황장애나 우울증과 같은 정신질환은 이제 보통 현대의 사람이라면 다들 가지고 있는 일반적인 질병이 되어버렸다. 치매와 같은 노인성 질병은 노령화가 진행됨에 따라 더욱 큰 사회적 문제가 되고 있다. 비단 구체적인 특정 질병을 가지고 있지 않더라도 원인도 알 수 없는 여러 불편함이 지속적으로 우리를 괴롭히고 있다. 삶의 기간은 늘어났지만 그 늘어난 기간만큼의 삶의 질도 같이 상승했는지에 대해 자문을 해보면 과연 이러한 건강문제를 현대의학이 해결할 수 있을까에 대한 의구심이 생기기도 했다. 실제로 의학계 내부에서도 의학으로 치료할 수 없는 많은 질병이 있다는 것을 인정하고 있다. 기후변화나 환경오염에 의한 환경성 만성질환 또한 현대의학에서 완전히 치료할 수 없는 것으로 여겨지고 있다. 이것들에 대한 대안으로 여러 가지 대체의학이 생기거나 예전의 전통의학이 부활하기도 하였다.

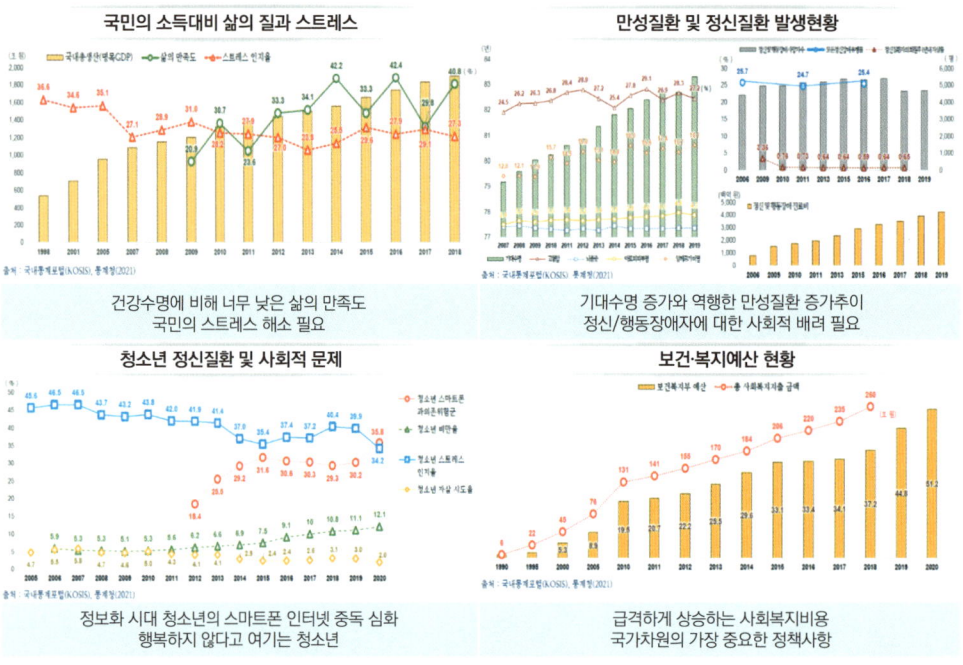

[그림 5] 건강과 관련된 현대의 사회문제[4]

이런 환경에서 도시의 도시숲이나 공원과 같은 도시의 녹지공간은 시민의 건강을 위한 훌륭한 공간이 될 수 있다. 나무가 많이 있는 산림과 같은 공간에는 피톤치드와 음이온과 같은 인체에 유익한 요소뿐만 아니라 햇빛, 온도, 경관과 소리와 같은 다양한 산림 내 환경요소들이 작용하여 삶의 쾌적함을 느끼게 해주면 이를 통해 건강증진과 면역력 향상의 효과를 볼 수 있기도 하다.

[그림 6] 산림치유의 개념[5]

 산림치유뿐만 아니라 식물, 동물, 곤충, 농업활동, 음식, 공예, 경관 등의 농촌자원을 이용하는 치유농업도 도시 내에서 활발하게 이루어질 수 있다. 기존의 원예치료나 다양한 곤충을 이용한 심리치료의 경우 다양한 프로그램을 통해 그 효과가 증명되어, 다양한 시설과 프로그램이 운영되고 있다. 이런 산림치유와 농업치유와 같은 자연치유요법의 장점은 위에서 언급한 만성적, 환경성 질환의 치유효과가 높은 것뿐만 아니라 산림치유시설이나 치유농업시설 자체가 그린 인프라로 역할을 하여 기후변화 대응에도 중요한 역할을 할 수 있다는 것이다.

 도시농업은 도시에서 발생하는 모든 농업활동을 의미하며, 도시지역의 자투리 공간(옥상, 베란다, 골목길, 시민농장)을 활용하여 여가 또는 체험적인 농사로, 농촌에서 생계와 판매를 목적으로 하는 농업과는 구별된다. 최근 친환경 먹거리와 안전한 먹거리에 대한 관심이 늘어나면서 로컬푸드(Local Food)에 대한 관심이 늘어나고 있다. 따라서 도시 유휴공간 (건물, 옥상, 자투리땅, 공원녹지) 등을 이용한 도시농업의 진흥이 필요하다. 또한 도시농업의 경우 전문가가 아닌 일반인들에 의한 운영이 되므로 농업에 대해 전문지식이 없는 경우가 많다. 따라서 도시농업을 스마트팜으로 조성하여 최소한의 관리를 하고서도 효율적인 농업활동이 이루어질 수 있도록 하는 것이 필요하다.

 도시 임업은 도시숲, 학교숲, 마을숲과 같은 산림을 조성하여 도시민들의 거주환경을 개선해 주는 역할을 하며, 최근에는 특히 문제가 되는 미세먼지 제거나 열섬현상을 완화하기 위한 노력이 계속되고 있다.

생물도시 및 목재도시

2차 세계대전 당시 영국의 수상 윈스턴 처칠은 말하길 "우리가 건축물을 만들지만, 그 이후엔 건축물들이 우리를 만든다(we shape our buildings, then they shape us)"고 했다.

윈스턴 처칠이 강조한 대로 우리 인류는 수천 년 전부터 도시를 계획하고 건축해 왔지만, 도시가 건설된 이후부터는 도시가 우리 인류의 생활과 문명에 영향을 미쳐왔다. 실제로 문명화라는 영어인 "Civilization"은 라틴어로 도시에 사는 사람을 뜻하는 "Civis" 라는 말에서 기인하였다고 한다. 이처럼 도시는 인류의 문명과 함께 발생하고 성장하여 왔지만 도시화의 문제는 비교적 최근에 제기되었다.

실제로 현재처럼 인류의 절반이 도시지역에 살게 된 것은 이번 세기 초반에 발생한 최근의 일이다. 예를 들어 200년 전 산업혁명 이전 만해도, 도시지역의 인구는 전체 인구의 7%에 지나지 않았다. 하지만 오늘날에는 전세계적으로 매일 약 20만 명이 도시로 이주하고 있으며, 2050년까지는 전 인류의 2/3 이상이 도시에 거주할 것으로 예상된다. 이는 결국 현재 도시의 50% 이상 규모를 가진 새로운 도시를 건설해야 한다는 것을 의미한다. 이처럼 이제 도시는 인류의 대부분이 거주하고 있는 공간일 뿐만 아니라 경제와 혁신의 중심지역인 동시에 에너지와 자원을 소비하는 장소이므로, 지구환경과 인류의 미래에 대해 고민하기 위해서는 도시가 어떻게 성장하여야 지속가능한 발전을 이룰 수 있는지에 대해 같이 고민해야 한다.

이런 맥락에서 우리는 도시가 왜 우리에게 필요했는지에 대해 고민을 해봐야 한다. 도시는 필연적으로 도시민들이 위치적으로 접근된 공간에서 같이 생활하는 공간이다. 이를 통해 시민들끼리 사회적 관계망을 형성하고, 생각과 정보를 교환하며, 노동과 자본 그리고 분업화와 혁신 등을 통해 부를 창출할 수 있는 가장 효율적인 시스템이라고 할 수 있었으며, 또한 도시를 통해 거래 비용과 사회기반시설의 중복투자를 줄일 수도 있었다. 결국 현대의 부의 창출에 도시는 커다란 아니 어쩌면 대부분의 기여를 했을 수도 있다.

결국 도시는 인류가 사회 및 경제적 자본을 형성하는 가장 효율적인 시스템이었기 때문에 발전할 수 있었다. 하지만 이 도시라는 효율적인 시스템이 사회 경제적인 부(Wealth)뿐만 아니라, 결국 지속가능한 개발의 기반이 되는 우리의 천연자원과 자연환경에도 효율적일 것인가에 대한 강력한 의문점은 남아 있다.

여기서 간과해서는 안 될 중요한 사항 중 하나는 도시의 성장과 자연생태계 성장의 차이점을 분명히 인식해야 한다는 것이다. 자연생태계에서 성장하기 위해 필요한 에너지의 양은 성장이 멈추기 전까지는 성장할수록 줄어들게 된다. 이는 우리가 나이 들어감에 따라 줄어드는 음식의 양과 그에 비례하여 줄어드는 활동량의 예에서도 알 수 있다. 하지만 도시의 경우 그와는 반대이다. 도시의 규모가 클수록 더 많은 사회 경제적 자원이 투입되어야 하며, 이런 현상은 도시가 커질수록 더욱 증가한다. 도시의 규모가 클수록 개인이 재화와 자원 그리고 아이디어의 소유와 생산 그리고 소비하는 양은 증대하게 된다. 결국 도시는 "역"의 규모의 경제 형태로 성장을 하게 되는 것이다.

이것이 본격적으로 화석연료에의 접근과 사용이 본격화된 산업혁명 전의 경우, 현대와는 다르게 도시화가 촉진되지 않은 이유를 설명해 준다. 전 세계에서 가장 먼저 산업화된 영국의 도시인구가 50%를 넘어선 것이 1850년대로 도시집중화에 걸린 시간이 오래 걸린 것에 비해 그 뒤에 산업화가 이루어진 미국의 경우는 60년 정도밖에 걸리지 않았다. 이런 이유로 전 세계적으로 빠른 속도로 도시화(도시인구의 비중이 50%를 넘는 것)가 이루어진 것으로 볼 수 있다. 이 시기에는 미국뿐만 아니라 산업화가 이루어지고 있는 전 세계의 도시 인구는 두 배로 증가하였으며, 도시에 거주하고 있는 중산층의 소득도 3배가 증가하였다. 이를 통해 경제의 성장과 도시화는 서로 영향을 미친 것이 확실하다는 결론을 낼 수 있다. 문제는 이 과정에서 엔트로피(Entropy, 혼동성)도 같이 증가하고 화석연료의 사용으로 인한 환경문제도 증가하게 되었다는 것이다. 특히 이런 문제는 제3세계에서 더욱 심각하다. 중국, 인도 등의 심각한 도시문제는 이제 도시 하층민들의 생존문제가 되고 있다.

200년간의 화석연료를 기반으로 하는 도시화와 경제성장을 거쳐 우리는 현재 대전환점에 와있다. 현재의 도시는 우리의 지구가 감당하기에는 너무 비대해져 있다. 이런 도시화로 인해 기후변화, 생물다양성의 감소 그리고 천연자원의 감소 등의 문제가 지속적으로 발생하고 있다. 현재와 같은 대전환점에서 세기의 천재 알베르트 아인슈타인이 이야기한 "우리가 만들었을 때와 같은 생각으로 현재의 문제를 해결할 수 없다."는 명언을 꼭 기억해야 한다.

따라서 현재는 도시화된 세계에서의 변화된 경제적 패러다임을 기반으로 새로운 생각으로의 전환이 반드시 필요한 시점이다. 우리가 생활하고 있는 경제 및 혁신의 장인 도시에서 재생가능한 삶을 만들어 나가기 위한 패러다임의 전환이 필요하다. 현재의 선형적이고, 화석연료 기반의 경제를 순환적이며 재생가능한 경제환경으로 대체하고자 하는 경제와 생태 그리고 도시와 지방의 관계에 대해 새롭고, 융합적인 패러다임이 필요한 것이다.

현재의 도시는 변화가 필요하다. 이러한 변화는 단순히 화석연료를 재생가능한 연료로 바꾸어 나가는 것 말고도, 플라스틱, 금속과 콘크리트와 같은 재생이 불가능한 자원에서 재생가능한 자원으로, 콘크리트나 금속으로 대변되는 회색의 기반시설에서 자연과 환경으로 대표되는 녹색기반시설로 변화하는 것을 모두 포함하여야 한다.

콘크리트의 예를 들면 분명해진다. 유럽에서 건물 부분은 탄소배출의 35%, 에너지소비의 40% 그리고 원료사용량의 50%를 차지한다. 이는 결국 금속과 콘크리트 이 두 개의 재생 불가능한 자원이 우리 도시의 기반시설을 구성하고 있으며 결국 높은 탄소배출원이 된다는 것이다. 이런 자원을 목재와 같은 재생가능한 자원으로 변화시킨다면 탄소발자국을 줄여 도시의 순환경제에 도움을 줄 수 있다. 목재는 여러 건축자재 중에서 재생 가능하고, 지속 가능한 유일한 주요 건축자재 가운데 하나이기 때문이다. 여러 연구를 통해 목재를 사용하는 것은 대기 중의 이산화탄소를 흡수하고 오랜 기간 동안 저장하는 가장 비용 효율적인 방법 중 하나라는 것이 증명되고 있다.

[그림 7] 목재의 장점

목재를 이용해 건설된 도시는 결국 탄소를 포집하고 저장하는 기반시설로서 작동할 수 있으며, 게다가 건물 주변과 같은 도시지역에 전략적으로 나무를 배치하고 식재할 경우, 건물의 난방과 냉방에 필요한 에너지 소비를 줄일 수도 있다. 또한 도시숲은 도시 내 열섬(heat-island) 현상을 방지하기도 한다. 따라서 도시의 나무들과 숲은 기후 스마트 도시, 즉 바이오시티(Biocities)의 주요 골격이라고 할 수 있다.

도시에는 때로는 좋고, 나쁘고, 어떨 경우에는 추한 우리의 모습이 투영되어 있다. 도시는 우리가 직면하고 있는 커다란 문제점을 가지고 있는 동시에 우리의 미래를 지속 가능하게 변화시킬 수 있는 경제적 패러다임의 대변환을 일으킬 수 있는 큰 잠재력도 가지고 있다. 결국 도시의 생물화(Biologization)를 통해 도시와 도시민 그리고 우리의 자연이 함께 조화롭게 살아갈 수 있을 것이다.

자연기반해법 (Natural Based Solution)

자연기반해법이란 사회 환경적인 도전에 대응하기 위해 자연자원을 지속 가능하게 이용하고 관리하는 방법을 말한다. 여기서 말하는 사회 환경적인 도전에는 기후변화, 물 부족, 수질오염, 식량안보, 건강, 생물다양성 그리고 재난위험의 관리 등이 있다.

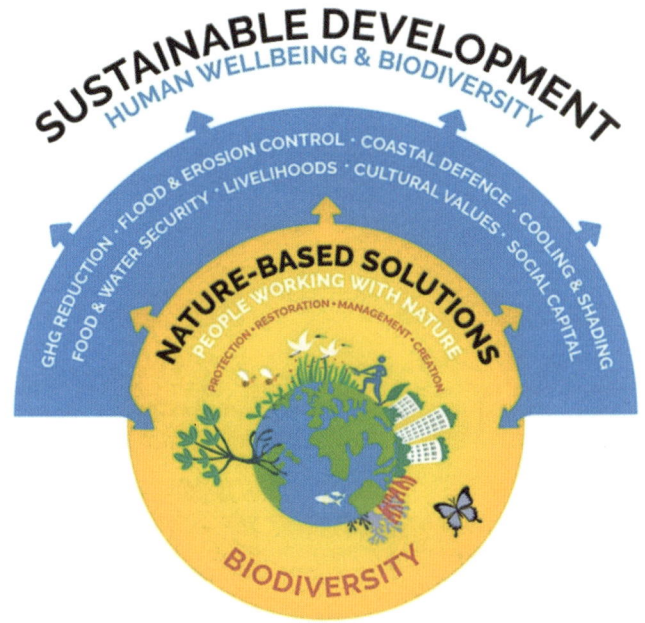

[그림 8] 자연기반해법의 목적

도시분야에 있어 자연기반해법은 자연의 특성과 그 과정이 도시 등 개발환경에 잘 반영되고 작동되도록 설계하고 관리하여야 하며, 자연에서 영감을 받고 지원되는 비용 효율적인 해법으로 동시에 환경, 사회적, 경제적 이익을 제공하고 탄력성 구축을 지원하는 역할을 한다. 또한 지역적으로 적용되고 자원 효율적이며 체계적인 개입을 통해 도시, 풍경 및 해양 경관에 점점 더 다양한 자연과 자연적 특징과 프로세스를 제공하는 해법을 말하는 것이다.

자연기반해법의 가장 큰 장점은 있는 그대로의 자연을 관리하면서 현재의 문제를 해결해 나가기 때문에 새로운 투자를 하는 것보다 투자가 적게 들어간다는 점이다. 또한 인공적인 시설이나 행위로 인해 발생할 수 있는 환경적, 기후변화의 위험성도 상대적으로 덜할 수 있다는 장점도 가지고 있다. 하지만 반대로 자연의 시간흐름을 따라가야 하기 때문에 즉각적인 효과를 기대하기 어려운 단점이 있다. 인간의 활동에 의해 산림을 파괴하는 데에는 단 며칠이면 충분하지만, 이를 복원하는 데에는 수십 년이 소요되는 것과 같은 이치이다. 하지만 이런 단점에도 불구하고 자연기반해법은 자연을 최대한 복원하고, 지속 가능하게 관리하여 기후변화 및 자연재해에 대응할 수 있는 대안으로서 우리 사회의 지속가능성을 높일 수 있는 접근방법이다.

자연기반해법은 유럽의 도시에서 많은 실험을 하고 있다. 한때 조선업으로 호황을 누렸던 스웨덴의 말뫼는 조선업의 주도권이 아시아로 넘어감에 따라 도시 쇠퇴를 겪고 있는 있던 중 자연기반해법을 통해 회복탄력성 증대 및 일자리를 잃은 도시민들을 위한 일자리 창출사업을 시행하였다. 옥상녹화, 개방형 빗물관리시스템, 녹지공간조성 등을 통해 빗물 유출량의 감소시켜 홍수위험을 절감시켰고, 도시환경 또한 개선됐을 뿐만 아니라, 이는 결국 도시의 생물다양성의 증가로 이어지게 됐다. 이런 자연기반해법의 시행과정에서 주민참여를 통해 실업률을 30%에서 6%까지 감소시키게 되었으며, 시민의 건강관리와 병가 비용도 절감하게 되는 효과를 얻게 되었다.

[그림 9] 자연기반해법의 다양한 유형

광명·시흥 특별관리지구 지속가능한 탄소중립도시를 향해

광명·시흥 특별지구는 우리나라에서 주민이 스스로 자신들의 도시를 계획하고 실현시키고자 하는 최초의 시도이다. 주민주도의 도시개발은 주민과 환경을 가장 먼저 생각하는 도시개발이 되어야 할 것이다. 여기서 제시한 기후변화 대응, 탄소중립, 그린스마트 도시 등 다양한 도시계획의 기법들은 서로 분리된 것이라기보다는 함께 하는 것이라고 할 수 있다. 도시숲을 조성하는 것이 하나의 그린 인프라가 되어 기후변화에 대응하게 되고, 도시숲을 잘 관리하여 도시민의 치유와 휴식공간으로 제공하는 것이 결국 자연기반해법의 기초가 되는 것이다.

광명·시흥의 특별관리구역의 주변에는 가학산, 구름산, 도덕산, 서독산과 같은 산이 전체를 둘러싸고 있는 형상으로 이를 생태축으로 연결하면, 도시민들에게 좋은 녹지공간과 휴양공간을 제공할 수 있다. 또한 이러한 도시 주변의 숲들은 도시의 공기순환을 촉진하고, 미세먼지를 저감하는 등 도시의 환경기능 개선에 많은 역할을 할 수 있을 것으로 기대된다. 도시 주변의 산림과 목감천 주변의 녹지공간에 미세먼지차단숲과 바람숲길을 조성하면, 주변 도시와 공업단지에서 발생하는 미세먼지를 차단하고, 도시 중심부에 바람이 원활하게 통하게 되어, 맑은 공기의 공급과 더불어 도시의 열섬 현상의 완화에도 도움을 줄 수 있다. 광명 특별관리 지역의 중심을 흐르는 목감천은 개발의 중심축으로 도시민들의 생활공간, 여가공간을 조성할 목적으로 하천 부분에 자연형 곡선유로를 개설하며, 고수부지 부분에는 하천수영장, 수변공원 등을 조성하고, 제방부지 부분에 산책로와 데크로드 등을 조성할 수 있을 것이다.

아무리 좋은 도시계획도 주민들이 참여 없이는 성공하기 힘들다. 세계 주요 도시의 탄소중립이나 기후변화 대응계획을 보더라도 주민의 적극적인 참여와 활동을 그 계획의 가장 큰 중심이 된다. 이런 관점에서 도시의 첫 계획부터 주민들이 시행하는 주민주도형 도시계획은 기후위기 시대 도시가 탄소중립의 중심으로 서고 주민이 행복하고 건강한 도시를 만드는 데 크게 기여할 수 있을 것이다.

주(註)

1. https://carbonneutralcities.org/cities/amsterdam/
2. https://iclei.org/en/our_approach.html
3. 박재홍·고재경, 『탄소중립도시 구현을 위한 계획적 접근방안』, 경기연구원, 2018
4. 농촌진흥청, 『치유농업기본계획 수립』, 2021
5. 한국산림복지진흥원

3

마스터플랜
Master plan

마스터플랜
김상길

가로중심도시를 위한 세부계획지침(예시)
김희옥

마스터플랜

김상길 | ㈜에이텍건축사사무소 공동대표
| 건축사

도시계획의 새로운 지향

　　광명·시흥 특별관리지역은 그 자체로 규모가 큰 신도이다. 제3기 신도시에 포함된 이 지역은 어떤 개발을 기다리고 있을까? 이제 그동안 우리나라에서 만들어 온 신도시로부터 벗어난 새로운 신도시를 추구하고자 한다. 우리나라의 새로 개발된 신도시들은 모두 비슷한 형태와 문제점을 드러낸다. 대부분의 도시의 골격과 구성에서 비슷한 양상을 가지고 있으며, 도시를 채우고 있는 수많은 아파트와 건물이 너무나 비슷한 공간의 구조와 형태를 띠고 있다. 과거 우리나라의 전통에서 보이던 고을마다 독특한 지역적 특성과 문화는 더 이상 찾아보기 어렵다. 무엇이 문제인가? 가장 근본적인 원인은 도시의 골격을 결정하는 '도시계획'에서 비롯된 것이라고 상정한다. 현재의 도시계획은 유럽과 미국으로부터 유입된 것으로, 20세기 초 모더니즘으로부터 정리된 전통적인 도시계획에서 벗어나는 새로운 기법이었다. 근대의 서양의 모든 산업과 문화가 그러했듯이 도시계획 역시 격정적인 변화를 겪으며 발전해 왔다. 19세기 말에 시작된 근대 도시계획의 이념은 '전원도시'를 주장한 에버니저 하워드 등의 도시민들을 피폐한 오염과 전염병으로부터 구해내기 위한 전위적인 제안들로부터 비롯되었는데,[1] 그들의 전위적인 도시계획 이념이 미국에 진출하면서 미국의 모든 도시계획의 토대를 이루는 관념과 그들의 이론에 있어서 지적으로 철저하게 지배하여 왔다. 즉, 도시의 기능을 다루는 방식이 '용도 전체를 단순하게 분류하고 이 각각을 서로의 기능적 논리 속에 배열하는 것'이라는 인식은 지금까지도 강력하게 영향을 미치고 있다. 구체적으로 유럽의 모더니즘은 미국의 도시계획에 두 가지 방향으로 영향을 미쳤다. 첫째는 도시계획이론가들인 루이스 멈퍼드, 클래런스 페리[2] 등이 모더니즘의 영향을 받아 새로운 도시계획 원리를 세운 것이다. 특히 페리는 현대의 새로운 도시, 즉 자동차의 급격한 증가와 새로운 도시적 기능을 담아야 하는 새로운 차원의 도시계획을

'근린주구론'을 통해 실현하고자 하였다. 페리의 새로운 도시계획이론은 도시민 간의 공동체를 진작하기 위해 학교를 단위로 한 근린주구를 제안한 것으로 하워드의 영향을 받은 체계적인 도시분할과 질서를 제시하고 있다. 이러한 제안은 당시 미국 도시계획의 중심 사고가 되었고, 이후 미국의 모든 신도시는 그의 이론을 실현한 것이다. 그러나 페리 역시 용도와 기능에 관한 관심에서 벗어나지 못하였으며, 용도 별로 도시를 구분하는 의식은 도시를 기능적 분할로 이끄는 중요한 기원이 되었다. 둘째 영향은 건축가들에게서 나타났는데, 그 중 가장 급진적인 건축가는 르코르뷔지에이다. 그가 제안한 도시계획 '빛나는 도시'는 3,000명/ha의 인구를 수용하는 60층의 사무소 건물이 숲을 이루는 거창한 계획으로 특별한 점은 도시 전체의 건폐율이 5%에 불과하였다는 점이다. 전형적인 기능주의자인 르코르뷔지에는 도시계획에서도 거주, 여가, 노동, 교통을 도시의 4가지 가장 중요한 활동기능으로 놓고, 도시계획이란 주거단위를 중심으로 이 네 가지 기능의 상호관계를 설정하는 일이라고 생각했다. 그가 파리 근교에 제안했던 혁명적인 도시계획이었던 '빛나는 도시'에서 모든 건물은 '공원 속의 타워들'로 같은 형태로 디자인되며, 자동차는 고가도로로만 연결하여 대지의 95%는 녹지로 유지되는 계획이었다. 이 계획에서 르코르뷔지에는 물리적 환경만을 계획한 것이 아니라 일종의 사회적 유토피아를 계획한 것이다. 건축작품으로서 이 계획은 눈부신 투명성과 단순성, 조화가 담겨 있었다.[3]

    미국에서의 이 두 방향의 모더니즘의 영향은 현재 우리나라의 도시에도 고스란히 반영되었다. 서양의 실험적이며 급진적 도시계획 이론은 이제 우리나라에서도 주류 도시계획 이론으로 자리 잡았으며, 이제는 이 도시계획론에 어떤 문제가 있는지, 이를 극복하려면 어떤 방법을 찾아야 하는지를 고민한다. 이 계획론을 따른 신도시와 단지형 주거단지들은 우리나라의 대표적인 주거 형식인 '단지형 아파트'가 되었다. 그렇게 이상적인 도시를 지향한 도시계획에 따른 우리나라의 아파트 단지는 도시와 단절된 섬이 되었으며, 새로운 건축형태는 그 안의 주민들은 서로를 전혀 인식조차 하지 않으며 살아가게 하고 말았다. 또한 타워팰리스와 같은 주상복합이나 오피스텔 타워는 '빛나는 도시'에서 익히 확인했던 바로 그 모습으로 도시에 아무런 안착의 노력 없이 늘 타인으로 서 있다. 이러한 서양의 근대적 도시계획으로부터 비롯된 현재의 도시계획론에 의지하는 관 주도의 도시계획은 대도시의 얽히고설킨 다면적인 도시에서의 삶을 담을 수 없었으며, 안전한 삶과 공동체를 구성하고 새로운 경제 질서를 창안하는 방식에 대해서도 반영할 수 없는 도시가 되었다. 기존에 완성된 광명·시흥 보금자리주택지구 토지이용계획도(2010년, 그림 1)에서도 확인할 수 있듯이 토지이용계획의 '용도와 동선'만 존재할 뿐이다. 이 도면에는 이 지역에서 수백 년을 넘게 이어 온 가문들과 다양한 소규모 생산과 유통이 활기 있게 작동하고 있는 생생히 살아 움직이는 도시의 실체는 도저히 찾아낼 수 없다. 이제 새로운 '주민 제안의 도시계획'은 바로 이 토지이용계획에 담겨있는 기존 도시계획의 의식과 철학을 극복한다는 것을 의미한다. 새로운 도시계획은 토지이용계획을 다르게 수립한다는 의미를 넘어서서 관에서 의지하고 집행해 온 도시계획의 이념을 바꾸는 것이며, 우리의 산하에 퍼져있는 전통마을을 건강하고 완전한 도시로 이끌어 내기 위한 시도이다. 이를 위해서는 이제는 새로운 도시계획 방법이 강구되어야 하며, 도시계획의 주체와 이념을 정교하게 재수립할 필요가 있다.

지역지구제의 극복

현대 도시계획론의 핵심인 지역지구제는 현대 도시에서 더 이상 좋은 대안이 아님이 드러났다. 도심 공동화 상태가 발생하며, 점차 도시 활력은 떨어졌으며 새로운 사회 변화에 제대로 대응하지 못하고 있는 것이 지역지구제를 근간으로 적용한 우리 신도시의 현실이다. 도시는 고정된 것이 아니라 늘 변화한다. 인구구조와 인구수, 생활양식, 정치체제 등이 변천하는 것은 모두 도시변화의 구체적인 영역이자 현상들이다. 그리고 도시변화를 이끌어내는 요인은 국가정책, 교역, 산업구조, 제도개편 등과 함께 도시의 생산조건, 하부구조, 인구증감, 밀도, 토지 및 환경 등이 영향을 미친다.[4] 또한 기술과 생활이 순간적으로 변화하고 그러한 흐름에 따라 산업과 사업체가 수시로 바뀌는 현대사회에서 지역지구제는 용도와 삶의 방식을 고정하게 되고, 그 결과 지속적으로 번영하기를 기대하기는 어렵게 되었다.[5]

지역지구제의 문제적 사례를 든다면, 현대 도시계획에서 지역지구제의 가장 큰 혜택을 받은 중심업무지구를 볼 수 있다. 용적률은 극대화하고, 모든 교통시스템은 지구의 활동에 맞춰 구성되어 있다. 그러므로 금융과 대기업의 본사와 그룹 관계사들이 점령하고 있다. 그런데 이 지역은 극단적인 양극화의 표본지역으로 바뀌었다. 업무시간이 종료됨과 동시에 도시는 텅 빈다. 선진국에서도 치안이 불안한 도시의 업무중심지구는 날이 저물면 혼자 길을 걷는 것조차 위험을 자초하는 것으로 인식되고 있으며, 서울에서도 그 지구 안을 일부러 산책하는 사람은 없다. 모든 도시민이 떠난 텅 빈 도시가 될 것이다. 지역지구제의 다른 문제는 도시 내의 불평등을 극단적으로 확대한다는 점이다. 분명 도시로 집중하는 힘은 경제 성장의 주요 엔진이기도 하다. 그렇지만 도시계획적인 잘못된 선택은 동시에 불평등의 가장 큰 원인이 되고 마는 것이다. 한곳으로 모으는 힘은 경제 성장의 핵심요소다. 이것을 효과적으로 활용하여 가장 광범위한 경제적, 사회적 편익을 창출하는 것이 절대적으로 중요하다.

가로공간 중심의 도시

가로공간 중심도시는 도시계획에서 가로를 계획하는 목표가 바뀜을 의미한다. 용도 중심 도시계획에서는 도로는 주요 장소와 공간을 효과적으로 연결하는 것이 목표라면, 가로공간 중심계획에서는 도로 자체가 하나의 장소 혹은 공간으로써 계획되며, 도로의 형태와 성격에 따라 도시의 시민의 생활 중심이 결정되는 것을 목표로 하는 도시계획이다. 가로공간 중심도시는 보행을 기본으로 생활하는 도시이며, 가로공간이 생활공간으로써 사용되는 의미를 갖기 위해서는 보행과 옥외활동이 보장되는 가로를 계획하는 것이다. 도시 안에서의 보행은 어떤 의미를 갖는가? 보행은 시민권의 시작이라고도 한다. 『걷기의 인문학』을 쓴 리베카 솔닛은 보행을 통해 '시민은 자기가 사는 도시를 알게 되는 동시에 함께 살아가는 동료 시민들을 알게 되고, 도시의 작은 사유화된 곳에서 벗어나 진짜 도시 주민으로 거듭나게 된다. 거리를 걷는 것은 지도 읽기와 살아가기를 연결하는 일, 자기를 둘러싼 그 모든 미궁의 의미를 깨닫는 일'이라고 정의한다.[6] 보행을 할 수 있는 도시 혹은 보행을 권장하는 도시는 그렇지 않은 도시보다 시민에게 더 많이 개방되고, 시민 개개인에 대한 공감과 동의, 참여의 비율이 훨씬 높다는 것을 여러 사건(다양한 프레쉬 몹, 정치적 집회 등)을 통해 확인할 수 있다.

도시의 가로를 보행 중심으로 재편성하려면 블록의 규모를 대폭 줄이고, 가로변의 용도와 기능이 보행자에게 필요하며, 보행자들이 이용하기에 적합한 규모로 배열되는 것이 전제되어야 한다. 그러므로 가로공간 중심도시의 도시경관은 기존 신도시의 경관과는 상당히 다른 양상을 갖게 된다. 무엇보다도 단지의 규모가 기존 블록의 경우 최소 200~300m에서 최대 800m~1㎞까지 긴 블록이 최대 150m 이내로 줄어들게 된다. 또한 각 주거단지의 경계부가 건축으로 채워지며, 저층부는 상업시설과 더불어 다양한 생활지원시설이나 공공복리 시설들이 위치하게 된다. 이는 보행으로 이동이 가능한 거리를 전제로 계획되는 스케일에서 비롯된 것이며, 보행을 유도하기 위한 다양한 용도 프로그램에 대한 고민으로부터 제안된 것이다.

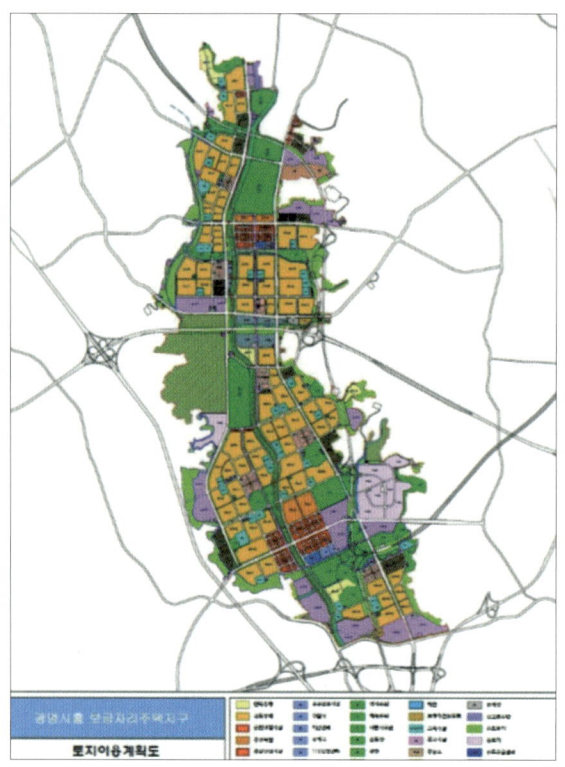

[그림 1] 「보금자리주택지구 토지이용계획 및 광역교통개선대책도」, 국토해양부, 2010.12.16.

보행을 전제로 한 블록의 스케일에 따라 도시의 골격은 기존 도시계획에서 제안된 크기보다 훨씬 작고 섬세하게 계획되어야 한다. 보행도시를 실현하기 위해서 본 계획은 각 블록의 크기는 60×120m로 모든 건축이 도로와 접하며, 개략 9개의 블록으로 단위 지구를 구성한다. 단위 지구는 보행 생활권의 한계로 설정된 것이며, 지구의 크기는 390×210m로 개략 1,200세대 정도의 주거 혹은 주거와 자족시설이 혼합된 생활 단위로 구성한다. 실제 우리나라 신도시에 적용되는 주거단지는 한 변의 길이기 최소 300m 이상을 확보하며, 단지의 크기는 30,000~45,000㎡ 정도가 보통이다. 그에 비해서 이 도시계획에서 제안하는 블록의 크기는 7,200㎡이며, 9개의 블록이 한 단위지구를 형성하게 된다. 그 내부의 각 도로는 철저하게 보행 중심으로 계획하며, 각 단지별로 설치된 생활 SOC와 공원, 부대복리시설, 편의시설 등을 9개 단지가 공유한다. 이 단위지구에는 주거 이외의 자족시설이 같이 공급되는 단지는 주거와 업무가 한 생활권에 같이 배치된다. 단위 지구 안에서는 도로가 옥외활동공간으로 병용되어 사용됨으로써 공동체적 생활환경을 풍성하게 만들어 낸다. 안전한 보행이 됨은 물론 놀이터, 야외공연장, 카페, 작은 벤치가 있는 쉼터, 만남의 장소, 작은 운동장 등 다양한 옥외 활동 프로그램을 담을 수 있는 공간이 된다. 단위지구의 설정은 단순히 차량중심의 교통체계에서 보행중심의 도시로 이동한 것이 아니라 도로가 새로 자유로운 공간이 되는 것과 이 공간들이 네트워킹됨으로써 도시에서의 보행을 통한 새로운 삶이 시작되는 것이다.

이러한 단위지구는 블록이 연결되어 완성되는 단위 지구로 바르셀로나의 슈퍼 블록과 같은 의미의 결합 단지(링크드 블록 linked blpck)로서 한 마을 단위로 상정한다. 링크드 블록의 도시계획적 의리로서 제기된 가장 흥미로운 질문은 자동차를 어떠한 방법으로 지역에서 밀어낼 것인가가 아니라 자동차가 사라진 도시가로에서 다음에 일어날 일, 즉 새로 자유로워진 공간이 무엇이 될 것인가와 그러한 공간들이 전체 네트워크가 될 수 있는가? 이다. 이러한 상상은 도시를 더욱 생생한 생활 공간으로 연결하며, 도로는 더 이상 장소와 공간을 연결하는 통로에 머무는 것이 아니라 공동체를 생성하고 서로 교류하는 생활의 장으로 바뀌게 된다. 링크드 블록의 설정은 도시 내에서 차량의 운행을 최소한으로 줄이고자 하는 목표로부터 시작하였다. 공해와 소음을 줄이는 것뿐만 아니라 이를 통해서 적극적인 보행가능도시(walkable city)를 실현하고자 한다. 링크드 블록 체계는 단순히 차를 단지와 단지들 사이의 도로에서 밀어낼 뿐만 아니라 차가 없어진 도로에 사람들의 옥외활동이 왕성해질 수 있음을 의미한다. 차량통행 소음은 새소리와 어린이 노는 소리로 바뀌고, 더 많은 나무와 벤치, 휴게시설 등이 설치된다. 내부의 가로공간은 서로 연결되어, 다양한 옥외활동 프로그램들이 상호 보완되는 더욱 풍성한 도시 생활로 인도할 것으로 예상한다.

[그림 2] 도시를 채우는 블록을 120×60m로 설정하며 기존 녹지와 물의 흐름을 복원하는 마스터플랜 스케치

공유의 도시 링크드 블록

링크드 블록은 단지들이 작아짐으로써 각 단지가 모두 갖출 수 없는 커뮤니티 시설과 편의시설들을 각 단지별로 나누어 배열하고 링크드 블록 내부의 모든 시민이 이 시설들과 외부공간을 공유함으로써 궁극적으로는 적극적 공유도시를 가능하게 한다는 점에서 공동체 구성이 필요한 공유도시 실천의 구체적인 방법이다. 공유도란 주거 이외의 모든 시설을 철저하게 도로변에 배열하고 각 단지의 주민만의 시설이 아니라 링크드 블록 내부의 모든 시민이 공유할 수 있는 도시구조를 갖추는 것을 의미한다.

링크드 블록은 도시에서의 삶의 공간적 사회적 영역을 넓히며 안전하고 편리한 삶, 건강한 삶을 실천하는 도시계획이다. 채워진 곳과 비워진 곳의 적절한 비례와 균형, 연속성, 인접성, 사람과 물류의 흐름과 접속을 끊임없이 가능케 하는 세심한 배려를 필요로 하는 디자인이 필요하다. 링크드 블록은 보행 생활권으로 설정되어 있고, 생활편의시설과 생활 SOC가 대부분 링크드 블록 내에 배치되어 있으므로 모든 옥외활동이 단지 안에서만 이루어지는 것이 아니라 링크드 블록 내에서 왕성하게 발생할 것으로 기대한다. 이는 링크드 블록 내의 주민이 공동체를 형성할 기회이기도 하다. 생활 서비스 등 다양한 이유로 링크드 블록의 내부로 진입한 차량은 10㎞/h의 속도로 이동한다. 또한 트램 혹은 자율주행 셔틀을 집산도로에 운행해 각 블록에서 환승까지 이동장치를 계획한다. 이외 자전거와 개인 이동장치(personal mobility)를 활용할 수 있는 기반시설과 도로를 구성해서 차량을 이용해야 하는 기회를 최소로 줄인다. 반면에 쓰레기 처리나 택배, 비상차량의 접근 등은 일방통행 도로를 통해서 이루어지며, 보행약자와 어린이, 임산부 등을 위한 차량 서비스 공간은 별도로 마련한다.

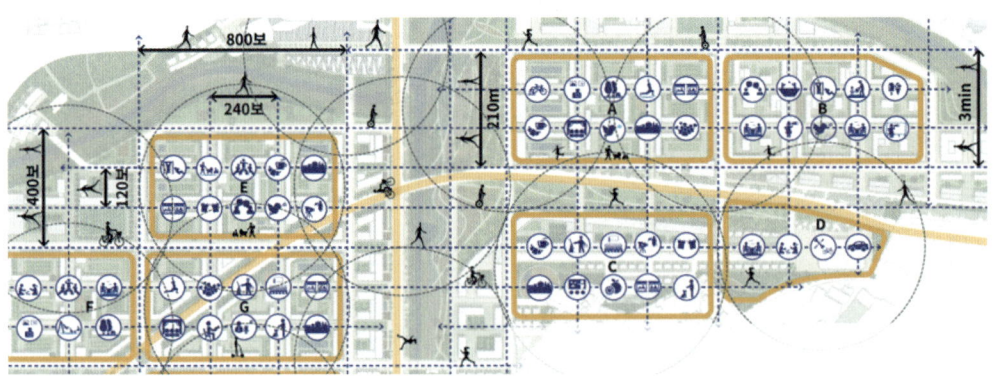

[그림 3] 링크드 블록은 개략 800보를 경계로 삼는다. 이 보다 더 커졌을 때에는 이동에 부담이 생겨 보행을 위축시킬 수 있으며, 이 보다 작아지면 생활 인프라의 크기에서 제한될 수 있기 때문이다.

(작성: 김상길, 에이텍건축)

생활 SOC와 지역공동체 프로그램 계획

생활 SOC는 개인을 존중하고 서로 공유하는 게마인샤프트(Gemeinachaft)[7]의 사회의식을 전제로 계획되며, 주민공동시설과 연계하여 운영되고 관리된다. 생활 SOC는 사회적 협동조합이 운영주체이며, 반면에 주민공동시설은 주민자치단체가 운영주체이다. 링크드 블록 단위의 관리사무소는 이들의 활동을 지원하고 시설의 관리를 보조한다. 각 시설은 개방을 통한 환대의 공동체 공간을 마련하며, 사회적 협동조합과 주민자치단체가 운영함으로써 주민 중심 공동체의 지속가능한 시스템을 기대한다.

생활 SOC의 유형

- 문화 플랫폼 - 문화 중심 지역자치 기반 구축
- 시역의 문화수요를 고려한 거점 문화공간 조성 및 생활문화 공동체 육성
- 도서관(거점 도서관 1개소, 작은 도서관 2개소), 공연장, 갤러리, 문화예술지원센터
- 체육 플랫폼 - 국민건강 증진 및 삶의 질 제고
- 지역의 스포츠 여가 수요를 고려한 생활밀착형 스포츠 여가 공간조성
- 다목적 체육관, 수영장, 생활체육센터, 다목적 운동장
- 돌봄 플랫폼 - 전국 평균 규모 적용, 지역의 돌봄 수요를 고려
- 통합 돌봄센터 1개소(3,000㎡), 노인요양센터(정원 30인 1개소), 돌봄카페(요양이용시설), 키즈카페, 굿모닝 키친, 어린이집(13개소), 그린하우스
- 복합 플랫폼 - 소통협력 기반의 사회혁신 활성화
- 일, 삶, 놀이 등 다양한 기능이 결합한 창의 공간 조성
- 공유주방, 푸드 마켓, 바이크 스테이션 카페, 세탁 카페, 플라워 카페, 스튜디오

주민공동시설(커뮤니티 시설)의 계획

- 모빌리티 : 자전거와 퍼스널 모빌리티 보관소는 각 주거의 현관에 마련
- 작은 도서관 : 각 링크드 블록에는 작은 도서관 혹은 어린이 도서관을 두며, 과천 중앙도서관과 거점 도서관과 연계하여 운영하는 시스템
- 보육시설 : 어린이집은 별도로 마련되며, 3세 이하의 육아·보육시설 각 동별 설치
- 노인시설 : 노인케어를 위한 데이케어센터와 이용시설인 경로당 (초기에는 어린이집이 많고, 추후 필요시 경로당으로 리뉴얼)

- 공유거실(라운지), 공유주방, 코워킹 스페이스 : 서로 근접 배치하며, 상호 기능을 보완할 수 있도록 가구와 기구 등을 배치
- 주민 회의실, 관리실, 목공실, 텃밭 지원실 등

보행을 위한 커뮤니티 시설의 배치와 옥외활동

걸어서 공공서비스에 쉽게 접근할 수 있으며, 도시 곳곳에 있는 다양한 시설을 공유할 수 있는 도시 구조가 필요하다. 촘촘하게 배열된 공원과 도서관 등 생활 SOC와 다양한 커뮤니티 시설, 편의 시설이 가로를 따라 펼쳐지고, 문화와 예술이 함께 하는 도시를 지향한다. 링크드 블록은 차량을 생활권 밖으로 밀어내려는 시도로부터 시작되었지만 결과적으로 내부의 도로들은 마치 공원처럼 옥외생활(outdoor life)공간으로 탈바꿈하였다. 도시에서 공동체가 구성되고 공동체의 삶이 이루어질 때 가장 가시적인 현상은 '집 밖에서 빈번히 이웃과 만나는 것'이다. 이를 위한 공간이 링크드 블록 내부 도로에 마련된 것이다. 가로공간 중심의 공유도시는 구체적인 옥외활동이 일어날 수 있는 가로가 제공되고 공동체의 구성원들이 아무런 경계 없이 가로를 점유하며 활동할 수 있는 도시를 의미한다. 그러므로 링크드 블록에서 내부도로는 공동체 사회를 구성하는 중요한 도구이자 방법이다.

바르셀로나에서 도시계획가인 살바도르 뢰다(Salvador Rueda)는 차량에 의한 공해를 줄이기 위해 도로의 일부에 차량 출입을 제한하고 그래서 확보된 가로를 새로운 옥외활동 프로그램으로 사용하도록 제안한 슈퍼 블록 시스템을 구축하였다. 그가 제안한 옥외활동은 도로에서의 시민에게 필요한 '5개의 권리'로 표방한 바 있다. 교환, 레크리에이션과 머물기, 문화와 지식, 보행, 표현과 참여. 이러한 일련의 활동을 주제로 바르셀로나 건축학과의 학생들이 5개의 그룹으로 나눠서 구체적으로 어떤 행동이 가능한지를 실험하였다. 예컨대, '표현과 참여'를 맡은 그룹은 네거리 광장에 바르셀로나 의회의 좌석 배치와 또 같은 형태와 크기의 실을 그려 놓고 의자를 배치하였다. 그리고 주민들에게 토론의 이슈를 걸어 놓고 토론하도록 요청한 것이다. 이로부터 이 지역의 주민들은 공동체적 활동은 눈에 띄게 많아졌고, 활발해졌다. 본 계획에서의 도로와 네거리 광장은 그러한 활동이 활발히 일어날 수 있는 크기로 조절하였으며, 이를 위해서 차량의 접근을 최소화하였다.

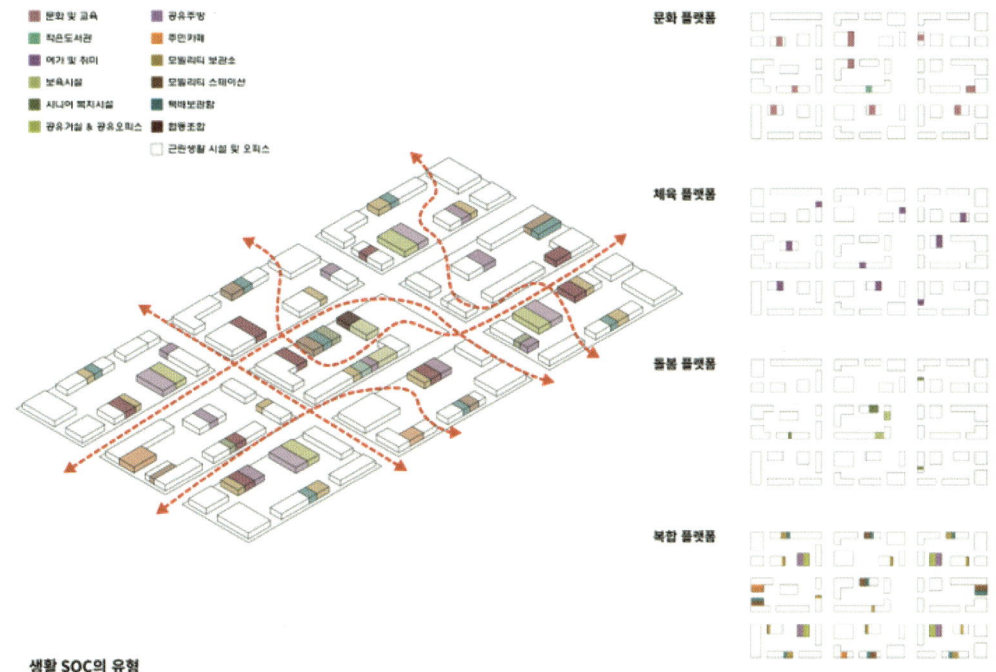

[그림 4] 링크드 블록의 내부에 배치되는 생활 SOC와 주민공동시설의 배치 사례.
이러한 각 시설의 용도와 위치를 섬세하게 계획하는 것은 주민의 보행과 공동체의 형성과 작동을 위한 실천이다.
(Source: Gwacheon Master Plan proposal. ATEC & Daniel Valle Architects.)

교통계획

광명·시흥 특별관리지역에는 도시를 남북으로 관통하는 두 개의 기존 도로가 있다. 광명시 쪽은 '광명로', 시흥시 쪽은 '금오로'이다. 이 도로는 선형과 폭을 그대로 유지하며, 이 신도시를 외부로 연결하는 가장 중요한 도로인데, 이 도로의 기능을 트램이나 SRT 등의 시스템을 도입하여 분산시키고자 한다. 주 간선도로로부터 연결되는 대지 내부는 링크드 블록을 폭 20m의 집산도로로 둘러싸인 형태로 구성되며, 보조간선도로로부터 집산도로는 모든 교차로에서 쉽게 연결하도록 한다. 다만 집산도로에서 각 링크드 블록 내부의 공유(국지)도로로의 연결은 일방통행 방식으로만 연결되며 링크드 블록 내부를 관통하는 연결을 배제하였다. 차량의 속도는 집산도로는 시속 50㎞ 이하이며, 공유도로는 10㎞ 이하로 제한한다.

본 계획에서 교통은 스마트 교통 시스템을 목표로 계획한다. 보행가능도시를 구현하기 위해서는 자전거와 스마트 모빌리티, 자율주행 셔틀 등이 보완되어야 하기 때문이다. 특히 셔틀의 운영은 기존 마을의 마을버스와 같이 보행권의 마을에서 간선교통을 잇는 역할을 셔틀이 하여야 하는데, 아주 좁은 도로와 구석까지 연결해야 하는 조건에 비해서 사용인원이 충분히 경제성을 확보할 수 있을 만큼 사용자가 많이 않을 것으로 예상되기 때문이다. 자율 셔틀은 소규모 투자로 유지비를 줄이며, 장기간 교통 서비스를 제공할 수 있으며 동시에 사용자가 앱을 이용하여 사용시간과 사용장소를 예약할 수 있는 시스템이므로 본 계획의 링크드 블록에서 가장 효율적으로 작동될 수 있을 것으로 예상한다. 현재 개발 중이거나 개발이 완료되었지만 상용화되기 전 단계의 자율 셔틀 시스템은 본 도시계획에서 테스트 베드로 활용할 수 있도록 지방정부나 시행주체가 노력하여야 한다.

[표 1] 도로의 기능별 구분

구분	내용
주간선 도로	시·군내 주요지역을 연결하거나 시·군 상호 간을 연결하여 대량통과교통을 처리하는 도로로서 시·군의 골격을 형성하는 도로
보조간선 도로	주간선도로를 집산도로 또는 주요 교통발생원과 연결하여 시·군 교통이 모였다 흩어지도록 하는 도로로서 근린주거구역의 외곽을 형성하는 도로
집산도로	근린주거구역의 교통을 보조간선도로에 연결하여 근린주거구역 내 교통이 모였다 흩어지도록 하는 도로로서 근린주거구역의 내부를 구획하는 도로
국지도로	가구(街區 : 도로로 둘러싸인 일단의 지역)를 구획하는 도로
특수도로	보행자전용도로·자전거전용도로 등 자동차 외의 교통에 전용되는 도로

도로 단면 계획

링크드 블록의 외곽을 연결하는 보조간선도로는 폭 21m 7차선으로 계획하였다. 본 계획에서는 이 도로에 보도와 자전거 도로를 추가하기 위해서 폭 10m를 추가하였으며, 각 필지에서 보조간선도로변에서는 5m 이상 후퇴하여 보행과 도로 내의 옥외활동을 권장하는 폭을 확보하여 도로 31m, 건축선 후퇴 10m를 포함하여 전체 41m 폭의 도로공간을 확보한다.

집산도로는 20m 도로로 왕복 2차선 도로이며, 별도로 자전거와 퍼스널 모빌리티를 위한 폭 1.5m의 통로와 보행로를 두고 있으며, 보도는 조업과 보행약자를 위한 주차공간과 야외카페 공간이 있는 곳은 폭 1.5m, 없는 곳은 3.5m를 확보하며, 각 필지에서 3m 후퇴선을 설정하여 실제 보행로는 4.5 ~ 6m를 확보한다.

국지도로는 폭 15m로 설정되었으며 차로는 1차선과 자전거, 퍼스널 모빌리티 통로와 보도로 구성되어 있다. 이 도로의 신호체계는 대부분 사인 위주로 계획되며, 신호등은 설치하지 않는다. 신호등이 오히려 차량의 과속과 부주의를 만들어 낼 가능성이 크기 때문이다. 같은 이유로 바닥 포장도 차선과 보행로, 자전거 길을 같은 재료로 마감하여 차량 위주의 통행이 되지 않도록 계획하였다.

주차장 계획

광명·시흥 특별관리지역의 가장 획기적인 부분은 차량을 도시 전체에서 가급적 최대한 사용하지 않도록 하는 것이다. 그러므로 주차장을 어떻게 확보할 것인가는 도로와 교통시스템을 결정하는 것 못지않게 중요한 부분이다. 가급적 주차를 주거와 분리해야 하지만 불편함을 최소로 하여야 하는 이율배반적 관계를 고려하여야 하기 때문이다. 가능한 한 9개의 블록으로 이루어진 링크드 블록 단위에서 주차장을 확보하는 것은 주차와 주거를 이격할 수 있는 기회를 가질 수 있으며, 필요에 의해서 차량을 근접시킬 수 있는 공간과 시스템을 확보할 수 있기 때문이다. 링크드 블록의 9개 블록 중에서 3개의 블록에 지하주차장을 계획한다. 그 외 블록에는 주차장을 설치하지 않고 지반층에 잠시 주정차할 수 있는 공간만을 확보한다. 이를 통해서 링크드 블록에서는 차량의 운행이 최대한 억제되고, 주차장이 없는 블록은 자연지반이 확보되어 토질의 생태계를 보호한다.

상업지역과 자족시설 등 도시 지원시설의 주차장도 가능한 한 한곳에 모아 각 블록마다 차가 들어가는 것을 억제하고자 하며, 기능상 필요한 경우 부분적으로 허용한다. 기존의 경마장 출입구와 공원 부근에는 별도로 주차장을 마련하여 외부 방문객의 편의를 도모한다. 이러한 주차시스템은 퍼스널 모빌리티나 트램 등의 지원을 받으면 훨씬 교통편의를 쉽게 이용할 수 있을 것이다.

보행계획

본 계획에서 보행은 가장 핵심적인 고려사항이다. 링크드 블록에서 차를 없애는 것은 차량에서 발생하는 공해와 소음, 위험성, 사회적 고립 등의 차량에 의한 폐해를 막는 방법으로 대두되었으며, 건강하고 안전한 보행을 위한 수단을 강구하였다.

보행이 적극적인 이동수단이 되기 위해서는 가로공간 중심의 단지계획이 이루어져야 한다. 이를 위해서 각 블록의 모든 건물은 도로에 직접 연결되어 있고, 지반층의 용도와 프로그램은 주제별로 나누어 배열함으로써 편의시설과 커뮤니티시설, 생활 SOC 등을 보행으로 접근할 수 있게 하였다.

각 블록과 블록이 모여 완성되는 링크드 블록의 크기는 철저하게 보행으로 이동하는 거리를 고려한 결과이다. 블록의 크기(60m×120m)는 120x240보 정도로 블록 내외부를 다 돌아볼 수 있으며, 링크드 블록의 크기(210m×390m)는 400x780보 정도로 링크드 블록을 관통할 수 있다.

자전거 동선 및 주차계획

자전거는 보행도시를 가능하게 하는 중요한 보조수단이다. 자전거는 본 도시계획에서 가장 효과적인 교통체계이자, 사용자의 건강과 권리를 보장하는 가장 지속가능한 교통수단으로 인식한다. 그러므로 더 많은 자전거 이용을 유도하기 위해서 보다 안전한 자전거 이용조건과 광범위한 자전거 기반시설을 설치한다. 모든 블록에는 자전거를 보관할 수 있는 자전거 주차장을 각 주거동과 업무동 코어의 가장 가까운 곳에 설치하며, 학교와 문화시설, 공공시설 등 주요 환승 장소에는 바이크 스테이션을 설치한다. 자전거 도로는 폭 1.5m로 모든 도로에 설치한다. 공유자전거와 공유 퍼스널 모빌리티를 공급하여 외부에서 방문하는 방문객이나 자주 자전거를 사용하지 않는 시민들이 쉽게 사용할 수 있도록 한다. 서울시에서 운영하는 '따릉이'와 같은 공유 자전거를 고려한다.

공원, 녹지계획

최신현(조경가, 전주시 총괄건축가)

광명·시흥 특별관리지역의 공원과 녹지계획의 축은 두 가지 계획 대상으로부터 출발한다. 첫째는 도시 전체를 남북으로 관통하며 흐르는 목감천으로 수변문화도시를 위한 디자인으로 발전시키고자 하였으며, 둘째는 생태계를 동서로 연결을 목표로 광명시 측의 구름산과 시흥시 측의 과림저수지, 길마산, 양지산을 잇는 생태흐름이다. 이 연결은 신도시를 밴드시티(band city)로 특징짓게 한 가장 중요한 요소가 되었다. 이 두 방향에서의 공원 녹지계획은 도시의 골격을 드러나게 한 가장 중요한 계획대상이다.

유수지와 겸용하는 목감천 워터프론트

목감천 계획의 주요 전제는 홍수 조절용 유수지를 별도로 확보하지 않고 목감천의 폭을 넓혀서 유수지 기능을 같이 확보하는 것이다. 기존 보금자리주택용지로 개발계획을 수립하였을 때는 유수지는 927,510㎡를 확보하였다. 계획도시 안에서 목감천의 길이는 9km이므로 폭 100m를 확보하면 필요한 유수지의 면적을 확보할 수 있다. 기존 목감천 폭에 100m 정도의 폭을 합하면 전체 폭은 150~200m 정도가 되며, 이 공간은 실제 물이 흘러가는 폭 30m를 제외하면 대부분 공원으로 활용할 수 있다. 저류기능과 생태가 기반이 되는 초지공원과 기존 하천에 자연성을 더하고 오래된 하천을 시민과 함께 공유하는 녹지공간으로서 자연역사공원, 도시와 사람, 하천과 녹지 경관이 공존하는 다양한 경관을 연출하는 수변 공원, 가장 생태적 기반이 강한 대규모 하천생태 초지원 공원 등의 구간으로 나눠 계획한다.

밴드시티를 구성하는 선형 공원

밴드시티를 구성하는 동서를 연결하는 공원은 양 끝의 주요 생태적 포인트를 연결한다. 이 공원은 학교와 주요 공공시설의 대지를 같이 포함하여 공원과 학교, 공공시설은 한 영역으로 여겨지도록 계획하고자 하였다. 계획도시 전체는 비오톱 1등급지인 산으로 둘러싸여 있는 생태환경을 가지고 있다. 그러므로 생태적 환경이 우수한 지역을 동서로 연결하는 선형공원은 도시 전체를 구획하는 링크드 블록의 선형과 잘 맞아떨어지지는 않지만, 가급적 폭을 넓게 설정하여 생태적 흐름을 연결하는 것을 중요한 목표로 삼으며, 넓은 폭의 녹지 공간 안에 학교를 비롯하여 도서관이나 갤러리 등의 문화공간을 같이 계획하여 휴식과 문화활동을 같은 영역에서 일어나도록 하였다.

물이 건강한 도시

광명·시흥 특별관리지역은 신도시로서 도시계획의 과정이 미래의 생활환경을 철저히 고려하고 반영하는 계획을 목표로 한다. 그러한 관점에서 물의 관리는 앞으로 철저한 계획을 통해서 관리하여야 할 부분이다. 특히 빗물은 하수로 흘러가거나 쉽게 증발하기보다는 땅으로 스며들어 지하수로 저장되고, 쉽게 재활용될 수 있도록 한다. 이를 위해서 빗물이 모든 땅에 스며들 수 있도록 블록의 지하층 계획 및 도로의 포장계획을 마련한다. 주차장은 링크드 블록의 6개 블록은 지하층이 없어서 빗물이 그대로 땅으로 스며들 수 있는 조건이 마련되었다.

미세먼지로부터 안전한 숲

본 신도시는 구름산과 길마산, 양지산 등으로 둘러싸인 분지 형태의 지형으로 서측으로부터 미세먼지의 유입이 예상된다. 그러므로 미세먼지를 차단하거나 미세먼지를 정화하는 기능을 갖는 숲을 조성하는 것이 필요하다. 예컨대, 숲쟁이 숲과 같은 강력한 미세먼지 차단 숲을 구름산과 신도시의 경계에 설정하는 방식이 필요하다. 숲쟁이 숲은 '숲으로 된 성'을 의미한다. 숲쟁이 숲 안에서는 사람들의 이용행태와 형태를 담아 길과 마당, 물, 시설, 초지 등 다양한 밀도와 다양한 삶을 담는 공간을 조성한다.

숲쟁이 숲은 차단 숲의 기능을 가지며, 신도시 내의 가로수를 2열로 조성하여 가로 숲의 형태를 갖추게 되며, 이를 통해서 도시 전체가 숲으로 연결될 수 있다. 미세먼지 차단을 위한 도시의 숲은 1) 미세먼지 저감 숲으로 정화된 바람이 부는 '바람 생성 숲', 2) 바람 숲과 확산 숲을 연결하는 이중가로 숲 '연결 숲', 3) 기온 차를 활용한 도심 내 거점 숲 '확장 숲'으로 구분할 수 있다.

하천 숲

이외에도 하천 숲은 각박한 도시와 자연을 잇는 하나의 매개체이며 자연스러운 생태계와 도시가 만나는 공간이 된다. 다양한 생태계는 생물과 도시, 사람이 공존하며 홍수 등 자연재해를 막아주는 다양한 역할을 할 수 있는 공간이다. 숲의 구성은 잡목은 관리하여 하천의 유속이 방해되지 않도록 정비하고 깨끗하고 아름다운 도심 하천 숲으로 조성한다.

꽃과 함께하는 정원도시

- 하천변 정원 : 하천변 주변 생태경관과 아름다운 지피, 초화, 풀이 어우러진 경관정원
- Nursery Garden : 다양한 수종의 묘목들을 활용하여 자라는 정원으로 조성
- 경관농업정원 : 도시농업체험과 더불어 휴식공간과 전시공간이 어우러진 경관농업정원
- 숲쟁이 숲정원 : 도심에서 즐기는 대형 스케일의 숲과 그늘목과 오픈 스페이스에서 다양한 옥외활동이 이루어지는 정원
- 숲과 튤립 정원 : 숲속에서 만나는 계절초화가 어우러진 정원
- 가로띠 녹지 정원 : 가로수와 어우러진 가로에서 즐기는 작은 정원
- 특화가로 정원 : 상업가로 속 여러 가지 행태를 담는 유니크한 시설과 테마정원

천변은 바람길이 같이 형성되므로 천변을 잇는 녹지 축은 미세먼지 등의 공기의 흐름에 영향을 많이 미치게 된다. 반면에 우면산로를 통한 녹지 축의 흐름은 도시 내의 큰 공원들을 연결하여 이용자와 산책자의 보행을 인도하게 되므로 시원한 그늘을 제공하는 기능성의 축이 된다.

중정형 단지 내의 정원계획

본 계획에서 등장하는 중정형 단지는 가로공간 중심의 도시구조가 갖는 특징이다. 바르셀로나를 기획했던 1880년대의 세르다(Ildefons Cerda) 역시 중정을 어떻게 개방할 것이며 중정을 수목으로 채우고 공유할 수 있는 다양한 실험적 디자인을 기록으로 남기고 있다. 본 계획에서의 중정 역시 공원에 가까운 녹음이 우거지거나 거울연못 같은 수공간으로 채우고 이를 내부 가로공간과 연계하여 도시 전체가 녹지로 가득 찬 모습으로 가꾸어 간다.

관련 상위계획 및 계획지표

제5차 국토종합계획(2020~2040, 건설교통부) 계획의 비전은 현재와 미래 세대 모두를 위한 국토의 백년대계 실현을 지향하며 "모두를 위한 국토, 함께 누리는 삶터"로 설정되었다. 모두를 위한 국토, 다양한 세대와 계층, 지역이 소외되거나 차별받지 않는 포용국가 기반을 갖추고, 좋은 일자리와 안전하고 매력적인 정주환경을 갖춰 글로벌 경쟁력이 있는 지속 가능한 국토를 조성과 함께 누리는 삶터, 삶의 질, 건강 등 우리 국민이 중요시하는 가치를 주거공간, 생활공간, 도시공간 등 다양한 국토공간에서 구현하고, 깨끗하고 품격있는 국토 경관 조성과 산지, 해양, 토지 등 국토자원의 효율적인 이용, 관리로 행복한 삶터 구현을 목표로 한 계획이다.

제4차 수도권정비계획(2021~2040, 국토교통부)은 시대정신인 연대·협력을 기반으로 국토종합계획과 연계하여 균형발전, 삶의 질, 혁신성장, 평화경제의 4대 목표 등의 방향을 제시하였다. 중장기 비전으로 그간 수도권 정책 패러다임은 물리적 규제·중앙정부 중심의 경직성 극복을 위해 유연성·협력성을 확보하는 방향으로 변화하며, 균형발전 성과에 따라 중앙정부·지자체 상호협력에 기반하여 계획을 통해 도시성장을 관리하는 "협력적 성장관리"로 단계적 이행 검토한다(과밀억제권역). 인구밀도 등 측면에서 과밀은 지속되고 있으며, 경기 남부지역 등 주변 지역으로 과밀화 현상이 확산중이며(성장관리권역), 권역 내에서 남부-북부지역의 격차가 확대되는 추세, 신규 공장 절반이 개별입지 형태로 입지하는 등 여전히 난개발을 우려하고 있다(자연보전권역). 소규모 개별 입지 공장의 비율(96%)이 매우 높아 관리가 필요하며, 지역특성을 고려하지 않고 동일하게 규제한다.

2020년 수도권 광역도시계획 수도권 광역도시계획의 수도권 전체를 범위로 하여 결정되며, 서울, 인천 및 경기도 31개 시·군을 포함하여 면적 11,754㎢로 인구 2,222만 인(2000년)이 거주(개발제한구역 면적 1,541㎢를 포함)하고 있다. 이 계획의 목표는 자연환경보전과 지역균형 발전을 통한 삶의 질 제고, 도시성장관리를 통한 지속가능한 도시발전, 공간구조의 효율성 제고를 통한 국제경쟁력 강화로 설정하였다. 주요 정책과제로 국가 경쟁력 강화와 남북통일에 대비한 수도권의 위상 재정립, 수도권 공간구조 개편과 개발제한구역 조정, 자연환경에 대한 광역적 보전 및 관리체계 구축, 여가자원 확충과 자연친화적 생활공간 형성을 통한 삶의 질 제고, 광역적 차원의 도시성장관리와 계획적 개발, 공간구조 개편과 녹색교통 중심의 광역교통체계 구축, 광역화 필요시설의 광역적 설치 및 이용 유도, 광역도시계획의 집행 및 관리체계 구축으로 정리되었다.

2030년 광명도시기본계획(변경)에서의 계획의 목적은 도시 대내외적 여건 변화에 탄력적으로 대응할 수 있는 장기적인 도시발전 방향 제시. '광명·시흥 공공주택지구'의 전면 해제로 계획인구 감소가 불가피한 만큼, 양적인 인구 성장이 아닌 질적인 수준 향상을 위한 도시발전 방향 제시, 광명시 특성에 맞는 현실적인 지표 제시와 도시여건을 분석하여 바람직한 도시미래상 설정한다. 또한 광명시의 장점을 극대화하고 당면한 문제는 해결하며, 시민의 의견을 반영한 미래상을 설정하며, 부문별 계획 수립을 통한 종합적 도시관리방안을 마련하였다. 주요 지표를 정리하면, 인구지표로 2015년 352,889명에서 2030년 427,000명으로 예측하며, 광명시 1인당 지역 내 총생산, 산업별 종사자 수 및 구성비를 포함한다.

[표 2] 생활환경지표(1차적 요소)

구분		단위	2000	2005	2010	2015	2020	비고
계획인구		천인	339	330	373	381	459	
주택	세대원	인/호	3.1	3.1	3.0	3.0	2.9	
	가구 수	천 가구	110	107	124	127	158	
	주택 수	천호	96.5	97.9	121.5	134.6	182	
	주택보급율	%	88.2	92.0	98.0	106.0	115.0	
교통	도로포장률	%	100	100	100	100	100	
	도로연장	km	157	161	189	210	213	
	자동차 대수	천대	71	86	120	139	181	
	통행인구	천인	235	247	312	344	379	
통신	전화대 수	천대	218	226	280	337	414	
	우체국	개소	7	7	9	10	13	일반국 기준
상하수도	상수도보급률	%	99	100	100	100	100	
	1일 1인 평균급수량	ℓ/인	246	315	323	330	341	
	하수도보급률	%	98	99	100	100	100	
	하수처리장	개소	1(1)	1(1)	1(1)	1(1)	1(1)	서남처리장(서울)
	폐기물배출량	kg/인	0.88	1.1	1.2	1.2	1.2	
	폐기물처리시설	개소	1	1	1	1	1	
공공시설	동사무소	개소	18	18	19	20	24	
	파출소		11	11	12	13	17	경찰서 제외
	소방파출소		4	4	5	6	8	소방서 제외

[표 3] 복지환경지표(2차적 필수요소)

구분		단위	2000년	2005년	2010년	2015년	2020년	비고
보건의료	종합병원	개소	1	1	2	2	3	
	보건소		1	1	1	2	2	보건지소(1) 신설
	의사 수	인/천인	1.1	1.3	1.7	1.9	2.0	
	병상 수	상/천인	2.8	3	4	4.5	5	

구분			단위	2000년	2005년	2010년	2015년	2020년	비고
교육	초등	학교 수	개소	21	21	26	24	29	
		학급당 학생	인/학급	42.7	40	35	35	36	
	중등	학교수	개소	11	11	13	12	17	
		학급당학생	인/학급	42.5	40	35	35	36	
	고등	학교 수	개소	10	10	12	12	17	
		학급당 학생	인/학급	44.4	40	35	35	36	
	대학		개소	-	-	1	1	1	
	사회교육			1	1	2	2	2	평생학습원
사회복지	종합복지시설		개소	2	3	4	4	5	
	장애인복지시설			1	1	2	2	3	
	노인복지시설			2	3	4	5	6	
	아동복지시설			13	13	16	18	22	시립보육시설
	청소년복지시설			2	2	3	4	6	수련시설, 문화관 등
문화	공공도서관		개소	1	2	3	4	5	
	시민회관			1	1	1	1	2	
	문화회관			-	1	1	2	2	
	여성회관			1	1	1	2	3	

[표 4] 여가환경지표(3차적 선택 요소)

구분		단위	2000년	2005년	2010년	2015년	2020년	비고
공원	자연공원	개소	2	2	3	4	4	
		면적(천㎡)	2,123	2,123	2,741	4,495	6,039	
	근린공원	개소	9	9	14	16	16	
		면적(천㎡)	376	376	750	841	841	
체육	종합운동장	개소	-	-	1	1	1	
	운동장		2	2	3	4	5	
	경륜장		-	1	1	1	1	

주거환경계획

　　　　　　문제점 및 여건 변화로 도시쇠퇴 현상 - 지역 간 주거환경 격차, 도심 상업 경쟁력 저하, 광명·시흥 공공주택지구 해제 지역의 낙후된 주거환경을 가지고 있으며, 구도심의 정주환경 악화 및 남부지역 개발 편중에 따른 상대적 박탈감을 우려하고 있다. 기존 상업기능 경쟁력이 저하되고 있으며, 가구 형태의 급격한 변화 및 수요 다변화, 1인 가구 증가, 출산율 저하 등으로 인한 가구원 수의 감소와 고령화가 급격히 진행되고 있다. 경제적 불균형 심화에 따른 고령자·저소득층·소외계층 등의 주거안정을 위한 주거복지 및 지원프로그램이 미흡하며, 주민소득 수준의 향상 및 주거환경의 질에 대한 관심 증가로 주거 면적, 주차 공간 등의 확충이 필요하다. 공동주택 중심의 공급에 따른 주거형태의 획일화가 우려되며, 원도심 주변 및 비시가화지역은 단독주택 및 연립주택 중심, 신시가지주변은 아파트 등의 공동주택 중심으로 구성되어 주거유형 분포의 지역 간 차이가 발생하였다. 신규 개발사업 및 주택재건축 시 공동주택 공급으로 인하여 아파트의 점유율이 지속적으로 증가할 것으로 예상된다.

환경의 보전과 관리 계획

정부의 저탄소 녹색성장을 위한 정책목표와의 부합성, 관련 국가계획과의 연계성을 확보하며, 온실가스 저감 등 기후변화에 대응하기 위하여 환경의 보전과 관리뿐만 아니라 공간구조, 교통체계, 에너지 및 공원·녹지 등 각 부분을 체계적이고 포괄적으로 접근하여 수립하였다. 온실가스 감축과 자원절약형 개발 및 관리를 위하여 한계자원인 토지, 화석연료 등의 소비를 최소화하고 이들을 효율적으로 이용할 방안을 계획한다. 신·재생 에너지원을 확보할 수 있는 잠재력을 분석·반영하고, 에너지 절감을 위한 신·재생에너지 등 환경친화적 에너지의 공급 및 사용을 위한 대책을 수립한다. 광명시 2030년 온실가스 배출전망치(BAU)는 우리나라 온실가스 배출 추이 및 전망치를 기준으로 하여 산정한 결과 1,979천톤 $CO_2eq.$ 이며, 온실가스 감축 목표는 국가기준(국내)과 동일하게 2030년 배출전망치(BAU) 대비 25.7%로 설정하였다.

에너지

전력사용량의 변동은 인구와 직접적인 관련이 있으며, 1인당 전력사용량으로 환산 시 약 3.2~3.4MWh로 일정한 소비패턴을 보이고 있다(2015년 기준, 광명시).

전력사용량은 1,173,279MWh이며, 용도별 전력사용량은 서비스업 40.48%, 가정용 33.24%, 산업용 21.38%, 공공용 4.91% 순으로 나타났다.

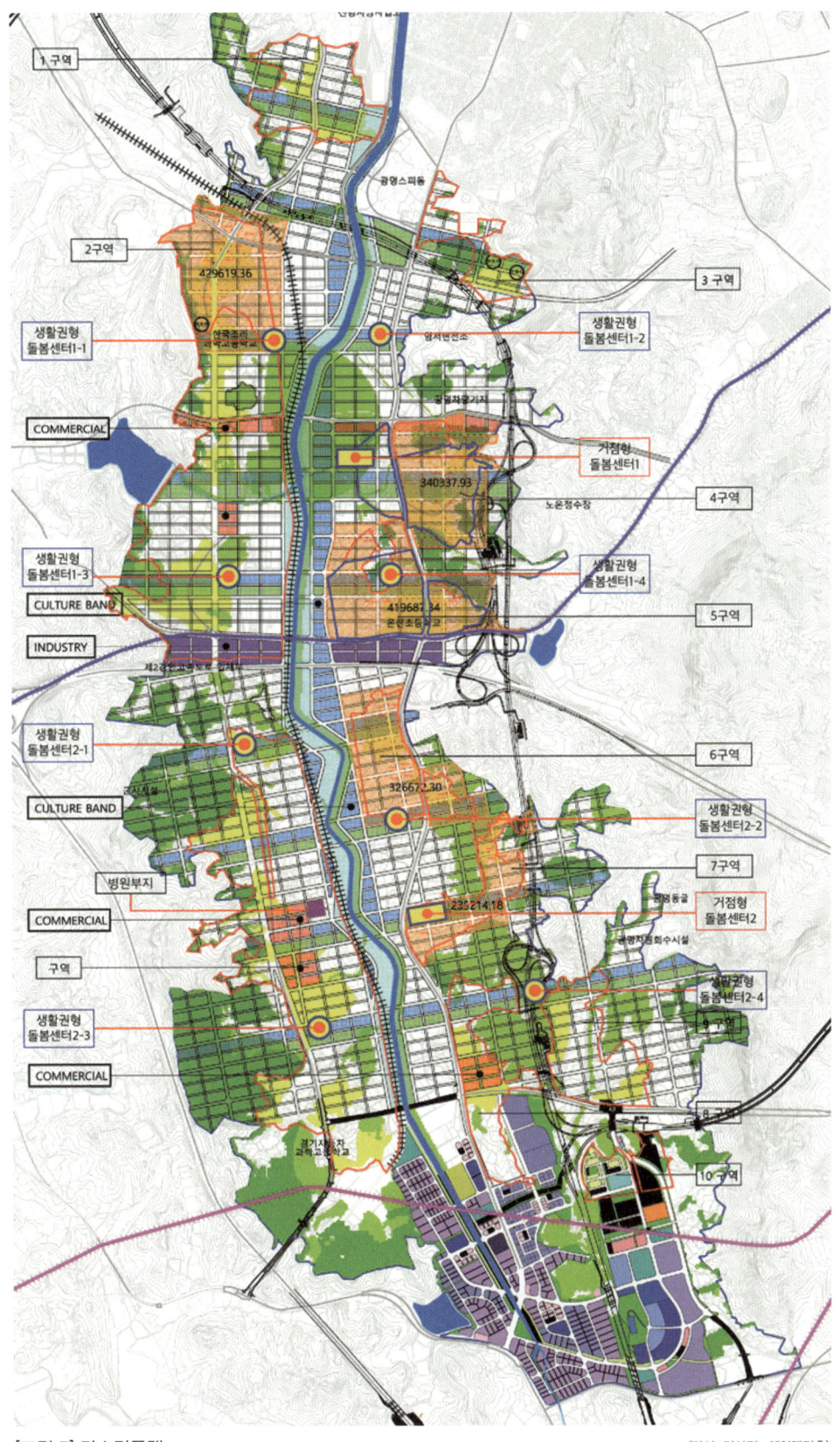

[그림 5] 마스터플랜

(작성: 김상길, 에이텍건축)

계획지구 현황

- 위   치 : 경기도 광명시 광명동, 옥길동, 가학동, 노온사동 일원
          시흥시 과림동, 무지내동, 금이동, 논곡동, 목감동 일원
- 면   적 : 전체: 14,194,306㎡ (약 4,294천 평, 100%)
          광명: 9,239,925㎡ (약 2,795천 평, 65%)
          시흥: 4,954,381㎡ (약 1,499천 평, 35%)
- 입지여건 : 서울도심에서 서남측 약 16㎞, 시흥시청에서 북측으로 4㎞ 지점에 위치함. 대상지 주변으로 서울외곽순환, 서해안, 제2경인(광명IC), 제3경인고속, 수도권서부고속도로(계획 중), KTX(광명역), 지하철 7호선(천왕역)에 의한 도심으로의 접근성이 양호함. 또한, 5㎞ 범위 이내에 광명역세권, 광명소하, 시흥목감 등 10개 지구(12,849천㎡, 73,139호)의 사업이 진행 중

주(註)

1. 1898년 하워드가 제안한 전원도시는 산업시설을 갖추고 학교, 주택, 잔디밭을 계획된 생활 구역에 배치하였으며, 중심부에는 상업·클럽·문화 공간이 자리하였다.
2. 클레런스 페리의 근린주구론은 우리나라 지역지구제의 원전이며, 신도시의 개발 원리로 받아들여진 근대의 정통 도시계획론이다. 도시를 주거, 상업, 업무, 공업, 녹지로 구분하고 이들을 철저하게 분리함으로써 환경적 쾌적성과 기능적 집중성을 강조하였다. 그러나 이 이론은 사회적 관점에서의 안전한 커뮤니티의 구성의 가능성과 복합적인 도시의 본성을 반영하지 못한다는 점에서 이 이론이 탄생한 미국에서 이미 1950년대부터 비판받아왔다.
3. 제인 제이콥스는 대부분 도시계획가가 집착하고 있었던 철저한 지역지구제와 차갑게 서 있는 업무중심의 마천루의 연원을 모더니즘 건축과 도시의 기계적 사고에서 찾았다.
   제인 제이콥스 지음, 유강은 옮김, 『미국 대도시의 죽음과 삶』, 그린비출판사, 2011, 38~45쪽
4. 조명래, 『현대사회의 도시론』, 한울아카데미, 2002
5. 리처드 플로리다 지음, 안종희 옮김, 『도시는 왜 불평등한가』, 매일경제신문사, 2018
   저자는 도시의 양극화는 극단적인 위기이며 도시인의 삶을 점점 더 나쁜 환경으로 이끌 것이라는 부정적 견해와 함께 위기를 극복하기 위한 모두를 위한 도시를 제안하였다.
6. 리베카 솔닛 지음, 김정아 옮김, 『걷기의 인문학』, 2017, 도서출판 반비, 285쪽
   리베카 솔닛은 가로에서 걷는 것의 의미를 강조하기 위해 제인 제이콥스를 인용하여, "인기 있고 이용자가 많은 거리는 그저 많은 사람들이 지나다닌다는 이유만으로 범죄로부터 안전해진다. 또한 프랑코 모레티(Franco Moneti)에 따르면 "도시를 특징짓는 공간구조(근본적으로, 도시의 집약적 구조)는 이동 가능성을 극대화하는 데 유리하다. 여기서 이동이라는 말은 당연히 공간 이동을 뜻하기도 하지만, 주로 계층 이동을 뜻한다."라는 설명을 이어간다.
7. 공동사회(共同社會, 독일어: Gemeinschaft, 영어: community)와 이익사회(利益社會, 독일어: Gesellschaft, 영어: society)는 독일의 사회학자인 페르디난트 퇴니에스(Ferdinand Tönnies)가 주장한 이론이다. 공동사회는 가족과 친족, 민족, 마을처럼 혈연이나 지연 등 애정을 기초로 하여 이루어지며, 비타산적이라는 특징을 갖는다. 반면 회사와 도시, 국가, 조합, 정당 등과 같이 계약이나 조약, 협정에 의해 인위적이고 타산적 이해에 얽혀 이루어진 집단을 이익사회라고 한다. 위키피디아 참조

가로중심도시를 위한 세부계획지침(예시)

김희옥 | ㈜에이텍건축사사무소 공동대표
　　　　건축사

"인간의 삶과 도시의 매력에 무엇보다도 큰 영향을 미치는 것은 바로 역동적이고 열려 있으며, 그리고 생기 넘치는 길가이다."　　　　　　　　　　　　　　　　　　- 얀겔

　　　　　　가로중심의 공유도시, 즉 보행가능도시를 실현하기 위한 기본전제는 가로가 중심이 되는 도시이다. 이를 위해서는 가로를 구성하는 도로, 보도, 옥외공간, 건물, 조경 등 가로 공간 및 형태에 대한 지향과 한계를 정하여 '보행을 우선으로 하는 가로'와 '가로 내 다양한 옥외활동'을 권장하는 제도적 받침이 필요하다.

　가로공간이 중심이 되는 공유도시를 실현하기 위한 공간과 형태에 대해 구체적인 항목을 제안한다. 보행을 우선으로 하는 가로로 도로와 보행자 전용도로를 구분하고 공원, 녹지 및 블록별 가로변에 대한 사항들을 제안한다. 가로 내 다양한 옥외활동을 유도하는 공간과 형태를 위하여 가로와 건물을 통합하여 계획하고 가로활동과 전면공간을 연계한 계획이 되도록 한다.

　따라서 도로면에 위치한 저층부의 용도는 매우 중요하다.

1) 저층부 용도 : 저층부에는 접근성이 용이해야 하는 생활 SOC 등 주민편의 복지시설들이 우선 되어야 하며, 전시장, 소규모 공연장 등 문화시설들, 공방, DIY등 함께하는 용도들, 스마트 팩토리형 생산시설, 편의점, 카페, 소매점과 1, 2종 근린생활시설, 판매 및 업무시설들의 용도의 순으로 권장될 수 있다.

2) 건축물의 밀도 : 상업지구의 높은 밀도가 필요한 곳을 제외하면 대부분 용적률 200%를 기준으로 한다. 다만 저층부의 용도를 권장 용도로 한다면 일정비율범위 내에서 인센티브를 줌으로써 용적률을 상향할 수 있다. 건폐율은 연도형 거리를 조성하기 위하여 최저 50% 이상으로 하여 건폐율에 상한을 두지 않는다. 건축물의 높이와 층수는 주거지역 기준 저층은 6층 이하(25m), 고층은 15층(60m) 이하로 하는 것을 권장한다.

3) 1층부 입면 : 주 가로와 만나는 1층부는 다공성과 깊이가 확보되도록 보행로와 상점 내부를 자연스럽게 연결하는 입면이 되도록 한다. 전면길이의 60% 이상을 오픈 또는 유리의 사용 등으로 개방된 입면이 되도록 한다.

4) 건축한계선 설정 : 건축한계선의 범위는 도로의 성격과 폭, 길이에 따라 달라야 하지만 기본적으로는 공유도로와 집산도로가 만나는 대지는 3m 후퇴, 보조 간선도로와 만나는 대지는 5m 후퇴하도록 하나 이 부분에는 식재, 주민의 편의를 위한 벤치, 야외식당 등 개방된 시설의 설치가 가능하다. 물건을 적치하거나 미관을 해치는 시설은 금지한다. 건축선 후퇴 상부에는 유효높이 3m 이상 부분에 캐노피, 어닝, 오픈된 발코니의 설치가 가능하다. 오픈된 발코니는 전면 길이의 1/2 이하, 깊이 3m 이하로 돌출발코니로 설치할 수 있고 2층부터 6층까지 저층부에는 건폐율, 용적률에 불포함한다. 이곳은 실내로 확장하거나 실외기 설치 등 미관을 해치는 시설의 설치는 불허하며 화단 조성 또는 야외 활동이 가능한 공간 구성이 되어야 한다.

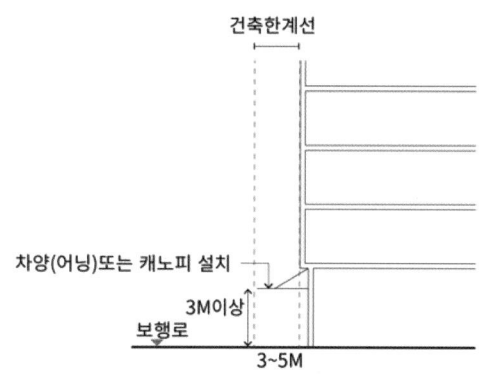

[그림 1] 예시 1

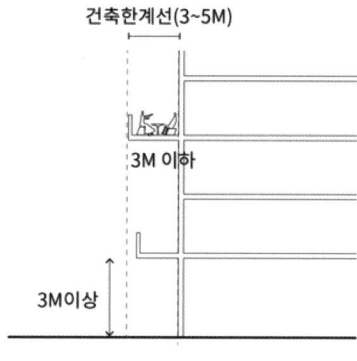

[그림 2] 예시 2

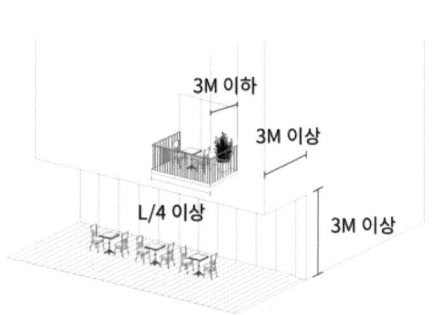

[그림 3] 예시 3

(그림1~4 작성: 김희옥)

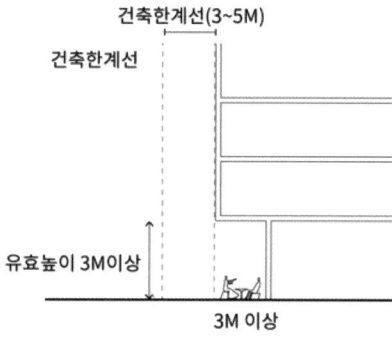

[그림 4] 예시 4

5) 인센티브 : 저층부 권장 용도의 적용, 1층부 입면, 건축한계선 내에서 다양한 입면 구성과 옥외공간 계획들을 적용하여 계획 시에는 적용 항목에 따라 건폐율(-), 용적률(+) 등 건축법에 대하여 완화 적용한다. 또한 이웃하는 블록과 연결되는 공중가로 설치(유효 높이 6m 이상) 시 용적률 완화 적용이 가능해지도록 한다.

지은이 : 광명도시계획연구팀

강진구

종합엔지니어링회사 케이에스엠(KSM)기술(주)의 부사장이자 국회인가 비영리사단법인 동북아협력인프라연구원 사무총장이다. 서울시립대 학부와 대학원에서 도시계획을 전공했으며, 비-볼록(non-convex) 문제 해결을 위한 인공지능 알고리즘 연구로 박사학위를 받았다. 서울시립대와 한양대 대학원에서 계량 모형, 교통 정책 등을 가르쳤다. 첨단 도시, 교통, 인프라에 대한 법령, 제도, 정책 연구를 하고 있으며, 교통전문가로 활동 중이다.

권순정

아주대 건축학과 교수다. 서울대 학부와 대학원에서 건축을 공부했다. 1997년에 영국 사우스뱅크 대학에서 병원건축 과정을 수학했으며, 2008년에는 일본 요코하마 국립대에서 노인시설을 연구했다. 1987년부터 (주)서울건축에서 5년간 건축실무를 하며 아주대 부속병원 등 다양한 프로젝트에 참여했다. 1992년부터 7년간 한국보건의료관리연구원(현 보건산업진흥원)에서 의료복지시설을 연구했다. 1999년부터 현재까지 대학에서 건축을 가르치고 연구하고 있다. 한국의료복지건축학회장을 역임했으며 최근 음압격리병동과 의료기관평가인증에 대한 기여로 보건복지부장관 표창을 두 번 받았다.

김명진

법무법인 정필의 파트너 변호사이다. 연세대학교 법학과, 한양대학교 법학전문대학원에서 법학을 전공하였고, 법무법인 상록, 법무법인 진성 등을 거치며 다양한 토지보상 사건, 집합건물 관련 사건 등에 관한 송무 및 자문을 수행하였다. 수년간 광명시의 주민들에게 도시개발 및 이와 관련된 부동산 일반에 관한 법률자문을 제공하였으며, 현재 광명총주민대책위의 자문 변호사이다.

김상길

건축사이자 (주)에이텍(ATEC) 건축사사무소의 공동대표다. 서울시립대학교와 홍익대학교 대학원 석사, 서울시립대학교 박사과정을 수료하였다. 서울시공공건축가이며, (사)서울건축포럼 의장을 맡고 있다. 홍익대 겸임교수, 서울시와 경기도 건축위원회 위원을 역임했다. 서울시립어린이병원 등 다수의 작품이 있으며, 서울시건축상 본상, 경기도건축상 등을 수상했다.

김태은

법무법인 정필의 대표 변호사이다. 한양대학교 및 한양대학교 법학전문대학원에서 법학을 전공하였고, 국회 입법조사처 및 법무법인 진성 등을 거치며 집합건물, 수용보상 등 다양한 부동산 관련 소송 및 자문 업무를 수행하였다. 수년간 광명시 학온동 주민들을 위해 도시개발 등의 자문 업무를 진행해왔으며, 현재 광명·시흥 특별관리지역 광명총주민대책위의 자문 변호사이다.

김희옥

건축사이자 (주)에이텍(ATEC) 건축사사무소의 공동대표다. 서울시립대와 동 대학원을 졸업했다. 명지대 겸임교수와 난곡동 굴참마을 주거환경관리사업 총괄계획가를 역임했으며, 2018년부터 2년간 제5기 대통령직속 국가건축정책위원회 위원을 지냈다. 주거 건축과 여성, 아동 등 약자를 위한 건축에 관심이 많다. 서울시립어린이병원, 서울상상나라, 상봉2동청사, 위례신도시 A1-12블록 공동주택 등 다수의 현상공모에 당선됐다.

노윤석
목재와 도료 전문업체 우드케어의 이사이자 한국임업진흥원의 현재기술자문위원이다. 서울대학교 산림자원학과를 졸업하고 해외산림자원개발과 목재무역, 산림생태 복원과 도시숲 분야에서 일하고 있다. 창원, 진주, 경기도 광주와 필리핀 등에서 도시숲과 도시공원 조성 기획과 생태복원 프로젝트를 수행했다. 2015년부터 산림목재업계 주간신문인 「나무신문」에 산림, 생태, 목재를 주제로 하는 글을 연재하고 있다. 기후변화 대응을 위한 산림기능 증진과 산림생태도시 조성에 관심을 갖고 스마트그린시티와 그린뉴딜 분야 프로젝트를 개발하고 있다.

다니엘 바예 Daniel Valle
다니엘 바예 아키텍츠(Daniel Valle Architects)의 대표다. 스페인 마드리드에서 건축을 공부했으며 1999년 우등으로 대학을 졸업했으며, 네덜란드 로테르담 베를라헤 인스티튜트(Berlage Institute)에서 석사학위를 받았다. 런던, 마드리드, 아부다비, 서울을 오가며 유수의 건축사무소에서 건축실무 경험을 쌓았다. 베를라헤 인스티튜트, 마드리드 유럽 대학, 한국예술종합학교에서 객원교수를 역임했다. 2003년 건축디자인사무소 다니엘 바예 아키텍츠를 설립해 운영하고 있다.

박혜선
인하공업전문대학 건축과 교수이자 건축사, 일본 1급건축사다. 연세대 건축공학과에서 학사, 석사를 마쳤으며 동 대학원에서「노인복합시설 세대 간 교류공간 계획에 관한 연구」로 박사학위를 받았다. 일본 츠쿠바대학 예술연구과에서 예술학 석사학위를 받았다. 일본 이찌우라 하우징앤플래닝, 정림건축, 단우모람건축, 공간건축에서 실무 경험을 쌓았다. 대학에서는 설계스튜디오와 서양건축사 등을 가르친다. 세대 간 교류시설, 커뮤니티 거점시설, 지역사회 통합돌봄센터 모델개발 등을 연구한다. 저서로는「네덜란드의 도시, 네덜란드의 주거」(공저, 발언, 2005),「네덜란드의 건축가, 네덜란드의 주거」(공저, 발언, 2006),「새로운 복지시설 디자인」(공저, 교문사, 2011),「노인 커뮤니티 공간」(시공문화사, 2013)이 있다.

윤승모
- 동아일보 정치부 국회팀장 청와대팀장 기자 / 세계일보 정치부 기자
- 경남기업 부사장
- 중앙대학교 신문방송학과 졸업/ 일본 와세다대학 공공경영연구과 박사과정 수료
- 장절리취락구역개발추진위원회위원장
- 광명특별관리지역개발추진주민대책위원장, 광명시흥공공주택지구 광명총주민대책위원장

파비오 다카로 Fabio Dacarro
고려대 건축학과 교수이자 치치노(ChiChiNo)의 공동대표다. 이탈리아 밀라노 폴리테크니코 대학(Politecnico di Milano)에서 건축을 전공했으며, 동대학에서 겸임교수를 지냈다. 2010년 한국으로 오기 전까지 다양한 곳에서 건축실무 경험을 쌓았고 자신의 디자인사무소를 설립해 운영했다. 2011년부터 고려대에서 강의했으며, 국내외 저널에 다수의 논문을 실었다. 귀도 무산테(Guido Musante)와 함께 밀라노와 서울에 지부를 둔 디자인사무소 치치노를 설립해 운영하고 있다.

홍성용
건축공학박사, 건축사, 건축사사무소 엔씨에스랩(NCS Lab)의 대표다. 정부추천우수도서로 선정된「스페이스 마케팅」(삼성경제연구소, 2007),「스페이스 마케팅 시티」(중앙일보조인스랜드, 2009)를 비롯해 여러 권의 책을 저술했고, 삼성경제연구소 등에서 강연했다. 연세대, 중앙대, 홍익대 등에서 건축을 가르쳤다. 광교 앨리웨이, 강원랜드 상업복합시설, 순천 복합상업시설 컨설팅에서 과천 마이알레복합단지, 압구정 근린생활시설 건축설계와 인테리어에 이르기까지 다수의 상업 공간 기획, 컨설팅, 디자인 프로젝트를 수행했다.

김경수
공공지식연구집단 초기 협력 이사장을 맡고 있다. 건축설계를 전공하고 실무에서 단지계획과 도시계획을 경험하였다. 2000년대 초 부동산금융시장 변화에 따라 자산운용과정과 부동산운용전문과정, 프로젝트파이낸싱전문가과정을 수료하고 법무대학원에서 공법학 박사과정을 수료하였다. 현재는 도시에서 국토로의 패러다임 변화가 건설 중심 전방밸류에서 소프트웨어와 콘텐츠 중심 후방밸류로 이행을 요구함에 따라 물리적 공간 속에서 지속가능한 사적자치 운영 주체로서 마을공동체와 교육공동체의 중요성을 인식하고 시간 속에 공유성을 확장하는 활동을 지속하고 있다. 이와 관련하여 지자체장과 교육감 표창을 받았다.

최신현
전주시 총괄조경가이자 총괄건축가이며, 서울시 강동구 총괄조경가다. 대구에서 태어나 건축을 하겠다고 고등학생 시절부터 준비했으나, 땅과 공간, 건축을 아우르는 조경의 매력에 끌려 조경학과에 진학했다. 이후 40년 가까이 조경을 하면서 한 번도 일하는 것이 힘들지 않고 기쁨으로 살아온 조경가다. 살아 있는 식물과 자연, 도시의 역사와 맥락과 땅을 배려하고 생명을 존중하는 디자인을 한다. 서서울 호수공원, 북서울 꿈의숲, 동탄 호수공원 등의 공원과 파라다이스시티, 롯데월드타워 등의 도시공간을 디자인했다. 영남대 조경학과를 졸업했으며, 홍익대에서 환경설계학 석사학위를 받았다. 서울시립대 조경디자인 박사과정을 수료했다.

prof. Davide Bruno
Professore . Architetto . Design Ph.D.
Dipartimento del Design + Scuola del Design . Politecnico di Milano
Via Durando 38/A . 20158 . Milan . Italy

현명석
서울시립대 학부와 대학원에서 건축을 공부했다. 미국 조지아 공대에서 20세기 중반 미국 건축사진을 이론화한 작업으로 박사학위를 받았다. 케네소우 주립대, 경남대, 백석예술대, 서울시립대, 한양대에서 건축역사와 이론, 디자인, 사진기법 등을 가르쳤거나 가르친다. 「Journal of Architecture」, 「Journal of Space Syntax」, 「건축평단」, 「와이드AR」, 「Space」 등에 글과 논문을 실었으며, 「건축사진의 비밀」(디북, 2019)의 공저자다. 건축 재현과 매체, 디지털 건축, 시각성, 한국의 젊은 건축가의 작업에 관심을 갖고 연구와 저술에 몰두하고 있다.

특별한 도시 광명
광명·시흥 특별관리지역 도시계획

ⓒ광명도시계획연구팀, 2022

초판인쇄	2022년 9월 20일
초판발행	2022년 9월 25일
지은이	광명도시계획연구팀
	(강진구, 권순정, 김경수, 김명진, 김상길, 김태은, 김희옥, 노윤석, 다니엘 바예, 박혜선, 윤승모, 파비오 다카로, 홍성용)
편집	김상길, 이승주
디자인	하나디자인
인쇄	하나(02-2273-7294)
펴낸이	김영덕
펴낸곳	도서출판 우리북
주소	서울시 서초구 양재동 265-10번지
출판등록	2010년 8월 27일
등록번호	제 321-2010-000175호
전화	02-3463-2130
팩스	02-2360-2150
이메일	kyd2130@hanmail.net
홈페이지	http://ooribook.com
ISBN	979-11-85164-43-4 13530

- 이 책은 저작권법에 따라 보호받는 저작물이므로 무단 전재와 복제를 금합니다.
- 책값은 뒤표지에 쓰여 있습니다.